Estou Feliz que Minha Mãe Morreu

Copyrights © 2022 by Waffle Cone, Inc.
Licença exclusiva para publicação em português brasileiro cedida à nVersos Editora. Todos os direitos reservados. Publicado originalmente na língua inglesa sob o título *I'm Glad My Mom Died* e publicado pela editora Simon & Schuster.

Diretor Editorial e de Arte: Julio César Batista
Produção Editorial: Carlos Renato
Preparação: Rafaella de A. Vasconcellos
Revisão: Amanda Moura e Cristiane Fogaça
Design de Capa: Faye Orlove
Foto de Capa: Koury Angelo
Projeto Gráfico: Carly Loman
Editoração Eletrônica: Juliana Siberi

Dados Internacionais de Catalogação na Publicação (CIP)
(Câmara Brasileira do Livro, SP, Brasil)

McCurdy, Jennette
　　Estou feliz que minha mãe morreu / Jennette McCurdy ; tradução Soraya Borges de Freitas. — São Paulo, SP : nVersos, 2022.

　　Título original: I'm glad my mom died.
　　ISBN 978-65-87638-82-9

　　1. Atrizes – Estados Unidos – Autobiografia 2. Celebridades – Autobiografia 3. Mães filhas – Estados Unidos 4. Mães e filhas – Relacionamento 5. McCurdy, Jennette, 1992– 6. Narcisismo 7. Transtornos I. Título

22-131846　　　　　　　　　　　　CDD-791.43028092

Índice para catálogo sistemático:
1. Atrizes cinematográficas : Autobiografia 791.43028092
Eliete Marques da Silva – Bibliotecária – CRB-8/9380

1ª Edição, 2022
3ª reimpressão, 2023
3ª Edição, 2024
Esta obra contempla o Acordo Ortográfico da Língua Portuguesa
Impresso no Brasil – *Printed in Brazil*
nVersos Editora
Rua Cabo Eduardo Alegre, 36 – CEP 01257-060 – São Paulo – SP
Tel.: 11 3995-5617
www.nversoseditora.com
editora@nversos.com.br

Estou Feliz que Minha Mãe Morreu

Jennette McCurdy

2ª Edição

Tradução: Soraya Borges de Freitas

nVersos

*Para Marcus, Dustin
e Scottie*

Prólogo

É estranho dar uma notícia importante a um ente querido em coma como se esse estado de saúde fosse consequência de uma vida sem graça.

Minha mãe está na UTI do hospital. O médico disse que ela tem 48 horas de vida. Minha vó, meu vô e meu pai estão lá fora na sala de espera ligando para parentes e comendo lanche daquelas maquininhas. Vovó diz que os biscoitos Nutter Butter aliviam a ansiedade.

Estou de pé ao lado do pequeno corpo em coma da mamãe com meus três irmãos mais velhos – Marcus (o sociável), Dustin (o esperto) e Scott (o sensível). Limpo a remela no canto dos olhos dela com um lenço e então começamos.

— Mamãe. — o Sociável se inclina e sussurra no ouvido dela. — Vou voltar para a Califórnia em breve.

Nós todos ficamos em alerta, na expectativa de ver se a Mamãe acordaria de repente. Nada. Então o Esperto se aproxima.

— Mama. Ah, Mama, Kate e eu vamos nos casar.

De novo, todos atentos. Nada ainda.

O Sensível se aproxima.

— Mamãe...

Não estou prestando atenção ao que o Sensível diz para tentar fazer com que Mamãe acorde porque estou ocupada demais trabalhando em uma estratégia para tentar despertá-la.

E agora é a minha vez. Espero até todos saírem para comer alguma coisa e ficar sozinha com ela. Puxo uma cadeira barulhenta para perto do leito e me sento. Sorrio. Estou prestes a trazer a artilharia pesada. Esqueça casamentos, esqueça voltar para casa. Tenho algo mais importante para oferecer. Tenho certeza de que minha mãe se importa muito mais com isso do que com qualquer outra coisa.

— Mamãe. Eu... estou tão magra agora. Finalmente cheguei aos 40 quilos.

Estou na UTI com minha mãe à beira da morte e a coisa mais positiva que tenho para fazê-la acordar é o fato de que, nos dias que se seguiram à sua hospitalização, meu medo e tristeza se transformaram em um perfeito coquetel motivacional para a anorexia e finalmente cheguei ao atual objetivo de peso que minha mãe havia estabelecido para mim: quarenta quilos. Tenho tanta certeza de que esse fato funcionará que eu me recosto na minha cadeira e pomposamente cruzo as pernas. Espero que ela acorde. E espero. E espero.

Mas ela não acordou. Ela nunca acordou. Não sei o que pensar. Se meu peso não é o bastante para fazer minha mãe acordar, então nada será. E se nada a acordar, então isso significa que ela vai mesmo morrer. E se ela vai mesmo morrer, o que eu vou fazer comigo mesma? Meu propósito de vida sempre foi deixar a minha mãe feliz, ser quem ela queria que eu fosse. Então, sem minha mãe, quem eu devo ser agora?

antes

1.

O presente diante de mim está embrulhado com um papel natalino, embora ainda seja fim de junho. Nós temos muitas sobras de papel das festas de fim de ano porque meu vô comprou o pacote com uma dúzia de rolos no Sam's Club, mesmo com a minha mãe lhe dizendo milhões de vezes que não era um negócio tão vantajoso assim.

Eu abro – não rasgo – o pacote com toda a delicadeza, porque sei que minha mãe gosta de guardar um pedaço do embrulho de cada presente, e se eu rasgar em vez de abrir delicadamente, o papel não ficará tão intacto quanto ela gostaria. Dustin diz que a Mamãe é uma acumuladora, mas ela rebate e diz que só gosta de preservar as memórias das coisas. Então eu abro com delicadeza.

Olho para todos me observando. Vovó está lá, com o permanente volumoso, o nariz arrebitado e aquela intensidade, a mesma que sempre aparece quando ela está observando alguém abrir um presente. Ela fica tão interessada na origem dos presentes, quanto custaram, se estavam em liquidação ou não. Ela *tem* que saber essas coisas.

Meu avô está observando também, e tirando fotos enquanto isso. Eu odeio que tirem fotos minhas, mas vovô adora tirá-las. E não tem como parar um avô que adora algo. Assim como quando Mamãe diz para ele parar de tomar uma taça cheia de sorvete de baunilha Tillamook todas as noites antes de dormir porque não fará nada bem para seu coração já doente, mas ele não para. Ele não para de tomar o sorvete e nem de tirar fotos. Eu ficaria louca se não o amasse tanto.

Papai está lá, sonolento como sempre. Minha mãe o cutuca e sussurra no ouvido dele que ela não está totalmente convencida de que ele não tenha problema de tireoide, ao que papai responde, irritado, "minha tireoide está ótima", e volta ao seu estado de sonolência cinco segundos depois. Essa é a dinâmica típica deles. É isso ou uma briga inflamada. Eu prefiro a primeira opção.

Marcus, Dustin e Scottie também estão lá. Adoro os três por motivos diferentes. Marcus é responsável e confiável. Acho que faz sentido, já que aos quinze anos podemos dizer que ele é um adulto –, mas, mesmo assim, ele parece ter uma firmeza que não vejo em muitos adultos ao meu redor.

Eu adoro o Dustin apesar de ele parecer um pouco incomodado comigo na maior parte do tempo. Gosto do fato de ele ser bom em desenho, História e Geografia, três coisas nas quais sou péssima. Tento elogiar essas habilidades, mas ele me chama de bajuladora. Não sei bem o que significa isso, mas pelo modo como ele pronuncia dá pra perceber que deve soar como ofensa. Mesmo assim, tenho certeza de que, lá no fundo, ele aprecia os elogios.

Adoro o Scottie porque ele é nostálgico. Aprendi essa palavra no livro de vocabulário que minha mãe lê para nós todos os dias, porque estudamos em casa com ela, e agora eu tento usar essa palavra pelo menos uma vez ao dia para não esquecê-la. Ela realmente se aplica ao Scottie. "Um sentimentalismo pelo passado". Uma bela definição, embora ele ainda tenha nove anos e não possua um passado tão considerável assim. Scottie chora no fim do Natal, dos aniversários e do Halloween e, às vezes, no fim de um dia comum. Ele chora de tristeza por ter terminado e, ainda que aquela data *mal tenha terminado*, ele já está ansiando por ela. "Anseio" é outra palavra que aprendi no livro de vocabulário.

Minha mãe também está olhando. Ah, Mamãe. Ela é tão linda. Ela não acha que é, talvez seja por isso que passe uma hora arrumando o cabelo e se maquiando todos os dias, mesmo que seja apenas para ir ao mercado. Não faz sentido para mim. Juro que ela ficaria bem melhor sem todas essas coisas. Mais natural. Daria para ver a sua pele. Seus olhos. Ela. Em vez disso, ela cobre tudo. Espalha aquele bronzeador líquido no rosto, passa lápis com muito custo nos canais lacrimais, esfrega um monte de creme nas bochechas e espalha outro monte de pó por cima. Ela arruma o cabelo todo para cima. Usa sapatos com saltos para que fique com 1,57 metro de altura, porque ela diz que 1,49 metro – sua altura real – não é legal. É tanta coisa que ela não precisa, que eu queria que ela não usasse, mas posso vê-la por baixo de tudo isso. E essa pessoa por baixo de tudo isso é linda.

Mamãe me observa e eu a observo, e foi sempre assim. Nós sempre fomos conectadas. Entrelaçadas. Uma só. Ela sorri como se dissesse "vai devagar", então eu vou. Eu vou no meu ritmo e termino de desembrulhar o meu presente.

Fico chateada na hora, se não horrorizada, quando vejo o que recebi de presente pelo meu aniversário de seis anos. Sim, claro que eu gosto de *Rugrats: Os Anjinhos*, mas esse conjunto – de shorts e camiseta – mostra a Angelica (o personagem da qual menos gosto) cercada por margaridas (eu odeio roupas com estampas de flores). Tem babados nas mangas e na bainha do shorts. Se existe algo que eu poderia apontar como sendo o exato oposto da minha alma é babados.

— Eu adorei! — grito, animada. — É o melhor presente que já ganhei na vida!

Esboço o meu melhor sorriso falso. Mamãe nem percebe que é falso. Ela acha que eu realmente adorei o presente. Diz para eu vestir a roupa para a minha festa enquanto já começa a tirar meu pijama. Enquanto faz isso, parece arrancar as minhas roupas ao invés de tirá-las com delicadeza.

Duas horas depois, estou com meu uniforme de Angelica no Eastgate Park cercada pelos meus amigos, ou melhor, as únicas pessoas na minha vida com a minha idade. Eles são todas da minha classe primária na igreja. Carly Reitzel estava lá, com sua faixa de cabelo em ziguezague; Madison Thomer com sua língua presa, que eu queria ter porque achava o máximo; Trent Paige, falando sobre a cor rosa, coisa que fazia excessiva e exclusivamente, para desespero dos adultos ao seu redor. (A princípio, eu não compreendi por que os adultos se incomodavam tanto com a obsessão de Trent por rosa, mas então eu somei dois e dois. Eles acham que ele é gay. E nós somos mórmons. E, por algum motivo, você não pode ser gay e mórmon ao mesmo tempo).

O bolo e o sorvete estão à mesa e eu estou animada. Esperei por esse momento durante duas semanas, desde que decidi qual seria o meu pedido. O pedido de aniversário é o que eu tenho de mais poderoso na minha vida agora. É a minha melhor chance ao alcance. Não faço pouco caso dessa oportunidade. Quero que valha a pena.

Todos cantam "Parabéns pra Você" desafinados, e Madison, Trent e Carly adicionam um "chá-chá-chá" depois de cada frase – é tão irritante! Dá para ver que todos acham legal, como eles entoam o "chá-chá-chá", mas eu acho que tira um pouco da pureza do "Parabéns". Por que eles não podem deixar uma coisa boa em paz?

Meus olhos cruzam com os de Mamãe para que saiba que eu me importo com ela, que ela é minha prioridade. Ela não entoa o "chá-chá-chá". Respeito isso nela. Ela me dá um daqueles sorrisos largos, de orelha a orelha, que me fazem sentir que tudo vai ficar bem. Sorrio de volta, tentando absorver o máximo possível daquele momento. Sinto meus olhos começarem a lacrimejar.

Minha mãe foi diagnosticada com câncer de mama estágio quatro, quando eu tinha dois anos. Não me lembro muito bem, mas tenho algumas breves recordações.

Eu me lembro vagamente de Mamãe tricotando para mim um cobertor de fios verdes e brancos, dizendo que era algo que eu poderia ter comigo enquanto ela estava no hospital. Eu o odiava, ou odiava o modo que ela estava me dando, ou odiava o sentimento que tive quando ela me deu – não me lembro o que exatamente eu odiava, mas havia algo naquele momento que eu detestava profundamente.

Lembro de percorrer o que deveria ser um jardim de hospital, de mãos dadas com meu avô. Nós deveríamos pegar dentes-de-leão para dar para a Mamãe, mas, ao invés disso, eu apanhava umas ervas marrons esquisitas parecidas com gravetos porque eu gostava mais delas. Mamãe as guardou durante anos em um copo Crayola de plástico na nossa estante. Para preservar a memória. (Talvez seja daí que Scott tenha puxado seus instintos nostálgicos?)

Lembro de estar sentada no carpete azul rugoso em uma sala lateral da nossa igreja, observando dois belos e jovens missionários colocarem as mãos na careca de Mamãe para abençoá-la enquanto os demais familiares aguardavam sentados em geladas cadeiras dobráveis em volta do cômodo. Um missionário consagrou o azeite para que ele se tornasse santo ou seja lá o que for, e despejou-o sobre a cabeça dela, deixando-a ainda mais brilhante. O outro missionário então recitou a bênção, rogando para que a vida da minha mãe fosse prolongada se assim fosse da vontade de Deus. A vovó pulou da cadeira e disse: "Mesmo se não for da vontade de Deus, inferno!", o que perturbou tanto o Espírito Santo que o missionário teve de recomeçar a oração.

Embora eu não me lembre muito bem dessa época da minha vida, eu nem precisaria. Esses acontecimentos são tão comentados no lar dos McCurdy que você nem precisa ter estado lá para a experiência ficar gravada na sua memória.

Mamãe adora contar a sua história com o câncer – a quimioterapia, a radioterapia, o transplante de medula óssea, a mastectomia, o implante mamário, a gravidade do estágio quatro, de como ela tinha apenas 35 anos quando soube do diagnóstico – a qualquer fiel, vizinho, ou freguês do mercado Albertsons que lhe ceder um ouvido atento. Ainda que sejam coisas tão tristes, é evidente que a minha mãe sente certo orgulho de contar tudo isso. Que ela acredita haver um propósito para tudo isso. De como ela, Debra McCurdy, foi enviada a esse planeta para ser uma sobrevivente do câncer e viver para contar a história para todos... pelo menos de cinco a dez vezes.

Minha mãe recorda o câncer da mesma forma que a maioria das pessoas lembra das férias. Ela chega ao ponto de organizar uma apresentação semanal para mostrar vídeo caseiro, VHS, que fez logo depois de saber do diagnóstico. Todo domingo, depois do culto, ela fazia um dos meninos colocar a fita no videocassete, já que ela não sabia como o aparelho funcionava.

— Muito bem, todo mundo, *xiiiiu*. Vamos ficar quietos. Vamos assistir e agradecer onde a Mamãe está agora — diz ela.

Embora ela diga que o fato de assistir ao vídeo é um meio de agradecer por ela estar bem agora, tem alguma coisa em tudo isso que simplesmente não me parece certo. Posso perceber como deixa os meninos desconfortáveis e como eu também fico bastante incomodada. Não acho que nenhum de nós queira revisitar as memórias da nossa mãe agonizando, triste e careca, mas ninguém quer explicitar esse fato.

A gravação começa a rodar. Mamãe canta canções de ninar para nós quatro enquanto estamos sentados ao seu lado, no sofá. E assim como o vídeo permanece o mesmo a cada exibição, o mesmo acontece com seus comentários. Todas as vezes que vemos essa filmagem, ela conta como o fardo era simplesmente "demais para o Marcus lidar", por isso ele ficava indo para o corredor se recompor e depois voltava. Ela conta isso de modo a demonstrar que este é o maior elogio. O desespero de Marcus com a doença terminal da minha mãe é um testemunho de como ele é incrível. Depois ela reclama de como eu fui "chata", mas minha mãe diz "chata" com tanto veneno que poderia muito bem ser um xingamento. Ela continua a dizer como não conseguia acreditar que eu não parava de cantar "Jingle Bells" a plenos pulmões quando a atmosfera estava claramente tão triste. Ela não consegue acreditar como eu não compreendia isso. Como eu poderia estar tão alegre quando o ambiente estava claramente tão pesado? Eu tinha dois anos de idade.

A idade não é uma desculpa. Eu me sinto tremendamente culpada cada vez que vejo esse vídeo. Como eu pude ser tão insensível? Que idiota, estúpida. Como eu não senti o que Mamãe precisava? Que ela precisava que todos nós encarássemos aquilo com seriedade, que considerássemos essa a situação mais difícil possível, que ficássemos devastados. Ela precisava que nós não fôssemos nada sem ela.

Embora eu saiba que os termos técnicos da história com o câncer de Mamãe – a quimio, o transplante de medula óssea, a radioterapia – provocam uma grande reação de choque em quem quer que as ouça, como se as pessoas não acreditassem no tanto que minha mãe aguentou, para mim elas são apenas termos técnicos. Não significam nada.

Mas o que significa *de fato* algo para mim é a atmosfera na casda dos McCurdy. A melhor forma de descrevê-la é que, até onde eu me lembro, a sensação era a de uma respiração contida. Como se todos nós estivéssemos numa certa expectativa, esperando o câncer de Mamãe voltar. Entre as constantes reexibições da primeira peleja da minha mãe contra o câncer e as frequentes consultas de acompanhamento com os médicos, a atmosfera tácita na casa é pesada. A fragilidade da vida dela está no centro da minha.

E eu acho que posso fazer algo a respeito dessa fragilidade com o meu pedido de aniversário.

Finalmente, o "Parabéns pra Você" termina. A hora chegou. Meu grande momento. Fecho os olhos, respiro fundo enquanto faço o pedido na minha mente.

Quero que Mamãe viva mais um ano.

2.

— Mais uma fileira de presilhas e está pronto. — diz Mamãe, falando das presilhas de borboleta que cuidadosamente põe no meu cabelo. Eu detesto esse penteado, com as fileiras de cabelo presas firmemente no lugar com dolorosos grampinhos pinçando meu couro cabeludo. Eu preferiria usar um boné, mas a Mamãe adora esse estilo, diz que me deixa bonita, então vamos de presilhas de borboleta.

— Tá bom, Mamãe. — digo, balançando minhas pernas enquanto estou sentada na tampa da privada fechada. O balanço das pernas é um toque final. Parecendo convincente.

O telefone de casa começa a tocar.

— Droga. — Mamãe abre a porta do banheiro e se inclina para fora dele, até onde consegue, para pegar o telefone pendurado na parede da cozinha. Ela faz tudo isso sem soltar a mecha do meu cabelo em que trabalha atualmente, então todo o meu corpo se inclina na mesma direção que ela.

— Alô. — atende ela. — *Uhum, uhum*. O QUÊ? Nove da noite? Isso é o mais cedo?! Deixa pra lá, acho que as crianças terão que passar MAIS UMA NOITE sem o PAI delas. Isso é culpa sua, Mark. Culpa sua.

Mamãe bate o telefone.

— Era o seu pai.

— Imaginei.

— Esse homem, Net, vou te falar. Às vezes eu só queria... — Ela dá um longo suspiro ansioso.

— Às vezes você só queria o quê?

— Bem, eu poderia ter me casado com um médico, um advogado, ou um...

— Cacique. — adiciono eu, já que conheço tão bem essa ladainha. Perguntei a ela uma vez qual cacique ela tinha namorado, e ela disse que não queria dizer que tinha namorado um literalmente, que era apenas uma figura de linguagem, uma maneira de dizer que poderia ter tido quem quisesse antes de ter filhos, o que a deixou menos atraente. Pedi desculpas por isso, ela disse que tudo bem, que preferiria ter me tido a um homem. Então ela me disse que eu era sua melhor amiga, me deu um beijo na testa e, como uma reflexão tardia, disse que ela, na verdade, teve sim alguns encontros com um médico: "Alto e ruivo, muito estável financeiramente".

Mamãe continua a pôr grampos no meu cabelo.

— Produtores também. Produtores de cinema, da música. Uma vez, Quincy Jones me deu uma secada quando passou por mim em uma esquina. Sinceramente, Net, eu não só poderia ter casado com um desses homens como eu *deveria*. Eu estava destinada à vida boa. A ter fama e fortuna. Você sabe o quanto eu queria ser atriz.

— Mas a vovó e o vovô não deixaram. — completo.

— Mas a vovó e o vovô não deixaram. Exatamente.

Eu me questiono por que eles não deixaram, mas não pergunto. Sei bem que não devo fazer certos tipos de perguntas, aquelas que vão fundo nos detalhes. Em vez disso, só a deixo revelar as informações que deseja enquanto presto bastante atenção e tento absorvê-las exatamente do modo que ela quer que eu faça.

— Ai!

— Desculpa, eu espetei sua orelha?

— Sim, mas tudo bem.

— É difícil de enxergar desse ângulo.

Mamãe começa a esfregar a minha orelha. Sinto um alívio imediato.

— Eu sei.

— Quero te dar a vida que eu nunca tive, Net. Quero te dar a vida que eu merecia. A vida que meus pais não me deixaram ter.

— Tá. — Fico nervosa com o que vem a seguir.

— Acho que você deveria atuar. Acho que seria uma grande atriz mirim. Loira. De olhos azuis. Você é o que eles amam naquela cidade.

— Em qual cidade?

— Hollywood.

— Hollywood não fica longe daqui?

— Uma hora e meia. Claro que tem de pegar rodovia. Eu teria de aprender a dirigir em rodovias. Mas é um sacrifício que estou disposta a fazer por você,

Net. Afinal, eu não sou como meus pais. Quero o melhor pra você. Sempre. Você sabe disso, certo?

— Sim.

Mamãe para daquele jeito quando está prestes a dizer algo que ela acha que seja parte de um grande momento. Ela se inclina para me olhar no olho – ainda segurando minha mecha inacabada.

— Então o que você me diz? Quer atuar? Quer ser a atriz mirim da Mamãe?

Só tem uma resposta certa.

3.

Eu não me sinto pronta. Sei que não estou. O menino na minha frente desce aos pulos os degraus do palco de uma forma que me desconcerta. Ele não parece nada nervoso. É apenas um dia qualquer para ele. Senta-se perto das dúzias de crianças sentadas porque já apresentaram seus monólogos.

Eu olho ao redor da maçante sala de paredes brancas sem decoração e as fileiras de crianças em cadeiras empilháveis de metal. Nervosa, folheio o papel com as mãos. Sou a próxima. Entrei no fim da fila para ter mais tempo de praticar, uma decisão da qual me arrependo agora porque tive tempo de sobra para ficar ainda mais tensa. Nunca me senti assim antes. Enjoada de tanto nervoso.

— Pode começar, Jennette. — diz o homem de rabo de cavalo preto e barbicha, decidindo meu destino.

Aceno com a cabeça afirmativamente e subo no palco. Deixo o pedaço de papel no chão para ter mais liberdade de usar minhas mãos para os gestos maiores. Mamãe me instruiu a usá-los, então eu começo meu monólogo sobre Jell-O Jigglers.

Minha voz vacila enquanto começo. Posso ouvi-la alta demais na minha cabeça. Tento baixar o tom, mas ela continua a soar mais alto. Abro um sorriso largo e espero que o Barbicha não perceba. Enfim chego à última fala.

— ...porque Jell-O Jigglers me faz rir!

Dou uma risadinha depois da fala, como Mamãe me instruiu a fazer: "aguda e bonitinha, enrugando um pouco o narizinho no final". Espero que a risadinha não tenha saído tão desconfortável quanto a senti saindo de mim.

O Barbicha pigarreia – o que é sempre um mau sinal. Ele me diz para tentar o monólogo mais uma vez, mas "se solta um pouco, faça de um jeito mais simples como se conversasse com um amiguinho... ah, e não faça nenhum desses gestos".

Entro em um conflito. Os gestos são exatamente o que minha mãe me disse para fazer. Se eu entrar na sala de espera e lhe disser que não os fiz, ela ficará chateada. Mas se entrar lá e disser que não tenho um agente, ela ficará ainda mais chateada.

Faço o monólogo de novo, tirando os gestos, e fica um pouquinho melhor, mas dá para dizer que o Barbicha não conseguiu exatamente o que queria. Eu o desapontei. Sinto-me péssima.

Depois de terminar, o Barbicha chama nove nomes, incluindo o meu, e diz que as outras cinco crianças podem sair. Vejo que apenas uma das crianças compreende que acabara de ser rejeitada. As outras quatro saem animadas da sala como se estivessem indo tomar sorvete. Eu me sinto mal por elas, mas feliz por mim. Sou uma Escolhida.

O Barbicha nos diz que a Academy Kids gostaria de nos representar para trabalhos de figuração, o que significa que ficaremos na retaguarda das cenas de filmes e séries. Eu logo percebo que ele está tentando fazer com que as más notícias pareçam boas pela animação exagerada em seu rosto.

Depois de nos deixar levar a notícia às nossas mães na sala de espera, o Barbicha chama três crianças e pede para elas ficarem. Eu me demoro, tentando ser a última a sair da sala para ouvir o que acontece com essas três crianças especiais – as três Ainda Mais Escolhidas. O Barbicha diz que elas foram selecionadas para serem representadas como "atores principais", ou seja, atores com falas. Elas foram tão bem em seus monólogos que não serão representadas como acessórios humanos, mas como ATORES genuínos, qualificados, dignos de receberem falas.

Sinto algo desconfortável fervendo dentro de mim. Era inveja misturada com rejeição e autocompaixão. Por que eu não sou boa o bastante para ter falas?

Dirijo-me à sala de espera e corro até a minha mãe, que está balançando seu talão de cheques pela quarta vez na semana. Digo-lhe que fui escolhida como figurante, e ela parece genuinamente feliz. Sei que é apenas porque ela não sabe que há uma categoria superior para a qual eu poderia ter sido escolhida. Fico com medo que descubra.

Ela começa a preencher a papelada para a representação. Aponta sua caneta para a linha pontilhada onde eu deveria assinar meu nome. Fica perto de uma linha pontilhada que ela já assinou – ela precisa assinar lá também por ser minha responsável.

— O que estamos assinando?

— O contrato diz que o agente fica com 20% e nós recebemos 80%. Quinze por cento desses 80% vão para uma conta chamada conta Coogan, que você pode acessar quando tiver 18 anos. Esse é todo o dinheiro que a maioria dos pais deixa os seus filhos terem. Mas você tem sorte. A Mamãe não vai tirar nada de seu dinheiro, exceto o meu salário, mais o básico para as despesas.

— Que despesas são essas?

— Por que você está me interrogando de repente? Não confia em mim?

Assino rapidamente.

O Barbicha sai para fazer um comentário a cada um dos pais. Ele se aproxima da minha mãe primeiro e diz a ela que eu tenho potencial para fazer o trabalho principal.

— Potencial? — pergunta ela, em tom de crítica.

— Sim, principalmente porque ela tem só seis anos, está começando cedo.

— Mas por que "potencial"? Por que ela não pode fazer o trabalho principal agora?

— Bem, dava para perceber no seu monólogo que ela estava muito nervosa. Parece bastante tímida.

— Ela é, mas vai superar isso. Vai sim.

O Barbicha coça seu braço onde há uma tatuagem de uma árvore. Dá um longo suspiro como se estivesse prestes a dizer algo que o deixa nervoso.

— É importante que Jennette *queira* atuar, para ela ir bem — afirma ele.

— Ah, ela quer mais do que qualquer coisa — assegura minha mãe enquanto assina na linha pontilhada da outra página.

A *Mamãe* quer isso mais do que qualquer coisa, não eu. Esse dia foi estressante e nada divertido e, se eu pudesse escolher, escolheria nunca mais fazer nada disso de novo. Por outro lado, eu *quero* o que minha mãe quer, então ela não está de todo errada.

O Barbicha sorri para mim de uma forma que eu queria ter entendido. Não gosto quando adultos fazem caras e sons que eu não entendo. É frustrante. Isso me faz sentir que estou perdendo alguma coisa.

— Boa sorte — deseja ele com um certo pesar, e então sai.

4.

São 3 da manhã na sexta-feira depois de assinar com a Academy Kids quando Mamãe me acorda para o meu primeiro dia de trabalho de figuração em uma série chamada *Arquivo X*. Meu horário de chegada é às cinco da manhã, mas como ela está morrendo de medo de dirigir em uma rodovia pela primeira vez, ela quer começar com o pé direito e sair bem cedo.

— Olha só pra mim, superando meu medo por você. — diz minha mãe enquanto nos amontoamos na nossa *minivan* Ford Windstar 1999.

Chegamos nos estúdios da 20th Century Fox uma hora mais cedo, então caminhamos no escuro um pouco. Quando passamos pelo gigantesco mural com Luke Skywalker *versus* Darth Vader na lateral de um dos estúdios, Mamãe dá gritinhos de alegria, saca sua câmera descartável e tira uma foto minha na frente dele. Eu me sinto envergonhada, como se não pertencesse àquele lugar.

Às 4h45, ela imagina que já esteja perto do meu horário de chegada, então nós nos apresentamos fora do estúdio a um assistente de produção baixinho e careca. Ele nos diz que chegamos cedo, mas que podemos dar uma passada no quiosque dos figurantes antes da gravação.

O quiosque dos figurantes é um lugar legal. É uma tenda no canto do estúdio, repleta de comida. Cereal, doces, jarras de café, suco de laranja e bandejas de prata com comidas de café da manhã, como panquecas, *waffles*, ovos mexidos e bacon.

— E é de graça. — diz Mamãe com entusiasmo enquanto embrulha vários *muffins* e *croissants* em guardanapos e os guarda em sua bolsa Payless de tamanho grande para dar aos meus irmãos depois. Tem um monte de ovos com casca arrumados em uma bandeja. Ela diz que eles estão cozidos. Eu pego um para experimentar. Mamãe me ensina como rolar o ovo em uma superfície dura para quebrar e tirar a casca do ovo. Passo sal e pimenta e dou uma grande mordida. Adorei. Pego um saquinho de biscoitos recheados de queijo Ritz Bits também. Dá para me acostumar com isso.

Quando chego ao último pedaço do ovo, todas as crianças figurantes – somos trinta – apareceram, e somos chamados ao *set* ao mesmo tempo.

Fazemos uma fila atrás do assistente careca enquanto ele nos orienta a ir para o estúdio onde gravaremos. Assim que atravessamos o local, fico admirada. O teto é muito alto, e está coberto de centenas de holofotes e hastes. Tem cheiro de madeira fresca e o som de martelos e furadeiras. Muitas pessoas usando calças cargo passam por nós, algumas delas com ferramentas penduradas nos seus cintos, outras segurando pranchetas, e outras sussurrando com insistência em *walkie-talkies*. Há algo mágico nisso. Parece que acontece muita coisa.

Nós chegamos ao *set* e o diretor – um homem baixinho com cabelos castanho-claros longos o bastante para enfiar atrás da orelha – nos pede para entrar, falando rápida e freneticamente. Ele olha para mim e as outras vinte e nove crianças e nos conta animado que todos interpretaremos crianças que estão presas em uma câmara de gás, sufocando até a morte. Acompanho o que ele fala com um aceno de cabeça, atenta, tentando me lembrar de cada uma das palavras para repeti-las para a minha mãe na volta para casa quando ela perguntar. Sufocar até a morte, entendi.

O diretor nos mostra onde ficar, e eu fico quase na retaguarda do grupo até que ele pede para as crianças menores virem para a frente, então eu vou. Depois, aponta para cada um de nós rapidamente, um depois do outro, dizendo para mostrar-lhe nossa melhor cara de "morrendo de medo". Sou a nona ou décima criança que ele aponta, e, depois de mostrar minha interpretação, ele diz para o operador de câmera ao lado dele dar um *close* em mim. Não tenho ideia do que isso significa, mas suponho que seja algo bom porque o diretor pisca para mim depois de dizer isso.

— Mais uma, com ainda mais medo! — grita o diretor para mim. Eu arregalo meus olhos um pouco, na esperança que dê certo. Acho que deu, porque ele diz: — Deu. Continuando! — E me dá um tapinha nas costas.

O resto do dia consiste em segmentos de gravação e lições de casa, que devemos fazer no *set*, então ficamos indo e voltando entre os dois. Como a Mamãe me educa em casa, ela separa a lição de casa do dia e coloca todas as folhas juntas em uma pasta. A garota de doze anos sentada ao meu lado na sala de estudos fica me cutucando e me dizendo que não precisamos fazer lição de casa se não quisermos, porque somos figurantes, e os professores do estúdio designados para os figurantes não se importam se fazemos as lições porque eles só querem ensinar os atores principais. Tento ao máximo ignorá-la e preencho a página sobre as letras maiúsculas. Depois de nossa meia hora ou mais de segmentos de lição de casa, somos tirados da sala pelo assistente para fazer a mesma cena de novo. A mesma. Em um dia inteiro a mesma cena.

Não faço ideia do motivo pelo qual temos de continuar a fazer essa única cena tantas vezes e imagino que não seja bom fazer perguntas, mas percebo que a cada vez que eu volto ao *set*, a câmera está em uma nova posição, então tenho a sensação de que tenha algo a ver com isso. Ah, bem, pelo menos a cada vez que sou levada ao *set*, consigo ver a Mamãe.

Todas as vezes em que o assistente nos leva de volta ao *set*, nós passamos pela "sala de espera dos pais dos figurantes", onde todos os pais ficam apinhados em um pequeno bangalô. Aceno para a Mamãe, que me vê todas as vezes. Não importa o quão entretida estivesse com a sua revista *Woman's World*, ela marca a página que estava lendo, olha para mim, me dá um largo sorriso e faz um sinal de aprovação. Somos tão ligadas.

No fim do dia, estou exausta. Foram oito horas e meia entre gravação e lições de casa, caminhando do *set* para a sala de estudos, sendo dirigida, ouvindo exercícios e cheirando fumaça (havia uma máquina de fumaça na câmara de gás para incrementar o ambiente). Foi um longo dia que eu não curti muito. Gostei mesmo foi do ovo cozido.

— Sufocando até a morte — diz Mamãe com animação, no caminho de volta para casa, enquanto ela relatava tudo o que eu lhe contara sobre o dia. — E com um *CLOSE*. Isso realmente vai mostrar como você é boa. Aposto que assim que for ao ar, a Academy Kids vai implorar para você ser atriz principal. IMPLORAR.

Ela balança a cabeça, incrédula, enquanto estapeia o volante, empolgada. Ela parece tão despreocupada naquele momento. Tento absorver sua expressão o máximo que consigo. Queria que ela ficasse assim mais vezes.

— Você vai ser uma estrela, Nettie. Eu sei. Vai ser uma *estrela*.

5.

— Temos de sair para a igreja em quinze minutos! — grita minha mãe na outra sala antes de eu ouvir a batida distinta de um pincel de maquiagem sendo jogado no espelho. Ela deve ter errado o traçado do delineador de novo.

A igreja que minha família frequenta é a 6ª Congregação da Igreja de Jesus Cristo dos Santos dos Últimos Dias de Garden Grove. Minha avó foi batizada mórmon aos 8 anos, e então minha mãe foi batizada mórmon aos 8 – assim como eu serei batizada quando tiver 8 anos, porque é quando Joseph Smith disse que você se torna responsável por seus pecados (antes disso, você está completamente livre para pecar). Embora tanto minha vó quanto minha mãe tenham sido batizadas, elas não frequentavam a igreja. Acho que elas queriam a regalia de ir ao céu sem fazer o trabalho pesado.

Mas então, depois da minha mãe ser diagnosticada com câncer, nós começamos a frequentar o culto.

— Eu sabia que o Senhor me ajudaria a melhorar se eu fosse uma serva boa e fiel. — explicou Mamãe.

— Ah. Então nós começamos a frequentar a igreja quando queremos algo de Deus? — perguntei.

— Não — Apesar de ter respondido meio que sorrindo, quando disse isso, ela soou meio nervosa, talvez até um pouco irritada. E então ela mudou o assunto para como Tom Cruise estava lindo no novo *trailer* de *Missão Impossível 2*.

Nunca perguntei de novo quando e por que começamos a ir à igreja. Mas eu não preciso saber os motivos de irmos à igreja para saber que eu adoro.

Eu adoro o cheiro da capela – de limpador de azulejos com cheiro de pinho e um toque de juta. Adoro minhas aulas da Primária e todas as músicas sobre fé e Jesus, como *I Hope They Call Me on a Mission* e *Book of Mormon Stories*, e a minha favorita, *Popcorn Popping*, que, pensando bem, não me parece ter algo a ver com fé ou Jesus. (É sobre pipoca estourando em um damasqueiro).

Mais do que qualquer coisa, eu amo a fuga. A igreja é um indulto lindo, tranquilo, de três horas semanais fora do lugar que eu mais odeio: a minha casa.

A minha casa, assim como a igreja, fica em Garden Grove (Alameda dos Jardins), na Califórnia, uma cidade que recebeu de seus habitantes o apelido nada afetivo de "Garbage Grove" (Alameda do Lixo) porque, como Dustin fala antes de a Mamãe calá-lo aos gritos: "Tem um monte de 'lixo branco'[1] aqui".

Nós conseguimos um bom negócio no aluguel da casa, já que os donos são meus avós paternos, mas aparentemente não tão bom, já que Mamãe está sempre reclamando disso.

— Nós não deveríamos ter de pagar nada. É para isso que serve a família. — desabafa ela para mim enquanto lava a louça ou lixa as unhas. — Se eles não deixarem a casa para o seu pai no testamento, eu juro...

Quase todos os meses nós atrasamos nosso aluguel – a Mamãe está sempre chorando por causa disso. E os pagamentos muitas vezes são insuficientes – a Mamãe chora por causa disso também. Às vezes não é o suficiente mesmo que todos da minha família contribuam, até mesmo meus avós. Eles se mudaram para a nossa casa "temporariamente" enquanto a Mamãe lutava contra o câncer, mas acabaram ficando mesmo depois de ela entrar em remissão porque era o melhor para todos.

Minha mãe chama isso de "a maldição do salário-mínimo". O vovô trabalha na bilheteria da Disneyland, a vovó trabalha como recepcionista de um asilo, o papai faz imagens em papelão para a Hollywood Video, além de trabalhar no departamento de projetos de cozinhas da Home Depot, e a Mamãe fez um curso de estética, mas diz que ter bebês atrapalhou sua carreira – "além de os vapores dos descolorantes de cabelo serem tóxicos" –, então ela pega vagas temporárias na Target perto das festas de fim de ano, mas diz que seu trabalho principal é garantir o meu sucesso em Hollywood.

Embora os pagamentos do aluguel sejam muitas vezes insuficientes e quase sempre atrasados, nunca fomos expulsos. Eu sinto que, se os donos da casa não fossem meus avós paternos, nós provavelmente já teríamos sido. Parte de mim fantasia com isso.

Se fôssemos expulsos, isso significa que teríamos de nos mudar para outro lugar. E se nós tivéssemos que nos mudar, isso significa que teríamos de

---

1. N.E.: White trash, usado aqui, traduzido literalmente como lixo branco, é um termo depreciativo utilizado nos Estados Unidos para pessoas brancas e pobres da classe trabalhadora.

embalar tudo o que quiséssemos levar conosco em caixas de mudança. E se nós tivéssemos de embalar as coisas em caixas de mudança, significa que teríamos de separar todas as coisas dessa casa e nos livrar de algumas delas. E isso parece maravilhoso.

Nossa casa nem sempre foi assim. Eu vi imagens de antes de eu nascer nas quais ela parecia bem normal – uma casa humilde com um pouco de bagunça, mas nada fora do comum.

Meus irmãos dizem que começou quando a Mamãe adoeceu; foi aí que ela começou a não conseguir desapegar das coisas. Isso quer dizer que começou quando eu tinha dois anos de idade. Desde então o problema só piorou.

Nossa garagem é lotada de coisas do chão ao teto. Pilhas de caixas de plástico estão cheias de papéis velhos e receitas e roupas de bebês e brinquedos e bijuterias emaranhadas e diários e decorações de Natal e embalagens velhas de chocolate e maquiagem com a validade vencida e garrafas vazias de xampu e pedaços de canecas quebradas em saquinhos Ziploc.

A garagem tem duas entradas – a porta de trás e a principal. É quase impossível entrar na garagem pela porta de trás porque mal tem espaço para andar, mas você nem ia querer fazer isso se por acaso conseguisse abrir o caminho às cotoveladas. Nós temos um problema com ratos e gambás, então a única coisa que você verá no seu pedaço do caminho são ratos e gambás mortos presos em ratoeiras que o papai coloca periodicamente. Os ratos e gambás mortos fedem.

Já que realmente não dá para passar pela garagem, nossa segunda geladeira fica estrategicamente na frente da garagem para que possamos abrir a porta principal e acessá-la com facilidade.

Falar em facilidade é um exagero.

A porta da nossa garagem é a única porta manual do quarteirão, e é tão pesada que as dobradiças quebraram. A porta costumava fazer um estalido sempre que meu pai ou Marcus – os únicos dois fortes o bastante em casa para levantá-la – a erguiam alto o suficiente. Quando esse estalido acontecia, a porta da garagem ficava travada.

Bem, não mais. Há alguns anos, depois que a porta da garagem estalou, ela desceu com tudo de novo e nunca mais travou desde então.

Portanto, agora, ir para a garagem se tornou um trabalho em dupla. Quem abre a porta pesada da garagem – que costuma ser o Marcus – precisa segurá-la em cima com todo o corpo para evitar que ela desça em cima dele, enquanto a outra pessoa – que costuma ser eu – retira o que precisa ser retirado da garagem.

Às vezes em que pediam para Marcus e eu tirarmos algo da garagem foram assustadoras. Quando Marcus segura a porta e seu rosto se contrai sob o peso dela, e eu corro para abrir a geladeira apinhada de coisas o mais rápido possível para localizar o alimento necessário em meio a um mar de outros alimentos, sinto como se eu fosse Indiana Jones, a bola está vindo e eu preciso pegar o tesouro escondido antes de ser esmagada por ela.

Os quartos também são ruins. Eu me lembro de uma época em que Marcus, Dustin e Scott dormiam num treliche e eu dormia no meu quarto, mas agora eles estão tão cheios de coisas que nem dá para determinar onde as camas ficam, quem dirá dormir nelas; nós não dormimos mais nos quartos. Colchonetes dobráveis foram comprados na Costco para dormirmos na sala de estar. Tenho certeza de que os colchonetes eram para crianças fazerem ginástica. Não gosto de dormir no meu.

Essa casa é um estorvo. Essa casa é vergonhosa. Odeio essa casa. Detesto a ansiedade e a tensão que ela me causa, e passo a semana inteira na expectativa pelas três horas de fuga para a terra dos testemunhos e do limpador de azulejos com aroma de pinho.

Por isso fico tão chateada por minha família nunca conseguir sair no horário, não importa o quanto eu tente fazer acontecer.

— Vamos, gente, anda, anda, anda! — grito enquanto afivelo meu sapato esquerdo.

Dustin e Scottie acabaram de acordar. Eles esfregam a remela dos olhos enquanto vovô pisa desajeitado em cima das "camas" da Costco deles. Meus avós dormem no sofá no que costumava ser meu quarto, mas desde então foi transformado em quarto/depósito para mais coisas.

— Cada um de vocês tem dez minutos para comer o café da manhã, se trocar e escovar os dentes — digo para Dustin e Scott enquanto eles vão para a cozinha para cada um preparar sua tigela de cereal. — Lucky Charms para Dustin e Count Chocula para Scott. Dá para ver pelos seus olhos revirando que eles acham que estou sendo mandona, mas para mim não parece. Parece desespero. Eu quero ordem. Quero paz. Quero meu indulto de três horas desse lugar.

— Vocês me ouviram? — pergunto, sem obter resposta. Meu vô está no canto da cozinha, passando manteiga na torrada, e eu me estresso com a quantidade de manteiga que ele usa – uma porção daquele tamanho é cara. A Mamãe sempre diz que ele usa "metade de uma barra de manteiga por dia e não podemos nos dar ao luxo disso, muito menos a diabetes dele".

— Vovô, dá para usar um pouco menos de manteiga? Vai deixar a Mamãe chateada.

— Quê? — provoca vovô. Juro por Deus que ele faz isso sempre que pergunto alguma coisa que não quer responder.

Exasperada, saio e abro uma toalha de mesa dobrável chamada "The White Thing" sobre o carpete cinza da sala de estar. Essa toalha é um quadrado de fundo branco com estampa floral erroneamente chamado de fino que se abre em três segmentos de 25 centímetros. Esse quadrado com três dobras serve como a nossa "mesa". Aparentemente, nós temos uma queda por coisas dobráveis na nossa casa.

Então eu estendo a White Thing enquanto Dustin e Scottie entram em fila na sala de estar. Eles caminham como se estivessem em uma corda bamba, prestando muita atenção como se fossem equilibristas, porque encheram demais suas tigelas com leite e cereal a ponto de o leite transbordar e derramar no carpete cinza. Minha mãe reclama todo santo dia do cheiro azedo que fica no carpete quando eles deixam o leite cair, mas não importa quantas vezes ela fala, eles continuam colocando leite e cereal demais. Ninguém escuta nessa casa.

Minha mãe ainda não calçou seus sapatos de ir à igreja porque ela deixa para fazê-lo no último minuto, pois eles deixam seu joanete latejando, então eu sei que no segundo em que pisar no carpete encharcado de leite, ela vai tirar a meia-calça, surtar e exigir que paremos na farmácia Rite Aid no caminho para comprar uma nova. Mas se isso acontecer, vamos interromper minha fuga de três horas. Não podemos parar na Rite Aid.

Corro para o armário de toalhas. No caminho, passo pelo banheiro. Pressiono minha orelha contra a porta fechada e ouço a vovó reclamando com uma amiga dela ao telefone.

— A Jean deixou a etiqueta de preço no suéter que ela me deu. Ela faz isso sempre que compra algo em liquidação, mas quer fingir que pagou o preço total. É muita malandragem da parte dela. De qualquer forma, fui até a Mervyn's e vi o suéter lá, com 70% de desconto. Ela não gastou nem quinze dólares comigo...

— Vovó, saia daí! Os meninos precisam entrar! — grito enquanto bato na porta.

— Por que você me odeia?! — berra ela. Ela sempre faz isso quando está ao telefone com alguém. Tenta se fazer de vítima.

Alcanço o armário de toalhas e pego uma toalhinha vermelha estampadas com luzes de Natal, molho uma das pontas dela na pia da cozinha e a pressiono sobre o carpete encharcado de leite. Olho para cima e vejo Dustin e Scottie comendo na toalha de mesa estendida. Scott mastiga em silêncio e com uma lentidão constante e ritmada, quase como se estivesse em câmera lenta. Qual é a urgência? Para quê? Dustin mastiga com a boca aberta, com um ruído alto. Urgente, mas não eficiente.

Verifico o relógio. 11h12 da manhã. De alguma maneira, temos de sair pela porta para entrar na van em 8 minutos para que consigamos chegar à igreja tempo do culto das 11h30.

— Acelera, seus molengas! — vocifero para meus irmãos enquanto pressiono todo o meu peso corporal na toalha de Natal úmida sobre o carpete encharcado.

— Cala a boca, sua cagona — rebate Scottie.

Meu avô pisa nos farelos que caem de sua torrada embrulhada em papel-toalha. A vovó aparece no outro canto da sala, enrolada em uma toalha tão surrada que já está transparente – que nojento. O permanente está ajeitado no lugar com uma toalha improvisada feita de papel-toalha e grampos.

— Tá feliz, garotinha?! Saí do banheiro agora — exclama ela, indo para a cozinha.

Eu a ignoro e digo aos meus irmãos que o banheiro está livre e que podem ir escovar os dentes enquanto recolho a louça suja e vou para a pia. Por um ato de Deus nós talvez cheguemos à igreja a tempo.

Estou esbaforida. Tiro a toalha de Natal úmida de cima da mancha com leite. Vou para a cozinha para molhá-la de novo para o *round* dois quando a Mamãe passa por mim e se dirige à sala de estar. A ansiedade inunda meu corpo. Estou prestes a avisá-la, mas quando ela sai da cozinha, sei que é tarde demais.

— O que é isso? — pergunta ela em um tom que me avisa que sabe exatamente no que acaba de pisar.

Digo que já comecei a limpar, que a umidade é na maior parte por causa da água, mas não interessa. O humor da minha mãe já mudou. Ela já está tirando a meia-calça e chamando meu pai, dizendo que precisaremos parar na Rite Aid para ela comprar uma nova.

Eu me questiono se não deveria ter feito algo de diferente para nos fazer sair de casa a tempo. Talvez haja algo que eu possa fazer no futuro. Mas, por ora, parece que eu terei de me contentar com uma fuga de duas horas e meia. Nos esprememos na *van* rumo à farmácia. Talvez eu tenha sorte de chegar a tempo de cantar *Popcorn Popping*.

6.

— Papai! — grito assim que ele passa pela porta. Encosto minha cabeça em sua barriga, como sempre faço quando ele volta para casa do trabalho. Cheiro sua camisa de flanela – *hmmm*, madeira recém-cortada com um toque de tinta fresca, sua marca registrada.

— Oi, Net. — diz ele com mais frieza do que eu esperava. Estou sempre cruzando os dedos por uma gargalhada, um cafuné ou um abraço, mas eles nunca vêm, ou pelo menos não ainda. Ainda estou esperando.

— Como foi no trabalho?

— Tudo bem.

Estou desesperada, tentando encontrar um assunto para conversar com ele. Algum tipo de conexão. Com a minha mãe é muito fácil. Por que tudo parece tão emperrado com ele?

— Você se divertiu? — pergunto, enquanto ele caminha da entrada para a sala de estar.

Ele não responde. Um olhar preocupado surge em seu rosto depois de ele cruzar os olhos com alguma coisa. Viro a cabeça para saber o que ele tanto olha.

Mamãe. E dá para perceber imediatamente por sua linguagem corporal e expressão facial – postura ereta, queixo levantado, ranger de dentes, olhos esbugalhados – que ela não está preocupada, não está com raiva, ela está furiosa. Prestes a explodir. Ah, não. Deve haver algo que eu possa fazer.

— Mark. — diz ela, estalando os lábios para enfatizar de fato a raiva. É agora ou nunca, hora de me intrometer.

— Amo você, Mamãe! — grito. Corro em sua direção. Abraço-a.

Eu consigo, posso mantê-la calma. Mas antes que haja tempo de pensar no que dizer em seguida...

— Mark Eugene McCurdy — diz ela, aumentando o tom de voz.

Ah não. Quando o "Eugene" sai, estamos perto da explosão.

— Eu tive de ficar até mais tarde porque estava ajudando um cliente, não conseguia sair. — papai tenta explicar. Ele parece assustado.

— Três horas de atraso, Mark...

Olho para Dustin e Scottie em busca de ajuda. Eles estão jogando *GoldenEye 007* no Nintendo 64. Se há um momento em que eles estão indisponíveis é quando estão jogando *GoldenEye007* no Nintendo 64. Meus avós estão no trabalho e Marcus está na escola. Estou nessa sozinha.

— Mamãe, por que não assistimos ao Jay Leno? Quer assistir? Hoje é noite de *Headlines*.

— Quieta, Net.

E eu saio. Ela se pronunciou. Estou calada. Tinha certeza de que Jay funcionaria. Admito que sou mais fã do Conan, mas assistir ao Jay é um programa familiar na nossa casa. (Quando mencionei isso na igreja, a Irmã Huffmire disse que Jay é meio malicioso e que às 23h30 eu deveria estar na cama, mas a Mamãe me disse que a Irmã Huffmire é crítica demais e posso desconsiderar o que ela disser).

Observo minha mãe de perto. Seu peito começa a arfar. A intensidade está aumentando. Suas orelhas ficam vermelhas. Ela avança no meu pai. Ele dá alguns passos para trás, fazendo Mamãe tropeçar e cair de joelhos. Ela começa a gritar "Abuso! Abuso!" Papai a pega pelos pulsos para tentar acalmá-la. Ela cospe no rosto dele. Alguém ganha a rodada de *007*. Um braço e um punho cerrado se ergue, "vitória"!

— Deb, acalme-se, só cheguei com algumas horas de atraso, pra que tudo isso? — ele tenta berrar em meio aos gritos dela.

— Não me contrarie! NÃO ME CONTRARIE! — Ela se desvencilha e começa a bater nele.

— Vai, Mamãe! Você consegue! — Torço por ela como sempre faço assim que meu medo passa.

— Deb, isso é absurdo. Você precisa de ajuda! — implora meu pai. Ah, não. Ele não sabe que essa frase é um grande gatilho para ela? Sempre que ele ou meu avô discutiam com a minha mãe e diziam "você precisa de ajuda", só a provocavam ainda mais.

— EU NÃO PRECISO DE AJUDA, *VOCÊ* PRECISA DE AJUDA! — grita minha mãe. Ela corre para a cozinha. Papai começa a tirar os sapatos, sendo tolo em achar que talvez tenha acabado, que talvez o humor de Mamãe tenha mudado e voltado ao normal. Como ele pode não saber? Como ele nunca sabe?

Um, dois, três, conto em minha mente. São menos de dez segundos até ela voltar. Quatro, cinco, seis, sete. Ela volta carregando uma faca de cozinha, aquela grande que meu avô usa para cortar os vegetais todas as noites.

— SAI DA MINHA CASA! — berra ela. — SAI!

— Deb, por favor, você não pode continuar fazendo isso...

A última vez que Mamãe forçou meu pai a dormir no carro foi há alguns meses. Foi uma reviravolta mais longa do que o comum – normalmente ele é expulso uma vez por semana ou mais. E com bom motivo. Minha mãe diz que ele não ajuda a família o suficiente, chega sempre tarde do trabalho, provavelmente está a traindo, não está interessado nos filhos, é um pai ausente etc. O fato de ele ter passado tanto tempo sem ter sido expulso é um milagre. Ele deveria ser grato.

— SAI, MARK!

— Abaixa essa faca, Deb. Não brinque com isso. É um perigo para os seus filhos.

— NÃO É. EU NUNCA MACHUCARIA MEUS BEBÊS. EU NUNCA MACHUCARIA MEUS BEBÊS, E COMO VOCÊ OUSA ME ACUSAR DISSO?!

Lágrimas escorrem por suas bochechas. Os olhos dela estão esbugalhados, trêmulos e aterrorizantes.

— SAI!

Ela avança nele de novo. Ele se afasta.

— Tá bom, tá bom. Eu saio. Tô indo.

Ele calça os sapatos de novo e sai. Mamãe volta para a cozinha e guarda a faca em uma gaveta. Ela cai de joelhos e começa a soluçar de tanto chorar e gemer de tristeza. Eu me agacho perto dela e a abraço. Alguém vence outra rodada de *007*.

7.

Estou de pé nessa pilha de sujeira desde a hora em que cheguei, às 6 da manhã. É meio-dia agora e o sol está brilhando, a pino, sobre a minha cabeça. Os atores principais à minha volta são protegidos por guarda-sóis entre as tomadas, e podem se sentar em cadeiras dobráveis para descansar os pés, e podem beber água de garrafas geladas recém-retiradas de um *cooler* cheio de cubos de gelo. Mas eu não. Não tenho esse tipo de luxo porque sou apenas uma figurante.

Os outros figurantes e eu ficamos de pé nas nossas pilhas de sujeira aqui no deserto quente nos arredores de Lancaster, sem guarda-sol e sem garrafa de água, e suando por baixo de cada umas camadas do nosso figurino pinicante e embolorado da época da Grande Depressão. Estamos interpretando pessoas pobres na Grande Depressão para um curta-metragem chamado *Golden Dreams*. O filme mostra várias vinhetas sobre a história da Califórnia e provavelmente vai passar no novo parque temático parceiro da Disneyland, o California Adventure. Mamãe me contou isso toda contente, no trajeto até aqui, às 4h30 da manhã, mas a única parte que me pareceu empolgante foi que abriu um novo parque temático da Disney.

A pior parte de tudo isso é essa coisa nos meus dentes. De manhã, quando fiz cabelo e maquiagem, eles fizeram duas tranças no meu cabelo e então me disseram para abrir bem a minha boca. Eu fiz o que me pediram, e a maquiadora pingou uma gosma parecida com um suco marrom na minha boca, explicando que fazia aquilo para que os meus dentes parecessem podres. A gosma secou rapidamente e o gosto era nojento, o que eu imagino que sentiria se não escovasse os dentes durante um mês. Eu me senti assim o dia inteiro desde então, e odiei. Não consigo evitar passar minha língua pela gosma porque ela é muito incômoda e me distrai.

— Você não parece feliz de estar aqui. Tente parecer que está feliz de estar aqui. — pede minha mãe enquanto nós duas entramos no banheiro do *trailer* designado aos figurantes. Eu fiquei segurando meu cocô durante uma hora e não aguentava mais, então finalmente perguntei para uma pessoa de *walkie-talkie* se eu poderia, por favor, ir ao banheiro, mesmo que a Mamãe tivesse me dito que eu seria chamada de difícil por fazer isso.

— Desculpa. — digo enquanto faço cocô e Mamãe molha um papel-toalha com água. Tenho vergonha porque ela ainda insiste em limpar o meu bumbum. Tentei dizer a ela recentemente que, agora que tenho oito anos, acho que consigo me virar, mas ela parecia que ia começar a chorar e disse que precisaria fazer isso até que eu tivesse pelo menos dez, porque ela não queria manchas na minha calcinha da Pocahontas. Sei que, se eu fizesse isso sozinha, não deixaria manchas, mas me preocupo com as lágrimas da Mamãe.

— Apenas melhore essa cara feia, tá bom? — pede a Mamãe, para garantir que eu ouvi seu pedido. — As sobrancelhas arqueadas deixam a minha mãe com cara de brava.

Limpa. Limpa. Limpa.

— Tá bom.

Eu volto para a minha pilha de sujeira e tento parecer o oposto de como me sinto, mas fica difícil com a luz muito forte do sol. Não consigo parar de semicerrar os olhos.

— Onde está a garotinha de olhar triste, aquela que mencionei antes? Vamos usá-la. — grita a diretora para o assistente de direção.

O assistente indica várias crianças, e a diretora balança sua cabeça até que o outro aponta para mim.

— Isso, ela. — confirma a diretora.

— Vem cá, vem comigo. — diz o assistente de direção, me levando pela mão até a diretora.

A diretora diz para eu sentar em um carro antigo, olhar um pouco para a minha direita e "não fazer nada". Concordo, fazendo sinal com a cabeça. Depois de algumas tomadas, ela diz que conseguiu a cena.

O assistente me leva até minha mãe, que está esperando perto da mesa de lanches dos figurantes. Ele diz que eu posso ir embora porque eles me usaram em uma cena importante e por isso não posso mais ser figurante.

— Uma cena importante? — pergunta Mamãe, claramente empolgada.

— Sim. Na verdade, eu preciso trazer uma papelada nova porque tecnicamente é um papel principal.

Minha mãe quase treme de alegria.

— Como isso aconteceu?

— Bem, a garotinha que contratamos não obedecia. Ela apenas ficava sorrindo não importava quantas vezes nós disséssemos para que parecesse triste. Mas não a sua filha. Ela tem um ótimo rosto triste — ri ele.

— Ela tem. Ela tem mesmo um ótimo rosto triste — concorda minha mãe, radiante, parecendo se esquecer que meia hora atrás estava tentando fazer eu me livrar daquele mesmo rosto triste.

— Enfim, nós usamos sua filha para o papel, então ela é tecnicamente uma atriz principal.

O assistente sai para buscar a papelada nova, minha mãe se vira para mim e pega a minha mão.

— Eles usaram você, Net! Usaram você!

Assim que voltamos para casa, ela liga imediatamente para a Academy Kids para se gabar do meu contrato principal. Eles respondem a ela dizendo que são ótimas notícias, que isso significa que estou estabelecendo uma reputação como uma criança que coopera e obedece às instruções, dois dos traços mais benéficos de um ator mirim. Eles dizem para ela que vão procurar por trabalhos de figuração mais longos para mim – "trabalhos como figurante principal". Esse é o tipo de trabalho que você não consegue quando é um novato na figuração porque o diretor de elenco de figurantes ainda não conhece sua reputação. Mamãe parece perturbada com as notícias.

— "Figuração principal"? Isso me soa como um mero figurante de luxo. E os papéis principais? Eles acabaram de contratá-la como principal para *Golden Dreams*, então ela não pode começar a fazer testes para os papéis principais?

— Bem, ainda não. Nós queremos que ela ganhe um pouco mais de experiência e então reavaliaremos.

Ela responde que tudo bem, mas dá para saber que não gostou dessa resposta.

— Reavaliar uma ova — diz Mamãe enquanto põe o telefone no gancho. Sempre me preocupa se a pessoa do outro lado da linha ainda não desligou quando minha mãe reclama dela, mas, até agora, por sorte, aparentemente isso não aconteceu.

Ela fica um pouco tensa pelo resto da noite, mas, na manhã seguinte, volta a ficar de bom humor quando a Academy Kids liga para dizer que conseguiram para mim um papel como "figurante principal" para um futuro piloto. Oito dias de trabalho.

— Você pode ser um figurante de luxo por ora, querida. — diz Mamãe para mim enquanto escova seus dentes. — Mas, se nós continuarmos, você logo será uma baita de uma atriz principal, com as credenciais.

Cospe na pia.

— Acho que é assim que se fala, "com credenciais", mas não tenho certeza.

8.

A GRAVAÇÃO DO PILOTO VAI BEM E, EMBORA EU NÃO TENHA PASSADO DA função figurante de luxo para outra melhor, aconteceu algo na gravação que me aproxima do objetivo da minha mãe de me transformar em atriz principal.

Tem uma atriz principal da minha idade cuja mãe que simpatiza com a minha. Essa mãe dá à minha o número do telefone da agente da sua filha, Barbara Cameron.

— Barbara Cameron, Net! Barbara Cameron, caramba!
— Eba!
— Você sabe quem ela é?
— Não.
— Ela é mãe de várias crianças famosas. Várias. Kirk Cameron, de *Tudo em Família*, Candace Cameron, de *Três é Demais*. Ela é mãe deles. E empresária. Então ela começou a gerenciar crianças que não eram seus filhos. E agora é uma das maiores representantes de jovens do mercado. Uma moça bem legal.

Mamãe liga para Barbara imediatamente para agendar um teste para mim e meu irmão mais velho, Marcus, a quem ela convenceu recentemente a dar outra chance à atuação, apesar de sua resistência inicial.

— Vai, você tem um lindo sorriso, com dentes grandes — disse ela. — E muitos molares. Como um jovem Matt Damon.

Cá entre nós, invejo Dustin e Scottie. Não entendo o motivo que Mamãe tem expectativas tão diferentes pra eles do que tem para Marcus e eu. Queria saber a resposta, mas parece que é uma daquelas coisas sobre as quais não se conversa na família. Parece ser uma daquelas sobre as quais há uma concordância mútua e tácita.

Barbara trabalha de casa. O teste acontece em sua residência. Quando chegamos, Marcus e eu recebemos um monólogo cada um, que deveríamos estudar por meia hora antes de voltar e interpretá-los. Não sei de quais filmes eram as falas, mas Marcus interpreta um aluno do segundo ano do Ensino Médio cuja namorada cometeu suicídio, e eu, uma garotinha que está tentando convencer os pais a não se divorciarem.

Mamãe bate o texto dos monólogos conosco no carro e então, um por um, nós voltamos para dentro para os nossos testes.

Marcus é o primeiro. Ele fica lá por cerca de meia hora. Quando sai, está de bom humor. Ele diz que Barbara e a outra mulher na sala conversavam e riam bastante.

Entro. Estou tremendo. Faço meu monólogo uma vez. Barbara e a outra trocam olhares e então me pedem para fazer de novo, só um pouco mais "largada". Fico confusa.

— Se solte um pouco mais — esclarece Barbara.

Tento de novo. A outra mulher encolhe os ombros para Barbara. Barbara faz uma cara de interrogação.

— Obrigada. — Elas dizem juntas.

Saio de lá o mais devagar que consigo, na esperança de conseguir adicionar alguns minutos à minha saída, por saber que minha mãe ficará desapontada de eu ter ficado lá por tão pouco tempo. Mesmo caminhando feito uma tartaruga, o máximo que consigo é acrescentar um minutinho a mais. Chego ao carro e Mamãe parece preocupada.

— Como foi?

— Foi bom.

— Elas estavam conversando bastante?

— Não muito...

— Elas riram das coisas que você disse?

— Não exatamente...

— *Hum*.

No caminho para casa, percebo que minha mãe está decepcionada. Ela parece orgulhosa e entusiasmada pelo Marcus, mas pela expressão dela, sei que está disfarçando. Esse orgulho e entusiasmo pelo Marcus está obscurecido por sua decepção comigo.

***

— Nós gostamos muito do Marcus; queremos ele na nossa equipe. Mas a Jennette... ela simplesmente... não tem carisma.

Quem dá essa notícia é Laura, a mulher que estava na sala com Barbara. Laura é a segunda em comando e a única outra agente trabalhando para a empresa. Ela é esperta e rápida, do tipo ágil, com uma voz alta o bastante que é possível ouvir ao telefone conforme minha mãe conversa com ela enquanto prepara nosso *lámen* para o jantar.

— Ótimo para o Marcus, mas e se vocês assinarem com a Jennette por um período de experiência de seis meses e, se ela não conseguir nada, depois vocês a dispensam? — implora minha mãe, me dando um sinal de aprovação como se ela estivesse empolgada com a própria ideia.

— Já temos jovens talentos femininos demais... — Laura sai pela tangente.

— Ela aprende rápido e obedece às instruções — acrescenta ela, meio cantarolando, como se tentasse atrair Laura. Esse é um tom muito destoante para um pedinte.

Laura diz que vai verificar com Barbara e ligará de volta com uma resposta. Mamãe se vira para mim.

— Net, faça uma prece rápida para Barbara aceitar você. E cruze os braços por nós duas, já que eu preciso das minhas para cozinhar — diz ela. Eu assumo a postura adequada para a prece mórmon. Fechamos nossos olhos.

— Querido Pai Celestial — começo —, obrigada pelo lindo dia e por todas as nossas muitas bênçãos...

— Merda! — exclama Mamãe.

Meus olhos se abrem. Ela deixou cair a colher com que cozinhava e começa a chupar o dedo que a água fervente queimou. Liga a torneira para passar água fria na queimadura.

— Queimei meu dedo — explica — Continua, meu anjo, continua.

Obedeço e volto para minha prece.

— Por favor, que Barbara Cameron me aceite. Rogamos por uma boa noite de sono. Por favor, rogamos que Mamãe durma bem, pois ela tem dificuldade às vezes. Obrigada, Pai Celeste. Em nome de Jesus Cristo, amém.

— Amém, querida. Bom trabalho.

Mamãe começa a colocar o *lámen* em tigelas quando o telefone toca de novo. Ela coloca a panela na pia, com um baque, e um pouco do caldo do *lámen* espirra no balcão, mas minha mãe não percebe. Está focada demais.

— *Aham.* — diz ela, soando animada. Não consigo ouvir Laura na outra extremidade do telefone dessa vez porque Mamãe anda para trás e para frente, inquieta.

— *Aham* — diz ela novamente, me examinando. Tudo isso está me deixando muito desconfortável.

— Ótimo, você não vai se arrepender — diz ela enquanto desliga o telefone. Ela olha para mim durante um bom tempo enquanto seus olhos se enchem da mais pura alegria.

— O que foi? — pergunto.

— Barbara Cameron aceitou você. Ela quer que você faça aulas de teatro uma vez por semana para se sentir mais confortável consigo mesma, ou algo assim, mas ela te aceitou.

Mamãe balança a cabeça admirada e orgulhosa. Dá um suspiro de alívio, e me puxa para um abraço.

— Você é a atriz principal agora, querida. Nada de figuração para a minha filha querida.

9.

Eu odeio a aula de teatro. Já estou há dois meses na escola que Barbara Cameron insistiu que eu fizesse para ser representada por ela. As aulas são todos os sábados, das 11h às 14h30. Embora seja um período longo fora de casa, eu não fico ansiosa por essa aula da mesma forma que a igreja porque acho o teatro ainda mais desconfortável do que ficar presa em casa.

Cada aula começa com um pouco de "alongamento facial". Os doze alunos andam pela sala imitando a Srta. Lasky. Esse é o sobrenome da Laura. Depois da Barbara, é ela quem manda, mas também a Srta. Lasky também é nossa professora. Ela estica o rosto, fazendo umas contorções estranhas, abrindo bem a boca ou esbugalhando os olhos. Não faço ideia de como isso nos ajuda a interpretar melhor, mas sei me comportar e não ajo como uma criança irritante que faz perguntas.

— Você precisa estar sempre alerta na aula. — É o que a minha mãe me lembra sempre quando voltamos para casa. — A srta. Lasky está observando. E as crianças que são irritantes, não obedecem, fazem perguntas, essas são as que não vão para os testes. As crianças que conseguem são aquelas que ficam caladas e obedecem.

Depois da ginástica facial, nós fingimos ser vários animais. Algumas das crianças parecem se divertir com isso, mas eu me sinto uma idiota. Não sei como é o bramido de um elefante, o ronronar de um gatinho ou o guincho de um macaco e, francamente, eu nem quero. Vamos deixar os sons dos animais para os animais.

Às vezes, a srta. Lasky manda todos ficarem parados, e então ela aponta para uma criança para fazer um solo de som de animal. Isso deveria nos ajudar a superar nossas inibições ou algo assim.

— Solta um bramido, Jennette! Com vontade!

Não estou com vontade, mas faço o meu melhor. Eu me sinto humilhada.

Depois dos temíveis sons dos animais, nós passamos para a técnica de memorização. Recebemos uma cena e temos trinta minutos para decorar nossas falas, então começamos a cuspi-las uma por uma com "leitura fria", o termo do *showbiz* para "rápido e sem emoção". Dizem que essa técnica é importante, principalmente para crianças, para que a gente não exagere e acabe parecendo mecânico demais nos testes. Aparentemente, estudar o texto com a "leitura fria" para decorá-lo primeiro e só adicionarmos as emoções depois é a melhor forma de manter a cena fresca.

Memorizar é a parte da aula que eu menos detesto, talvez porque seja melhor nisso. Eu costumo memorizar minhas falas em quinze minutos e fico os quinze minutos seguintes repassando-as para gravar bem. Eu também não me importo em dizer palavras sem emoções. As emoções são o problema, as palavras não. Forçar emoção é desconfortável a princípio, mas assumir essas emoções para os outros verem me parece repugnante. Eu me sinto fraca, vulnerável e nua. Não quero que as pessoas me vejam assim.

Depois da memorização vem o trabalho de cena, a parte que eu menos gosto da aula porque é quando preciso interpretar. A cada semana, como preparação para esse trabalho, recebemos uma cena que temos de memorizar e analisar. Analisar uma cena é um processo no qual fazemos perguntas sobre nosso personagem e a cena, e o que está realmente sendo dito nas entrelinhas das palavras na página. O que meu personagem quer, na verdade? O que quer o personagem com quem estou interagindo? Como essas coisas entram em conflito? Como meu personagem se sente sobre o personagem com quem estou interagindo? Depois de desmembrar a cena, temos de ensaiá-la o bastante até estarmos prontos para encená-la na frente do resto da classe no próximo sábado.

Cada um se levanta por vez, faz a cena, e então passa pela análise com a Srta. Lasky. Eu queria muito não ter de fazer essa parte. Não gosto de me sentar no palco do estúdio, interpretando uma cena na frente de todos. Não gosto de ser observada. Gosto de observar.

A Srta. Lasky disse, na nossa primeira aula, que os pais não estavam autorizados a participar do trabalho de cena, mas minha mãe insistiu.

— Eu tive um carcinoma ductal metastático no estágio quatro, câncer de mama, e meus ossos são fracos por causa da quimio. Ficar muito tempo sentada no carro é doloroso para mim e eu não posso ficar andando debaixo do sol quente.

— Bem, tem uma cafeteria subindo a rua — indicou a Srta. Lasky com um sorriso tenso.

— Eu não admito gastar $ 2,50 em uma xícara de café — retrucou minha mãe com um sorriso ainda mais tenso.

E foi isso. Minha mãe era a única mãe sentada na parte da análise de cena, desde o início da aula. Fico feliz de ela conseguir o que quer, me ver em cena. Mas na presença dela me estressa ainda mais. Consigo sentir as críticas e as reações naquele olhar de soslaio. Ela dubla minhas falas enquanto eu as digo e coloca animação demais em sua expressão facial quando quer que eu a imite. É difícil representar enquanto lido com o treinamento secundário da minha mãe ao mesmo tempo.

Quando a aula acaba, sinto um alívio enorme porque a Mamãe me dá folga pelo resto do dia. Eu só preciso estudar a minha cena para a semana semana que vem amanhã. Hoje à noite estou livre.

10.

— Eu não quero dizer essa palavra — declaro para a minha mãe enquanto lemos minhas falas para um teste futuro para a *Mad TV*. O esquete é uma paródia sobre Kathie Lee Gifford e seus dois filhos, estou fazendo o teste para a versão parodiada da filha da Kathie.

— Ela tem vários sentidos diferentes. Às vezes significa simplesmente "feliz". Está até nas músicas de Natal, pelo amor de Deus. "*Don we now our gay apparel*". — explica ela, cantarolando.

Sei que a Mamãe concorda comigo em parte ou ela não estaria me dando uma explicação exagerada como está.

— Preciso falar isso?

— Sim, Net, é um dos seus primeiros testes com falas. Nós precisamos comparecer a todos para que Barbara saiba que você não é difícil. Além do mais, precisamos que você pegue algum trabalho, para que continue te enviando para outros.

Folheio as páginas na minha frente.

— Olha, você pode tomar um sorvete depois se fizer um bom trabalho, tá bom? Nós temos aquele cupom que a Irmã Johnson distribuiu na aula.

— Tá bom.

***

No dia seguinte estou esperando para ir para o teste. A sala é pequena. As paredes são brancas e não tem nada pendurado nelas. Minhas colegas de teste e suas mães se sentam em cadeiras dobráveis ou ficam de pé contra a parede. Todas as garotas são loiras. Todas as mães estão ansiosas.

Uma responsável pela seleção do elenco vem me buscar. Minha boca está seca como sempre fica antes dos testes, e eu preciso fazer xixi mesmo já tendo ido ao banheiro quatro vezes. Acho que é por causa dos Red Bull's sem açúcar que Mamãe me dá para beber antes dos testes para papéis cômicos porque ela diz que, sem eles, eu não teria energia para a comédia.

— Jennette McCurdy — chama a responsável pela seleção. Eu engulo em seco.

— Aqui! — digo, animada, como Mamãe me instruiu.

— Vem aqui. — pede a pessoa com um gesto.

Minha mãe me dá um tapa no bumbum como sinal de apoio.

— Você consegue, Net. Você é melhor do que todas essas garotas!

Vejo uma das minhas adversárias olhar para baixo, triste. A mãe a conforta. Sigo a diretora de elenco para a sala da seleção de elenco, onde dois homens estão sentados.

— Pode começar quando quiser. — diz um deles.

A diretora de elenco diz a fala, depois eu digo a primeira das minhas duas falas.

— Você é velho.

Os homens caem na gargalhada. Devo ter ido bem. A minha boca ainda está seca. Estou nervosa de dizer a palavra. Aqui vai minha próxima fala, aquela com a tal palavra.

— Gelman, você é tão gay!

Mais gargalhadas. Acabei. Saio para encontrar minha mãe na sala de espera.

— Então, o que eles disseram? — questiona ela enquanto estamos na fila da Baskin-Robbins.

— Que eu fui engraçada.

— Isso mesmo, minha bebê é divertida. E séria também, quando precisa ser. Você consegue tudo. Qual sabor vamos escolher? Nutty Coconut?

— *Hum*, não, acho que vou querer Cookies 'n Cream.

Minha mãe se vira para mim, alarmada.

— Você não vai pedir Nutty Coconut?

Congelo. Não sei o que dizer. Ela parece chateada por eu não ter escolhido Nutty Coconut. Paro, esperando para ver como ela reage antes de fazer minha próxima jogada. Por um ínfimo momento, nós duas estamos de pé em frente ao balcão de sorvetes, olhando uma para a outra em vez de olhar para a vitrine. Então a postura da minha mãe amolece e seus olhos se enchem de lágrimas.

— Mas o Nutty Coconut é seu favorito há oito meses. Você está mudando. Crescendo.

Pego uma das mãos dela com a minha.

— Esquece. Vou de Nutty Coconut.

— Tem certeza?

— Positivo. — concordo com a cabeça.

Minha mãe pede uma bola pequena para nós compartilharmos e entrega o cupom para a funcionária adolescente, que tem com tanta maquiagem preta em volta dos olhos que parece um guaxinim. Nós nos sentamos em uma das mesinhas pequenas para tomar o sorvete juntas. Estou secretamente enjoada do sabor de coco, mas me certifico de fazer muitos *hmmms* para a Mamãe achar que eu adoro. Algumas colheradas depois, o *pager* cinza dela começa a tocar. Ela se autopresenteou com esse *pager*, no Natal, para que soubesse no mesmo segundo quando Barbara precisava falar com ela. Como agora.

— É a Barbara! É um recado dela!

Ela se levanta rápido da mesa e encosta no balcão de sorvetes. Eu paro de tomar já que ela não está olhando.

— Você tem um telefone aqui? — pergunta ela à funcionária.

— Sim, mas é só para funcionários. — diz a Olhos de Guaxinim em um tom monótono.

— Minha filha é atriz e ela pode ter acabado de conseguir o primeiro papel dela, para trabalhar numa série chamada *Mad TV*. Você já ouviu falar da *Mad TV*? Dizem que é muito engraçado. Um *SNL* mais alternativo. Teria como eu usar seu...

— Claro, vai, pode usar — diz a funcionária, entediada.

Minha mãe atravessa o balcão e começa a discar o número de Barbara, que ela sabe de cor. Ela olha para mim, com os dedos cruzados. Eu tomo um pouco do sorvete.

— Ahhhh!! — grita ela. A funcionária tampa os ouvidos. — Net, você conseguiu! Você entrou para a *Mad TV*!

Mamãe desliga e telefone e corre até mim. Ela me puxa para um abraço apertado. Eu adoro o cheiro da sua pele quente misturada com o perfume Wings. Fico muito feliz por ela estar feliz.

— Isso é fantástico, Net. Seu primeiro papel com falas.Isso não é pouca coisa, não é mesmo.

Animada, Mamãe me beija na testa, então finca a colher no sorvete, terminando o Nutty Coconut. Ainda bem, assim não preciso tomar nem uma colherzinha mais.

11.

— Você está tão bonita! — digo para Mamãe.

Ela está na frente do espelho do banheiro fazendo a maquiagem enquanto eu escovo seus cabelos. Ela gosta quando faço isso. Diz que é reconfortante. Relaxante.

— Obrigada, meu anjo. Mas a Karen é maravilhosa. Ela parece uma *miss*. — Minha mãe tampa o batom e esfrega os lábios para espalhar a cor ameixa neles. Acho a cor natural dos lábios dela muito mais bonita.

— Você também parece uma *miss* — digo, em parte porque acredito nisso, mas principalmente para tranquilizá-la. Mimnha mãe não tem muitas amigas da idade dela, e as que são, ela mal vê. Logo, um encontro dela com uma amiga hoje é um acontecimento e tanto.

Karen é a melhor amiga da minha mãe desde os tempos do colégio e, depois de se formarem, as duas foram juntas para o curso de estética. O relacionamento da minha mãe com ela parece complicado. Em um minuto, ela dirá que Karen é essa pessoa incrível, maravilhosa e doce, e, no seguinte, dirá que Karen, na verdade, não passa de uma *V-A-C-A*.

— Não deveríamos chamar as pessoas assim.

— Só estou soletrando, Net. Além do mais, Deus entenderia se conhecesse a Karen. Já te contei como ela roubou o nome que eu queria dar ao meu bebê? — pergunta minha mãe enquanto borrifa perfume.

— *Uhum*. — digo enquanto continuo a escovar seus cabelos.

Mamãe olha para baixo. Dá para ver que a magoei. Ela já me contou essa história tantas vezes, mas aqui está querendo contá-la de novo. E tudo bem. Ela só quer ser ouvida.

— Mas eu posso ouvir de novo.

— Então, eu já tinha escolhido o nome — começa Mamãe imediatamente. — Jason. Eu achava que era um bom nome. Forte. Não muito comum, mas também não era estranho como alguns desses nomes novos, como Lagoon, ou algo assim. E você não deve contar para ninguém porque dá azar, sabe? Você não deve contar para ninguém o nome escolhido.

— *Aham.*

— Você está ouvindo, Net? Parece meio distante.

— Tô ouvindo.

— Então, você não deveria contar para ninguém, mas eu contei. Contei para a Karen porque eu achava que ela era minha melhor amiga e ela quis saber, além do que, nós duas estávamos grávidas, ao mesmo tempo, e então passaríamos por tudo aquilo juntas. Bem, veja só, ela tem o filho primeiro e que nome ela escolhe? Jason. Ela roubou o nome que eu havia escolhido.

— Eu gosto mais do nome Marcus, na verdade — conto para ela. — É mais original.

— Ah, eu sei que é, mas é todo o princípio da questão.

— Ah, eu sei.

Mamãe dá um longo suspiro e passa uma terceira camada de rímel nos cílios.

— Em todo caso, confio nela desconfiando, mas ela ainda é uma boa amiga.

Essa lógica me confunde, então eu só digo "ah, tá".

— Mas ela não é minha melhor amiga. — continua ela. — Você é minha melhor amiga, Net. Você é a melhor amiga da Mamãe.

Estou radiante. Como fico contente de saber que sou a melhor amiga da minha mãe. Ser a pessoa mais próxima dela no mundo. Este é meu propósito. Eu me sinto completa.

— Por que você parou de escovar meu cabelo?

Volto para a tarefa.

12.

— Bom, essa manhã vai ser um verdadeiro inferno! — grita Mamãe enquanto atira um prato na pia. Eu me assusto com o som, mas rumo para a cozinha mesmo assim. Alguém precisa ajudar a minha mãe, e quase todos ainda estão dormindo.

— Se ao menos alguém lavasse a louça, uma vez, uma vez que fosse! — grita ela novamente, batendo na pia com uma caneca. A asa se quebra. Ela coloca os pedaços da caneca em um saquinho Ziploc para guardar de lembrança.

— Eu lavo, Mamãe — digo, com cuidado, sem querer piorar as coisas.

— Ah, não, não você, querida — diz ela, esticando a mão para acariciar meu cabelo com as mãos cheias de detergente. — Não quero que fique com os dedos enrugados. Isso não vai te fazer bem. Quem vai querer escolher uma garotinha com dedos enrugados?

— Tá bom.

— Mark! Você pode levar a Jennette na aula de dança?! Eu preciso terminar a louça para levá-la à aula de teatro!

Papai vai da sala de estar para a cozinha. Ele passa por cima de Dustin e Scottie, dormindo em seus colchonetes da Costco.

— Quê? — pergunta ele quando finalmente chega à cozinha.

— A aula de dança da Jennette, você pode levá-la?

— Claro. — diz ele.

— Tente não ficar entusiasmado demais — diz ela.

— Desculpa.

— Não peça desculpas por tudo. Anda, se apressem. Vocês têm de partir em vinte minutos para chegar lá a tempo.

Minha mãe me colocou em um rigoroso cronograma de aulas de dança depois de eu ir muito mal em um teste para um especial de dança da Paula Abdul. Todas as crianças abriam espacate e davam três ou quatro piruetas de uma vez, mas eu não sabia como fazer nada daquilo. Aprendemos um minuto de coreografia e, embora eu seja boa em memorizar falas, os dois tipos de memorização obviamente não possuem nenhuma relação um com o outro, porque eu não conseguia me lembrar de nenhum movimento. Mamãe me disse que não quer que eu seja humilhada assim de novo, então ela me inscreveu para quatorze aulas de dança por semana – duas de cada um dos temas: *jazz*, balé, dança lírica, teatro musical e *hip hop*, além de uma aula de alongamento e três de sapateado – e me disse que dois trabalhos de figuração por mês cobririam os custos.

Eu gosto de dança. Muito. Gosto de movimentar meu corpo, me distrai. E eu gosto da maioria das garotas com quem danço – elas foram legais e receptivas comigo. Eu secretamente gosto de ficar longe da minha mãe também – ela não me vigia dançando como me vigia atuando. Talvez seja porque ela não quisesse ser uma dançarina quando criança e sim atriz, e talvez a Mamãe apenas permaneça presente quando estou sendo o que ela queria ser. Não sei. De qualquer forma, embora eu nunca diga isso para minha mãe, eu me sinto bem quando ela não está por perto. É um alívio. Não preciso me preocupar em ser monitorada o tempo todo.

Meu pai me levou para a aula de dança algumas vezes antes. Estou animada porque, quando minha mãe me leva, eu nunca sei se ela vai gritar com alguém ou reclamar para a dona do estúdio que minha parte no balé não é grande o bastante ou outra coisa. Meu pai não faz essas coisas. Ele nem parece perceber essas coisas. Ele simplesmente... existe.

— Você quer ir de bicicleta para a aula? — pergunta papai.

— Sim! — digo, realmente animada. Penso em perguntar para a minha mãe, mas desisto para não lhe dar uma chance de me dizer "não".

Meu pai e eu não passamos muito tempo juntos porque ele tem dois empregos, um na Home Depot e o outro na Hollywood Video. Ele costuma chegar tarde em casa e vai direto para o quarto dos fundos dormir um pouco. Embora o quarto esteja cheio de coisas, tem um pedaço vazio na cama no qual cabe uma pessoa dormindo, então é lá onde o papai dorme. Ele também vai para lá porque a Mamãe diz que ela não dorme na mesma cama de jeito nenhum – ou nem mesmo no mesmo quarto – com alguém que a enoja tanto. Então, como ela fica na sala de estar no sofá, ou em um colchonete da Costco com a gente, faz sentido que ele fique no quarto mais distante possível.

Para completar, estou ocupada com minha carreira de atriz e as lições escolares (mesmo que Mamãe nos eduque em casa, nós ainda precisamos entregar documentos à escola, uma vez por mês, para provar que aprendemos coisas) e agora também com as aulas de dança.

Difícil não lembrar das poucas vezes em que ficamos juntos, por terem sido tão raras. Como quando ele conseguiu ir à minha festa de oito anos na piscina pública – a primeira festa de aniversário a que ele compareceu, por causa do seu horário de trabalho. Ele me deu um cartão de aniversário, algo que nunca tinha feito antes. Errou meu nome no envelope. As pessoas sempre erram meu nome, e eu não costumo me importar com isso, mas dessa vez fiquei triste. Eu abri o cartão para ver o que estava escrito dentro. Afinal, essa é a parte mais importante. "Com amor, papai", foi tudo o que ele escreveu embaixo do poema do cartão. Fiquei ainda mais triste, mas o que conta é a intenção, além do fato de essa intenção significar algo para mim. Mas aí, ao voltar para casa, ouvi Mamãe dizer: "Você deu para ela o cartão de aniversário que eu pedi? Você deve cultivar o relacionamento com ela, como todo PAI faz". Então, na verdade, o tempo todo a intenção tinha sido da minha mãe.

As outras vezes em que ficamos juntos são um pouco mais rotineiras, como quando ele sai para trabalhar um pouco mais cedo e assiste a um episódio de *Profissão: Perigo* ou *Ilha dos Birutas* com a gente, ou quando cozinha no domingo depois da igreja. Cada vez ele faz um ensopado diferente – de carne, creme de milho, chili, ervilha –, mas eu juro que todos têm gosto de lentilha. Esses momentos com o papai são bons, mas não têm nada de especial. Eu queria me sentir conectada com ele do mesmo jeito que me sinto conectada à minha mãe. Ficar perto dela pode ser cansativo, claro, mas pelo menos eu sei o que fazer para deixá-la feliz. Perto do meu pai, eu nunca sei. Dá menos trabalho, porém também é menos recompensador.

Mas hoje estou animada porque ele teve essa ideia de ir de bicicleta. Sei que ele adora andar com a dele, aquela que herdou do pai quando meu avô morreu.

— Uma bicicleta não é uma casa — reclamou minha mãe. — Acho que teremos de esperar até a vovó Faye falecer também, embora não pareça que isso vá ocorrer tão cedo. Ela tem 82 anos e está mais saudável do que nunca.

— Então minha mãe estalou a língua como sempre faz quando está irritada.

Eu gosto de andar na minha bicicleta também, aquela que minha tia Linda me mandou quando completei sete anos, mas que ainda serve se eu me curvar um pouco. Talvez hoje eu e meu pai possamos viver um momento especial, que fique na lembrança. Talvez hoje seja divertido.

Então nós montamos nas nossas bicicletas e vamos até a Dance Factory, em Los Alamitos, a cidade vizinha à nossa. Paramos no parque em Orangewood e brincamos um pouco no trepa-trepa. Papai está sorrindo como se estivesse se divertindo. E eu sei que eu estou. Isso é legal.

Nós chegamos à Dance Factory dez minutos atrasados para a minha aula. Eles não deixam você entrar com quinze minutos de atraso, mas permitem minha entrada sem muito problema, a não ser a cara feia que a professora faz. Tudo bem, isso eu aguento.

A aula passa rápido e somos liberados para encontrar nossos pais na sala de espera. Vejo meu pai sentado no banco, com as pernas cruzadas do jeito que minha mãe não gosta, comendo uma Clif Bar.

— Onde conseguiu isso? — pergunto, temendo já saber a resposta.

— Na mesa de lanches na frente do estúdio.

— Mamãe diz que não devemos comprar nada da mesa de lanches porque eles são caros demais.

— Foi um dólar.

— Exatamente.

— Ontem foi dia de pagamento. — diz papai, abanando a mão, e então me leva para fora para pegarmos as bicicletas.

Nós subimos e voltamos para casa, passando pela escola Los Alamitos e pela Polly's Pies. Meu pai vira à direita em um *shopping* ao ar livre e pedala até um quiosque de *smoothies* e sucos.

— Aonde vamos?

— Tomar *smoothies*.

— *Smoothies* são caros...

— Dia de pagamento — lembra papai.

Em algum momento no meio da preparação do *smoothie* de morango com banana que papai e eu vamos dividir, sinto meu estômago revirar ao me tocar de uma coisa. Esqueci da aula de teatro. Esqueci que nós nunca chegaremos a tempo pedalando.

Mas agora eu me lembro. No meio de um liquidificador ensurdecedor misturando várias frutas, eu me lembro. Olho para o meu pai.

— Um pouco mais de suco de limão, se possível — diz ele sobre o balcão, enquanto olha para o limão na mão do funcionário.

Eu me pergunto se meu pai sabe. Se ele nos fez levar nossas bicicletas e parar para tomarmos *smoothies* de propósito porque sabe que eu odeio a aula de teatro. Talvez queira me ajudar. Talvez queira me salvar.

— Um tantiiiinho mais de limão — reitera ele.

Decido que sou louca por pensar dessa forma. Papai está claramente mais focado na quantidade de limão em seu *smoothie* do que no meu bem-estar.

Cogito lembrá-lo da aula de teatro, mesmo que a gente se apresse, ainda assim vou chegar atrasada. Mas então resolvo não fazer isso. Por que deveria? Estou curtindo meu momento com o meu pai, apesar de não sermos tão ligados. Estou gostando da tranquilidade, então não digo nada.

Nós terminamos o *smoothie* e pedalamos devagar de volta para casa. Paramos no parque de novo e subimos nos balanços. Quando chegamos em casa, já são 11h:05. Minha mãe anda de um lado para o outro no quintal, chacoalhando suas chaves como se fosse uma ameaça.

— ONDE VOCÊS SE METERAM?! — grita ela.

Bud, nosso vizinho intrometido, coloca a cabeça para fora da cerca. Será que ele vai ameaçar chamar o serviço social de novo, como fez na última vez que minha mãe estava gritando no gramado da frente? Rezo para ela manter a voz baixa e evitar isso.

— Nós paramos para tomar um *smoothie* — diz meu pai encolhendo os ombros, sem entender.

— VOCÊS PARARAM PARA TOMAR UM *SMOOTHIE*?! — Ela está furiosa.

Aceno a Bud para ele saber que alguém percebeu ele xeretando. Ele se esconde para trás da cerca.

— Sim... — responde meu pai, tentando entender por que minha mãe está brava.

Minha mãe entra feito um furacão em casa e bate a porta com tudo. Meu pai a segue e eu entro atrás dele.

— Deb, ah, vai....

Minha mãe está na cozinha agora, abrindo e fechando os eletrodomésticos – primeiro a geladeira, depois o forno e, em seguida, o micro-ondas. Não sei por que ela faz isso, o que está procurando, mas tem uma selvageria em seus gestos que me assusta.

— Eu te disse que a Jennette tinha aula de teatro. Mas agora ELA PERDEU.

Eles estavam fazendo uma cena do filme *Uma Lição de Amor* esta semana. *UMA LIÇÃO DE AMOR*, Mark. Jennette teria ARRASADO.

Ela chuta a porta do armário. Seu pé fica preso na madeira. Ela arranca o pé. A madeira quebra e cheia de lascas.

— Desculpa. — pede meu pai.

— Acho que ela nem teria de interpretar esse papel porque é a VIDA REAL. UMA GAROTINHA INTELIGENTE com um PAI RETARDADO.

13.

MUITO SE FALA SOBRE GRANDES OPORTUNIDADES EM HOLLYWOOD, MAS até agora eu não vivi nada disso. Em vez disso, tive um monte de pequenas oportunidades que aparecem aos poucos, quase como se eu tivesse certeza de que não pegaria outra de novo. Mamãe diz que Hollywood é como um namorado ruim.

— Aquele tipo que vive enrolando a gente, sem assumir qualquer tipo de compromisso formal.

Não sei ao certo o que isso quer dizer, mas parece certo.

Até agora, minhas pequenas oportunidades desde a *Mad TV* foram as seguintes:

- Um comercial para a Dental Land. O consultório do dentista onde gravamos o comercial ficava no Westfield *Shopping* Mall, então nós tivemos de passar o horário de almoço andando pelo *shopping*, e minha mãe me comprou uma caixa de surpresas da Sanrio Surprises por eu ser "de longe a melhor atriz do grupo". Estávamos todas ali, sentadas, sem fazer nada demais, então não sei bem o que deu a ela a ideia de que eu era a melhor atriz dentre as outras, mas aceito o elogio se ele me garantir uma caixa de surpresas da Sanrio.
- Um filme independente de baixo orçamento chamado *Shadow Fury*. Mamãe reclamou porque eu nem recebi um salário de atriz principal. "Minha filhinha merece um salário decente quando passa o Halloween agachada sobre um moribundo falso, com sangue feito de açúcar escorrendo pelos braços". Na cena, meu pai de mentira leva um tiro e eu ouço o tiroteio do andar de cima, desço as escadas, e seguro sua cabeça com as mãos enquanto ele morre em meus braços. O sangue feito de açúcar não foi a pior parte da gravação, por mais grudento e desconfortável fosse. De longe, a

pior parte foi o microfone. O orçamento era tão baixo que eles não tinham uma cinta adequada para o microfone, então simplesmente o grudaram no meu corpo com fita crepe. No fim da noite, eu gritava enquanto arrancavam a fita crepe de mim, mas nós chegamos em casa a tempo de pegar a reapresentação das 2h30 da manhã do Conan O'Brien, e minha mãe espalhou gel de aloe vera no meu corpo enquanto assistíamos ao programa, então não foi tão ruim.

- Um papel em um episódio de *Malcolm*. Esse foi particularmente empolgante porque foi meu primeiro papel como atriz convidada no elenco principal em vez de fazer parte do elenco de apoio. Os papéis do elenco de apoio costumam ter quinze falas ou menos e o seu nome aparece no fim do episódio; já os papéis de atriz convidada para o elenco principal costumam ser mais importantes e o nome aparece no começo. O episódio era sobre a personagem da mãe sonhando em ter filhas ao invés de filhos. Eu interpretei a versão feminina do Dewey, que se chamava Daisy. Eles colocaram uma cera dura atrás das minhas orelhas para deixá-las mais protuberantes porque diziam que a marca registrada do Dewey são as orelhas grandes de abano e as minhas são pequenas. Era muita cera e deixava as minhas orelhas bem doloridas, mas eu gostava do estúdio onde gravamos o episódio e o produtor foi muito legal comigo. Eu achava agradável olhar para o Frankie Muniz e gostava quando ele dizia "oi" para mim nos corredores. Eu jurava que estava sendo bastante discreta com relação aos meus sentimentos até a Mamãe me repreender. "Nem pense nisso. Ele é velho demais para você e o mais importante de tudo: não é mórmon".

- Um comercial da Sprint PCS – meu primeiro comercial nacional, o que significa... bônus de veiculação! E um bônus de veiculação rentável o bastante para pagar pelo beliche de madeira de carvalho que comprei para mim. Minha mãe cumpriu o que prometeu e abriu espaço no quarto dos meus avós para a minha cama. Ela acabou enchendo a cama de cima com pilhas de papéis, brinquedos velhos, livros e coisas, o que foi um pouco frustrante, já que eu queria dormir na cama de cima. Ela disse que era perigoso demais, e que jamais permitiria. "Não podemos correr o risco de você cair e abrir a cabeça, como quando Dustin caiu do carrinho no Knott's Berry Farm! Eu nunca me perdoei por aquilo e nunca me perdoaria por isso. Tudo bem que naquela vez a gente ganhou ponche de amora de graça, mas ainda assim...".

Além das pequenas oportunidades, houve um monte de oportunidades menores ainda, ou sinais de pequenas oportunidades. Eu passo para a segunda fase de seleção de cerca de 75% dos papéis para os quais faço teste, o que Barbara diz ser um bom sinal, mesmo que eu não assine o contrato.

— É claro que ela está fazendo algo certo — diz Barbara para a minha mãe ao telefone. (Em vez de Laura, Barbara é quem atende as ligações da minha mãe agora. Estamos evoluindo!)

— Mas não certo o bastante. — acrescenta a minha mãe, sempre.

— Ela vai chegar lá. Estou te dizendo, ela vai chegar lá — diz Barbara. — Você só precisa ter um pouco de paciência.

Mamãe desliga, aborrecida.

— Pai Celestial, dai-me paciência, por favor. E rápido.

14.

— Tudo bem, Jennette, nós vamos ter uma conversa rápida com o diretor e depois buscamos você — o diretor de elenco me avisa. Aceno com a cabeça afirmativamente. Nervosa, mexo as pernas. Não consigo fazê-las parar.

Estou sentada em uma sala, esperando para entrar no meu quarto teste da segunda chamada de seleção para *Princess Paradise Park*, o atual drama familiar mais badalado para o qual toda atriz entre sete e dez anos de idade deveria tentar entrar. Aparentemente, milhares de garotas foram avaliadas, todas as candidatas, exceto eu e outra garota, foram eliminadas. É o mais longe que cheguei até agora.

Tenho as minhas dezessete páginas de falas decoradas graças à ajuda da minha mãe. Às vezes, quando estamos fazendo as tarefas domésticas juntas, ela vira e diz "vai!" e eu sei o que isso significa porque, embora eu tenha passado por outros testes nesse processo que já dura um mês para *Princess*, esse teste é o mais exigente, e o papel que estou mais perto de conseguir. É com esse que minha mãe se importa mais.

— Barbara diz que, por ser um filme de estúdio, o papel fará de você uma estrela. — Ela me diz sempre a cada novo teste. — A partir daí, você só receberá convites. Chega de testes.

"Chega de testes" ótimo. Enquanto estou sentada aqui, esperando para entrar, começo a fantasiar como seria bom não ter de fazer a coisa que me deixa paralisada de nervoso. Não ter a pressão incômoda constante de ser escolhida e a tristeza que vem de não ser escolhida. Estou no meio da minha fantasia quando O ouço, em alto e bom som na minha mente.

— Jennette, Eu, o Espírito Santo, ordeno que você risque seu nome na folha de presença, vá ao banheiro, toque o elástico da sua calcinha cinco vezes seguidas, rodopie com um pé só, destrave e trave a porta do banheiro cinco vezes, volte e assine de novo a lista de presença.

Estou eufórica. Ele falou. O Espírito Santo, ou minha Voz Mansa e Delicada, finalmente falou comigo. Venho esperando que Ele fale comigo desde meu aniversário de oito anos, quando fui batizada.

A Dádiva do Espírito Santo foi definitivamente o presente pelo qual eu mais ansiava. Mas a slime pegajosa que um amigo da igreja me deu certa vez também era uma coisa que queria muito ganhar, mas segundo lugar no ranking.

O Espírito Santo é um cara legal no céu que ajuda nosso Pai Celestial e Jesus. Ele é um pouco como eles, em ânimo e atitude, mas é diferente, porque vive em cada um de nós, mórmons. Podemos falar com Ele todos os dias, sempre que quisermos, e Ele pode conversar conosco, nos orientar a fazer o que é certo, que é a única vontade dEle. Temos muita sorte.

Minhas primeiras semanas com a Dádiva do Espírito Santo foram abaixo do esperado. Talvez até decepcionantes, mas eu nunca contei para ninguém na igreja. Sempre que alguém me perguntava se eu estava me comunicando com a minha Voz Mansa e Delicada, o Espírito Santo em mim, eu dizia que sim, que tínhamos ótimas conversas, de todo tipo. E então eles me perguntavam quais eram os assuntos dessas conversas, o que eu tinha aprendido, e eu dizia que não poderia contar, porque eram particulares.

Mas isso não é verdade. O fato é que eu teria contado de bom grado a qualquer um quais eram as minhas conversas com o Espírito Santo se eu as tivesse. Mas não tinha nenhuma. E não sabia por quê. Eu orava sozinha todas as manhãs, de tarde e à noite, até de joelhos, para ouvir o Espírito Santo. Embora os mórmons só sejam responsabilizados por seus pecados depois dos oito anos de idade, e portanto, eu sabia que não havia tido muito tempo para realmente estragar as coisas, eu me perguntava se tinha feito alguma coisa errada.

Por que eu não ouvi o Espírito Santo?, perguntava nas minhas preces. *Eu fiz alguma coisa de errado que me tornou indigna? São os meus pensamentos impuros com o Frankie Muniz? Por favor, perdoe-me e me envie a Dádiva do Espírito Santo, quando tiver tempo para isso. Sei que o Senhor é ocupado, mas estou desesperada aqui. Quero ouvir como é a voz Dele e o que Ele me diz. Obrigada.*

Por muito tempo, minhas preces não foram atendidas. Por meses. Mas agora, hoje, no meu teste final para *Princess Paradise Park*, aqui está Ele.

Tá bom, Espírito Santo, e por que você quer que eu faça essas coisas?, pergunto mentalmente.

— Para garantir que você vá bem no teste para *Princess Paradise Park*. Se fizer o que eu mandar, conseguirá o papel. Quando isso acontecer, sua mãe ficará feliz e todos os problemas da sua família serão resolvidos.

Uau. Eu adoro como Ele é direto. Eu pulo da minha cadeira para cumprir a lista de tarefas que Ele me mandou cumprir.

— Aonde você vai? — pergunta minha mãe.

— Preciso fazer xixi — conto para ela enquanto risco meu nome da lista de presença. Ela me segue até o banheiro e dentro da cabine. Toco o elástico da minha calcinha cinco vezes.

— O que você tá fazendo, Net? — pergunta ela para mim, parecendo preocupada.

— O Espírito Santo falou comigo! — conto para ela animada, certa de que isso afastará suas preocupações. Giro com meu pé esquerdo.

— Ah, tá — diz minha mãe.

— Ele falou comigo! — repito. Ela não deve ter me ouvido senão estaria tão animada quanto eu. Destravo e travo a porta do banheiro cinco vezes enquanto ela observa.

— Por que você tá me olhando assim? — pergunto-lhe.

Ela para e parece um pouco triste.

— Por nada.

Nós voltamos para a sala de espera e eu assino a lista novamente.

Obrigada, Espírito Santo. Obrigada.

15.

— Seus cílios são invisíveis, sabia? Você acha que a Dakota Fanning não tinge os dela?

Minha mãe está tingindo meus cílios com a tintura para cílios marrom que ela adquire na Rite Aid uma vez por mês ou mais, quando também compra a tintura para mechas loiras da L'Oréal, o tubo de rímel transparente de três dólares e a versão genérica da Crest Whitestrips. É o "passeio de recauchutagem", como ela chama – o passeio dedicado exclusivamente ao realce da minha "beleza natural".

É como ela chama o que eu tenho, "beleza natural". Ela diz que meus cílios são longos, mas tão claros que parece que não tenho nenhum. Diz que meu cabelo tem mechas douradas, mas apenas nas pontas e que é importante que também tenha mechas douradas em volta do rosto, para emoldurá-lo. Ela diz que meu cabelo é bem grosso, o que é bom, mas que tem vida própria, o que é ruim, e precisa ser domado. Diz que eu tenho um bom sorriso, mas meus dentes não são brancos o suficiente. Cada coisa "boa" que afirma sobre minha "beleza natural" é acompanhada de um aspecto negativo, que serve como justificativa para a necessidade de realçá-la com um pouco da boa e velha beleza comprada. E como cada coisinha "naturalmente bela" em mim vem acompanhada de algo negativo que precisa ser realçado por beleza comprada, estou começando a questionar se eu sou de fato naturalmente bela ou o se, para minha mãe, "naturalmente bela" é sinônimo de "feia".

— *Ai*!

— "Ai" por quê? — pergunta ela, porque há diversas coisas que poderiam me machucar agora.

Pequenos protetores de papel foram colocados sob meus olhos, junto à linha dos cílios, bem no ponto onde poderiam cutucar meus globos oculares, o que seria digno de um *ai*. (Mamãe os posiciona bem certinho e os mantêm no lugar com vaselina porque não quer que a tinta de cílios marrons pingue na minha pele e a manche).

Algo em torno de mil folhas de alumínio estão dobradas em cada camada do meu cabelo. Há tantas camadas e tanto papel alumínio que meu cabelo está esticado quase que horizontalmente à minha volta. Isso pode provocar dois *ais* potenciais – os papéis poderiam puxar as raízes dos meus cabelos e causar dor, ou a fumaça do descolorante poderia queimar meus olhos.

A imitação do Crest Whitestrips cobre meus dentes e, embora ele devesse ficar apenas por quinze minutos, minha mãe os deixa lá durante 45 minutos, só por precaução.

Embora eu tente e cuspa a substância branqueadora nojenta periodicamente, às vezes ela vaza dos meus dentes para as gengivas e elas não só ficam brancas como ardem muito, o que também poderia causar um ai.

— A ina enou n me olho. — digo da melhor forma que posso com as tiras nos meus dentes.

— Cospe e fala de novo — pede ela.

Faço como ela diz.

— A tinta entrou no meu olho!

— Merda. Merda, merda, merda. Por que não me avisou?! Essa coisa pode te cegar. Inclina a cabeça para trás!

Jogo minha cabeça para trás e bato na tampa da privada. Outro ai. Mamãe começa a pingar colírio nos meus olhos. Um coquetel feito com as lágrimas e o colírio escorre pelas minhas bochechas. Tento me endireitar de novo, mas meu cabelo enrosca na descarga. Mamãe tenta soltá-lo. Eu me sinto presa.

Minha mãe sempre se importou muito com a minha aparência. Mesmo antes de eu começar a ser atriz.

Algumas das minhas primeiras lembranças são vestidos compridões, bufantes, cheios de babados. Os vestidos pinicavam e irritavam a minha pele, ficavam bizarros, uma coisa exagerada para mim. Ela sempre me disse que eu estava fofinha, embora a cada vez que dissesse que eu estava fofinha, eu gritava o mais alto que podia que eu não era fofinha, eu era uma "gacinha". Eu era nova demais para conseguir pronunciar "gracinha" direito, mas velha o bastante para saber que eu queria ser chamada como meus irmãos eram chamados e não por um termo estúpido e inferior, só porque eu era menina.

A interpretação só piorou a obsessão da minha mãe com a minha aparência, principalmente depois que não consegui um teste para o papel principal no filme *Meu Melhor Amigo*.

— Chama a Meredith Fine! Chama a Meredith Fine! — gritava ela ao telefone para a assustada jovem recepcionista do Coast to Coast Talent Group. Nós trocamos a Barbara pela Meredith há alguns meses, depois de minha mãe dizer que Barbara Cameron ficou para trás e que essa nova agência, a Coast to Coast, representava os melhores jovens talentos. Meredith é a diretora de talentos da agência.

— Alô, Meredith, é a Debra McCurdy. Por que você não ofereceu a Jennette para *Meu Melhor Amigo*?! Por quê?! Ela é perfeita para o papel. Você simplesmente não se importa com ela nem a prioriza, essa é a verdade! — gritava ela.

— Debra. Deb...

— Aposto que você ofereceu a Taylor Dooley!

— Debra, você precisa se acalmar e parar de lançar essas acusações infundadas contra mim. Eu ofereci a Jennette para o papel, mas eles nem quiseram vê-la, porque estavam procurando uma beleza mais etérea, e Jennette parece mais rústica.

Minha mãe pareceu chocada, desligou o telefone e começou a chorar como se alguém tivesse morrido. Foi a primeira vez que eu desejei ser fofinha e não me importei em ser uma "gacinha".

16.

— Tem certeza de que eu devo usar isso?

Olho para a roupa esparramada no nosso sofá rasgado, a mesma que usei em cada teste desde a situação envolvendo *Meu Melhor Amigo*: uma camiseta rosa felpuda com um coração de *strass* no meio, shorts-saia de couro sintético preto e botas pretas *over the knee*.

— Sim, tenho certeza.

— Mas eu me sinto como uma garota de programa — reclamo para a minha mãe enquanto meus bobes aquecidos chacoalham. Esses bobes também são uma invenção pós *Meu Melhor Amigo*.

Mamãe solta uma grande gargalhada.

— Como você sabe o que isso significa?

— Aprendi quando você me fez assistir *Taxi Driver*.

— Ah, verdade. — lembra ela. — A Jodie Foster é uma...

— Atriz mirim excepcional. — termino para ela, já que ela sempre diz a mesma coisa quando o nome da Jodie Foster aparece.

— Isso mesmo, querida. Excepcional. Como você.

Concordo com a cabeça e olho para a roupa de novo. Odeio a ideia de vesti-la. Ela me faz sentir vergonha e não combina nada comigo.

— Você tem certeza de que é isso que eu devo usar?

— Sim, essa roupa te deixa atraente. Não atraente feito para uma garota de programa, mas lindíssima, entende?

— Mas estar linda é o...?

— BRAÇOS. — ordena Mamãe, me interrompendo. Levanto meus braços. Ela tira minha camiseta e começa a me vestir com a roupa.

Eu só ia perguntar se ficar linda deveria ser o objetivo. Vou fazer um teste para um hermafrodita em *Grey's Anatomy*. Não sabia o que isso significava até perguntar para a minha mãe e ela disse que é quando uma pessoa é menina e menino ao mesmo tempo. Se eu deveria ser metade menino, não sei se uma camiseta brilhante é o melhor artigo de vestuário para transparecer isso.

Apesar da roupa, recebo um chamado para voltar para a segunda fase de testes naquele mesmo dia. Depois disso, a diretora de elenco sai e pede para falar com a minha mãe.

— Nós gostaríamos de trazer a Jennette para um teste final. Apenas ela e outra garota.

Minha mãe concorda, animadíssima.

— Mas será que ela poderia vir com uma roupa diferente? Algo um pouco mais... andrógino?

— Bem, nós moramos bem longe daqui... lá em Garden Grove. Sabe onde fica? Ninguém sabe onde fica. É longe. Nós temos de pegar a rodovia 101 até a 110 e depois a 405. Nós poderíamos vir pela 5, mas essa rodovia está sempre congestionada. Não tem faixas o suficiente...

— Greg? — A diretora de elenco chama seu assistente, interrompendo minha mãe. Greg vem correndo. — Você se importa de emprestar sua camisa de flanela para a Jennette fazer o teste?

Greg tira a camisa de flanela. Ele a usa sobre uma camiseta branca. A diretora pega e a entrega para minha mãe.

— Aqui está. Problema resolvido.

— Ah, muito obrigada. Estou tão feliz que não precisaremos pegar a 5!

Mamãe me pega pela mão e nós entramos juntas no banheiro. Ela coloca a camisa de flanela em mim. É uma combinação estranha porque eu ainda estou usando o shorts-saia e a bota. Acho que de certa forma estou metade menina e metade menino. Talvez eu tenha acertado em cheio?

O teste final vai bem (não acho que poderia feito melhor), mas estamos na van a caminho de casa quando Meredith liga e diz para a minha mãe que eu não consegui o papel.

— O quê!? Por que não?! — desvia ela agressivamente.

— Eles disseram que ela é linda demais.

Minha mãe desliga o telefone. Sem xingar, sem gritar, sem chorar. Ela está quase alegre. Estou chocada. Nunca a tinha visto feliz por eu não ter conseguido o papel antes... mas eu também nunca fui considerada linda demais para um papel. E agora eu sou. Sou linda demais para interpretar uma hermafrodita andrógina de dez anos.

17.

— Deb, acho que a Jennette tem TOC. — sugere meu avô, com pesar. Ele não sabe que consigo ouvir. Acha que estou dormindo no meu colchonete da Costco enquanto ele e minha mãe assistem Jay Leno. Mas não estou dormindo. Eu só não gosto tanto do Jay Leno, então descanso meus olhos enquanto espero pelo Conan.

— Ah, por favor. — Dá para saber pelo tom dela que faz um gesto com a mão, rejeitando o que meu avô disse.

— Você precisa levá-la a um terapeuta. — diz vovô.

— Ah, vá. Jennette não é uma garota problemática com tiques.

— Não sei não, eu a vejo fazendo todos esses pequenos rituais o tempo todo, coisa estranha, e ela parece perturbada quando gesticula desse jeito. Isso me deixa mal.

— Papai, por favor, ela está ótima. Você está se preocupando à toa. Agora vamos assistir ao Jay. O Kevin Eubanks é tão charmoso. Olha esse sorriso.

Meu avô para de falar para assistir. Ouço a plateia rindo em dois momentos distintos. Então ele fala de novo.

— Talvez nós devêssemos levá-la a um médico, só por precaução. Ela pode precisar de ajuda profissional.

— Ela não precisa — diz minha mãe com firmeza. — A Jennette é perfeita, tá bom? Ela não precisa de ajuda.

Eles voltam a assistir ao programa. Eu continuo de olhos fechados e penso no que minha mãe disse. Que sou perfeita. Sei que é importante para ela acreditar nisso, embora eu não saiba bem por quê. Eu não estou autorizada a ter nenhum problema.

Então eu penso no que meu avô disse. Que ele acha que eu tenho TOC por causa dos meus rituais. Francamente, eu queria que ele tivesse me perguntado sobre meus rituais porque então eu teria explicado que não é TOC e sim o Espírito Santo. Eu me pergunto se ele teria acreditado em mim. E então me questiono se eu acredito em mim.

Meus rituais estão vindo do Espírito Santo? Se estivessem vindo do Espírito Santo, eu não teria conseguido o papel em *Princess Paradise Park* como Ele disse que eu conseguiria, há dois anos, quando O ouvi pela primeira vez? Em vez disso, o filme perdeu o financiamento. O Espírito Santo teria deixado o filme perder o financiamento? É possível que essa voz na minha cabeça não seja o Espírito Santo e que, em vez disso, seja TOC? Minha mãe conseguiria lidar com isso? Ela ficaria bem se eu não fosse perfeita?

Começa o comercial. Meu avô se levanta para pegar uma taça de sorvete e Mamãe vai ao banheiro.

Espírito Santo?, pergunto internamente. *Você é o Espírito Santo ou é TOC?*

— Claro que eu sou o Espírito Santo. — responde a Voz Mansa e Delicada na minha mente.

Então está resolvido. Eu perguntei-lhe diretamente e Ele me respondeu na hora. Tá vendo só? A voz na minha cabeça é o Espírito Santo, afinal.

— Agora pisque os olhos rápido cinco vezes, dobre sua língua, e contraia os glúteos por 55 segundos. — pede a minha Voz Mansa e Delicada. Então eu obedeço.

Sei que Ele quer meu bem, mas, às vezes, minha Voz Mansa e Delicada pode ficar um pouco alta. E, às vezes, por mais que eu deteste admitir, eu queria que a Voz se calasse.

18.

Estou gritando a plenos pulmões. Histérica. Grito que meus animais de pelúcia vão me matar, sei que eles vão me matar. Rolo no chão, machucando as minhas costelas enquanto me debato, batendo nas pernas dos sofás e nas pontas das penteadeiras. Estou gritando, gritando, gritando até que...

— E corta! — fala Mamãe com intensidade, da mesma forma que faz sempre que terminamos de praticar os "trechos" das minhas falas no roteiro (as cenas selecionadas por um diretor de elenco) para um teste.

— Uau, Net. — exclama minha mãe, olhando para mim com uma impetuosidade que quase me assusta. — Onde você aprendeu a interpretar assim?

— Sei lá. — digo, embora eu saiba sim. Sei exatamente onde aprendi a agir daquele jeito.

Mas sei bem que não devo contar para a minha mãe que eu me inspirei em seu comportamento imprevisível e violento. Isso apenas invocaria mais comportamentos imprevisíveis e violentos. Quero vê-la calma e estável. Quero vê-la feliz.

— Bem, seja lá onde foi que você aprendeu isso, em que série ou filme, está funcionando. Foi a performance da sua vida. — diz Mamãe, balançando a cabeça em descrédito. — Não quero te desgastar, quero que economize essa magia, deixe-a guardada, para não desperdiçá-la de novo.

Concordo com a cabeça. Guardarei aquela magia.

Meu teste para a garotinha com transtorno bipolar em um episódio de *Strong Medicine* é no dia seguinte.

Minha mãe ruma para o estacionamento no lado leste, embora eu a avise três vezes com toda a delicadeza que, seguindo as placas da beira da estrada, tenho certeza de que deveríamos ir para o lado oeste.

— Vamos, vai ser bem rápido — diz ela para o segurança impassível do estacionamento do lado leste. — Ela tem um teste às 02h10 da tarde e não queremos nos atrasar. Não vai pegar nada bem causar má impressão assim de cara.

— O estacionamento leste é apenas para os atores das séries e produtores, pessoas que estão aqui todos os dias.

— Não tem como abrir uma exceção? Sou uma sobrevivente de câncer, estágio quatro, e, às vezes, meus ossos...

— Tá bom. — interrompe ele. É embaraçoso quando ela repete sua história sobre o câncer para desconhecidos que não parecem se importar, mas, eu tenho de dizer, é bem eficaz.

Nós estacionamos e corremos para o bangalô adequado, e minha mãe assina a lista de entrada enquanto eu ando pelo corredor, nervosa.

— Não fique nervosa, Net — aconselha ela enquanto se aproxima de mim. — Você consegue.

Acredito nela. Sempre acredito nela. Minha linguagem corporal muda imediatamente. Ela tem um jeito de fazer isso comigo. Assim como consegue colocar meu corpo no limite e me deixar rígida com medo ou ansiedade, ela também consegue me acalmar. Ela tem esse poder. Queria que o utilizasse dessa forma mais vezes.

O teste vai muito bem, e eu recebo um aviso para retornar para a segunda fase, mais tarde, naquele mesmo dia. Minha mãe e eu vamos ao *shopping* local para caminhar e passar o tempo e depois voltamos para a segunda fase por volta das seis da tarde. Sou a única lá para o meu papel. Os outros são adultos fazendo testes para outros papéis de atores convidados e coadjuvantes no episódio.

Meu nome logo é chamado, então entro na sala e dou as falas. Grito e esperneio e rolo com intensidade. Eu me dedico. Tem uma parte de mim que quase se sente bem fazendo isso. Como se estivesse esperado por muito tempo para sair. Como se estivesse guardando, escondendo, e finalmente aqui está. É assim que eu realmente me sinto. Com vontade de gritar.

O diretor me encara e diz que está chocado e que não sabe o que dizer. Estou orgulhosa. Fiz um bom trabalho esperneando e gritando.

Saio da sala de seleção. Os adultos nas cadeiras alinhadas em cada lado do corredor começam a aplaudir. Não sei o que está acontecendo e então percebo que eles devem ter me ouvido pelas paredes. Eles estão me aplaudindo. Minha mãe está sentada na ponta do corredor. Seus olhos se enchem de lágrimas. Ela está muito feliz. E, neste momento, eu também estou. Sim, é bom fazer minha mãe se sentir bem, mas também é gostoso sentir que me saí bem em algo. Mesmo que isso te deixe muito desconfortável às vezes. Mesmo se essa coisa exerça muita pressão sobre você. Mesmo que seja muito estressante. Às vezes é legal se sentir bom em algo.

19.

— Usa essa cena, aquela lá, onde ela tá com fogo nos olhos — diz minha mãe, apontando para o monitor grande à frente do editor.

Estamos em uma sala pequena e escura com paredes acolchoadas à prova de som. Somos só minha mãe, eu e o editor (que precisa desesperadamente de um barbeador) responsável pela edição da minha *demo reel*. Uma *demo reel* é algo que os atores montam para demonstrar seu trabalho em frente às câmeras. No geral, o objetivo é mostrar variedade, bons momentos de performance e quaisquer momentos nos quais você dividiu a tela com um grande ator. A *demo reel*, então, é usada por muitos motivos: pode ser enviada a diretores de elenco para tentar colocá-lo em bons testes, pode ser enviada a produtores ou diretores para tentar conseguir ofertas de trabalho em vez de precisar de testes ou, no meu caso, pode ser enviada a empresários para tentar ser representado por eles.

Minha mãe quer que eu tenha um empresário porque acha que isso vai um passo à frente na minha carreira.

— Estamos tão perto de uma grande oportunidade, só precisamos de um pouco mais de apoio. — diz ela regularmente. — Precisamos de uma *demo reel* que realmente impressione Susan Curtis.

Susan Curtis é a representante de talentos com quem minha mãe quer que eu assine. Ela ouviu falar que é a melhor na cidade para atores jovens.

Então cá estamos hoje, em um edifício de uma empresa que faz *demo reels*, separando trechos das minhas performances, incluindo *Strong Medicine*. (Eu consegui o trabalho. Ela disse que eu não fui tão bem no *set* como no teste).

A *demo reel* é finalizada em alguns dias e enviada para Susan. Nós recebemos a resposta alguns dias depois, dizendo que ela quer me representar.

— Sim, querida, sim! — grita minha mãe, animadíssima. — Mesmo com uma performance não tão boa, você impressionou. Imagine como teria ficado impressionada se tivesse visto seu desempenho no teste!

Então eu o faço. Imagino. E me sinto mal. Fui melhor no teste do que no dia das filmagens. Fracassei. Queria que minha mãe parasse de mencionar isso, mas sei que ela está apenas tentando me fazer sentir melhor. Sei que ela quer o meu bem. Ela só quer que eu pare de estragar tudo e vá tão bem quanto poderia. Ela só quer que eu seja tão impressionante quanto poderia ser. Ela só está sendo uma boa mãe.

20.

— Vira o Gatorade, vira! — diz Mamãe aos berros, como um técnico de boxe grita com seu lutador.

Eu viro. O Gatorade vermelho escorre pelas laterais da minha boca.

— Mas não deixa cair na sua camiseta!

Inclino para a frente para não derramar na minha camiseta.

— Continua virando!

Obedeço.

— Tá bom. Isso deve resolver, filhinha.

Coloco a garrafa no porta-copos do carro e respiro fundo algumas vezes. Virar Gatorade é exaustivo.

— Isso com certeza vai ajudar a baixar a sua febre. Boa garota, Net. Boa garota.

Faz uma semana que assinei o contrato com Susan. Estou com 39 °C de febre e um resfriado tão forte que parece que estou apertando o nariz quando falo, mas minha mãe me diz que não parece profissional se cancelarmos o primeiro teste depois de assinar com ela, então cá estamos.

Pelo menos o teste é no Universal Studio's, meu estúdio favorito para testes. Há algo tão romântico em ir para o bangalô onde é o seu teste e passar pelo do Steven Spielberg ou ver o bonde do Universal Studios. É uma sensação única.

O teste é para uma série criminal chamada *Karen Sisco*, para o papel de uma sem-teto de onze anos chamada Josie Boyle. Minha mãe cogitou passar sujeira nas minhas bochechas para o teste, mas no fim decidiu que não ia fazê-lo porque seria "exagero". Fico aliviada com sua decisão.

A sala de espera está tão lotada de garotas fazendo o teste que a porta é mantida aberta e as garotinhas ficam sentadas na escada, repassando suas

falas. O diretor de elenco de *Karen Sisco* deve querer mesmo escolher a sem-
-teto certa.

Aguardo para ser chamada durante uma hora ou mais e, enquanto isso, minha mãe fica me dando pastilhas Ricola para a garganta e me arrastando para o banheiro para bater o texto ou tomar Gatorade e Tylenol. Nessa altura, meus olhos ardem e eu me sinto muito sonolenta e pesada. Eu só quero me enrolar como uma bola. Mas não posso agora. Tenho que trabalhar.

Finalmente, meu nome é anunciado e eu entro na sala lotada para o teste. Tem uma parte nos trechos das cenas na qual meu personagem precisa fungar e eu tenho tanto catarro acumulado no meu nariz que ele gruda e faz esse barulho prolongado e nojento que acontece quando você tem sinusite. A diretora de elenco parece não notar. Ela diz que eu fiz um ótimo trabalho.

Eu retorno para uma segunda fase de testes no dia seguinte, ainda doente. Dessa vez, em vez do bangalô, o teste acontece em uma sala mais espaçosa, em um dos belos edifícios perto dos estúdios. A diretora de elenco está sozinha novamente, e ela não me grava, o que significa que haverá mais um teste depois desse. Os diretores de elenco raramente escolhem o ator para um papel a menos que seja bem pequeno. Eles normalmente fazem uma triagem, e então os produtores e o diretor escolhem a pessoa para o papel.

Sou chamada para um segundo retorno dois dias depois, na sexta-feira. Por sorte, a minha febre quase sumiu. Estou com apenas 37,5 °C, mas vou levando. O diretor, um britânico de boné e camisa de botão, me observa. A fungada sai sem muito catarro e o resto das falas vai bem. Ele me diz que eu fiz um bom trabalho, me dá algumas orientações em algumas das falas, e me manda fazer de novo. E diz também que eu aceito bem as instruções. Saio e conto tudo para a minha mãe.

Meu terceiro retorno, o quarto teste no total, ocorre na terça seguinte. Nunca tive tantos testes para um papel em um episódio de série de TV, mas aparentemente tem sido complicado selecionar para esse papel e eles querem se certificar de que a garota certa foi escolhida, por se tratar de um exigente papel de atriz convidada (um atriz convidada, mas com atribuições mais complexas) para atuar como antagonista da Carla Gugino e do Robert Forster. Minha mãe descobriu isso com Susan, que a fez repetir diversas vezes que foi uma boa decisão assinar com ela.

— Ela sabe das coisas. Ela simplesmente sabe das coisas.

Estou nervosa com esse quarto teste. Chego a pensar que queria estar doente ainda, porque tenho menos espaço para ficar nervosa quando estou doente. A doença suaviza. Restamos só eu e outras duas garotas. Ambas têm mais créditos do que eu, o que minha mãe sussurra ansiosamente para mim a cada trinta segundos, como se eu pudesse fazer alguma coisa com relação a isso.

— A Andrea Bowen está em *Desperate Housewives*. A série está indo muito bem, não sei por quê. Bem cafona, pra ser sincera.

Sou a última a ser chamada. Vejo o diretor novamente e há uma câmera na sala dessa vez. Ele diz que vai gravar o teste para os produtores. Concordo.

— Você é quieta, hein? — pergunta ele.

Não consigo me obrigar a responder. Estou paralisada.

— Acho que é. — diz ele com uma gargalhada agradável. — Não se preocupe com isso. Apenas se divirta.

Fico um pouco confusa com a orientação, pois as cenas nos trechos das falas são: (1) minha personagem testemunha o homem sem-teto que cuida dela ser baleado; (2) minha personagem sentada ao lado do personagem de Robert Forster contando-lhe como ela não tem nada a ver com o pai que a abandonou quando bebê; e (3) minha personagem sentada ao lado de seu pai, contando-lhe que ela não quer nada com ele porque ele a abandonou ainda bebê.

Onde está a diversão? Não vejo nada de divertido aqui.

O teste de seis minutos acaba muito rápido. O diretor me diz que sou boa e acha que eu me darei bem nesse mercado. Agradeço e deixo o teste. Naquela noite, nós recebemos a resposta de que eu fui contratada. Minha mãe fica eufórica. Eu também.

— Minha bebê vai ser uma sem-teto! Minha filhinha é a melhor! Minha bebê vai ser uma sem-teto!

21.

— Coloca em negrito — diz minha mãe sobre meu ombro enquanto seca um prato com um pano e me observa digitar.

Arrasto o *mouse* sobre as três palavras e clico no botão de negrito no topo da página para aplicar o destaque, então viro minha cabeça para avaliar a reação da minha mãe.

— Sim, assim tá bom. — Acena ela com a cabeça, concordando com sua própria ideia. — Vou fazer macarrão para o Scottie. Imprima quando terminar e eu dou uma olhada.

Ela vai para a cozinha e eu volto minha atenção para o documento do Microsoft Word na tela do computador à minha frente. Essas duas coisas – a tela do computador e o Word – são avanços bem recentes no lar dos McCurdy. Marcus montou o computador na aula de programação na escola e eu comprei todos os adicionais com o cheque da minha participação como coadjuvante em *CSI*, na qual interpretei a irmã da assassina. O papel era emocionalmente desgastante, mas valeu a pena depois que minha mãe disse que eu poderia comprar o Microsoft Word e o *The Sims* com a parte do meu pagamento que ela não usaria para as contas.

Estou digitando meu próprio currículo. Isso me deixa orgulhosa. Capaz. Competente. Quantas garotas de onze anos de idade estão preparando o próprio currículo? Eu me sinto à frente do meu tempo.

No entanto, essas três palavras que minha mãe acabou de sugerir que eu deixasse em negrito me causaram um medo profundo no estômago. Olho para as palavras e me detenho nelas por um longo momento.

Essas três palavras ficam em primeiro lugar na seção de Habilidades Especiais do meu currículo. Elas vêm antes de pular com um bastão *pogo*, brincar com bambolê, pular corda (incluindo corda dupla), piano, dança (*jazz*, sapateado, dança lírica, *hip hop*), flexibilidade e habilidade de leitura do último ano do Ensino Médio – todas habilidades especiais que a Mamãe pensa que me ajudarão muito a obter chances, ou que me levarão a perder uma oportunidade por não tê-las, como a vez em que eu perdi um contrato para um comercial do Chef Boyardee por não conseguir pular com *pogo*. Minha mãe comprou um na Pic 'N Save e me fez praticar uma hora por dia por duas semanas até eu chegar a cem pulos sem cair do *pogo*. Sim, eu sou muito boa nisso.

Mas nenhuma dessas habilidades especiais é tão importante quanto essas três palavras. Aquelas que minha mãe me recomendou colocar no topo, aquela que ela queria em negrito...

"Chora em cena".

Chorar em cena é a habilidade mais requisitada em um ator mirim. Todo o resto perde a importância quando comparado. Se você consegue fazer brotar as lágrimas quando quer, tem o dom para a coisa. É um competidor genuíno. E, em um bom dia, eu consigo fazer brotar minhas lágrimas quando quero.

— Você é como uma Haley Joel Osment de saias. — Mamãe me diz sempre. — Ele é a única criança hoje em dia que pode chorar conscientemente em cena. Bem, tem a Dakota Fanning também, suponho, mas ela só lacrimeja. As lágrimas não caem de verdade. O que a gente quer são lágrimas escorrendo pelas bochechas de frente para a câmera.

A primeira vez que chorei em cena foi na aula de teatro. A Srta. Lasky nos disse para pegar um objeto de casa e imaginar uma história triste para acompanhar esse objeto, e então vir para a aula na semana seguinte com ele e contar a história no palco.

Eu levei um grampeador. Dustin e Scottie desenham muito, e eles grampeiam os desenhos em pequenos grupos para categorizá-los. Então eu inventei uma história sobre nossa casa sendo consumida por um incêndio que mata meus irmãos e a única coisa que resta é o grampeador. Se eu realmente quisesse chorar copiosamente, teria pensado na morte da minha mãe, mas pensar nisso é proibido. Embora ela esteja em remissão há anos, sua saúde ainda é tão frágil que eu não quero atrair o azar, já que a vida dela está nas minhas mãos, de acordo com o meu desejo anual de aniversário. Essa é uma responsabilidade que eu levo a sério e não quero arruinar jamais por um monólogo lacrimejante. Por outro lado, estou perfeitamente autorizada para explorar a vida dos meus irmãos em nome do crescimento artístico.

Enquanto eu estava no pequeno palco da aula de teatro contando a história, meus olhos encheram de lágrimas a ponto de embaçar a minha visão. Mas as lágrimas não caíam. Eu até sentia a tristeza do monólogo, mas me sentia meio frustrada pelas lágrimas não caírem. A Srta. Lasky subiu no palco pisando firme e se inclinou a poucos centímetros do meu rosto de modo que nossos narizes quase se tocavam. Fiquei com medo. Não sabia o que viria a seguir. Então ela levantou a mão e estalou os dedos na frente dos meus olhos. Levei um susto com o gesto inesperado e, depois disso, minhas lágrimas caíram. A Srta. Lasky sorria. Eu também. Por baixo das lágrimas, eu sorri.

Daquele momento em diante, se um teste exigisse chorar em cena, eu tinha quase certeza de que conseguiria o trabalho. A propaganda boca a boca rolou solta. Chegou ao ponto em que Susan telefonava para minha mãe e anunciava com orgulho: "Recebi outra ligação de um diretor de elenco dizendo: 'Então, me fale da garota que chora'".

Admito que chorar em cena não era divertido para mim. Ficar sentada em uma sala de seleção fria, imaginando eventos trágicos que prejudicam minha amada família era mais uma das infelizes experiências da minha vida. Qualquer evento escolhido poderia me render uma quantidade de lágrimas que duraria de quatro a seis testes, mas uma hora eu ficava imune ao acontecimento – ou, como minha mãe se referia a isso, "toda seca" –, então eu teria que trocar por um acontecimento novo. A história do grampeador virou Dustin morrendo de meningite, e como ele realmente teve um caso grave dessa doença há alguns anos, minha mãe dizia: "Imagine que a punção lombar deu errado!". Dustin morrendo de meningite se tornou o Marcus morrendo de apendicite, e depois o Scott morrendo de pneumonia, e então meu avô morrendo de velhice. ("Imagine que ele está no leito de hospital agarrado à boneca de meia que você fez para ele quando você tinha seis anos").

A vez em que fiz brotar mais lágrimas foi para um teste para um grande papel em *Divisão de Homicídios*, um filme de ação com Harrison Ford e Josh Hartnett. O papel era de uma garotinha sentada na parte de trás de uma van com sua família de turistas, passeando pelo Hollywood Boulevard, quando Josh Hartnett invade o carro e começa a dirigi-lo, deixando a família histérica.

Não sei o que acontecia naquele dia específico, mas meus dutos lacrimais estavam especialmente cheios. Eu só tive de sentar na sala de seleção, pensar no meu avô agarrado à boneca de meia e BAM!, as lágrimas escorriam. Uma quantidade absurda. Eu soluçava de tanto chorar. Até tremia o meu corpo. Estava histérica.

— Uau — disse a diretora de elenco assim que terminei. Ela tinha cabelos cacheados castanhos acobreados e uma voz aveludada. Era bem legal.

— Você conseguiu o papel, mas quero ver você fazer de novo, só pelo prazer de ver a cena novamente. — disse o cara com cabelos grisalhos e uma jaqueta de couro marrom sentado ao lado da diretora.

E então eu fiz de novo. Tornei-me a artista do *Cirque du Soleil* do choro em cena. As pessoas queriam me ver o tempo todo, como se eu tivesse habilidades de escalada ou me contorcesse em bambolês suspensos no ar. Chorar em cena era realmente a minha Habilidade Especial.

22.

O pai de Emily acaba de ser assassinado e a mãe dela é suspeita de ter cometido o crime. Um teste pedindo choro em cena para mais um drama policial da televisão, *Desaparecidos*, acaba de aparecer. Na cena escolhida, Emily é chamada para depor, começa a ficar desesperada, e então as lágrimas rolam.

Estou sentada na sala de espera reunindo toda a minha tristeza, quando algo se altera em mim. Sinto-me estranha. Não sei como descrever, mas eu sei, minha intuição me diz, que as lágrimas não vão vir. Eu me sinto distante, desligada e irritada.

Puxo o braço da minha mãe. Ela marca a página da seção sobre dieta na sua edição atual da *Woman's World*. Essa é a seção favorita dela, embora eu não saiba bem por quê. Ela é bem pequena, tem 1,49 metro e pesa "empolgantes 41 quilos!", como ela costuma anunciar com uma orgulhosa ironia, sabendo que sua contagem de quilos está longe de ser empolgante. Ela deixa a revista no colo e se inclina para mais perto de mim para eu sussurrar em seu ouvido.

— Mamãe, não sei se consigo chorar.

Minha mãe olha para mim, confusa a princípio, mas depois a confusão se transforma em agressividade. Dá para dizer na hora que ela entrou no modo discurso motivacional, um papel que assume com mais frequência do que o necessário porque a faz se sentir necessária. Ela franze a testa e aperta os lábios. Tem certa infantilidade nessa expressão da minha mãe, como se ela fosse uma criança fingindo ser um adulto.

— Mas é claro que você consegue. Você é Emily. Você *é* a Emily.

Ela costuma dizer isso quando está "me colocando no personagem". Ela dirá, "Você É a Emily". Ou Kelli. Ou Sadie. Ou seja lá quem for que eu deva ser no dia.

Mas hoje, agora, não estou a fim de ser a Emily. Não quero ser. Isso nunca me aconteceu antes, mas está acontecendo agora e me assustando. Uma parte de mim resiste à minha mente impondo esse trauma emocional sobre mim. Outra parte de mim diz: "Não. É doloroso demais. Não vou fazer isso".

Essa parte de mim é tola. Essa parte de mim não percebe que chorar em cena é a minha Habilidade Especial, que é boa para mim, para a minha família, para a minha mãe. Quanto mais eu chorar em cena, mais contratos conseguirei; quanto mais contratos conseguir, mais feliz minha mãe ficará. Respiro fundo e sorrio para ela.

— Você está certa. Sou a Emily. — digo meio para convencê-la, meio para me convencer.

A parte de mim que não quer chorar em cena não está convencida. Essa parte de mim grita que não sou a Emily, que sou a Jennette e que, eu, Jennette, mereço ser ouvida. Eu mereço ter meus desejos e necessidades atendidos.

Minha mãe encontra a página dobrada na revista, mas, antes de reabri-la, ela se inclina mais uma vez.

— Você vai conseguir essa, Emily.

Mas não consigo. Não me saio bem no teste. Não o faço de coração. Não "sinto minhas palavras". E, para piorar, não choro em cena. Eu travo.

Estamos a caminho de casa, em meio a um congestionamento, na 101 South. Estou sentada na cadeirinha por causa do meu tamanho. Tento fazer minha lição de História, não consigo me concentrar porque estou frustrada demais pelo que aconteceu no teste.

Estava imersa na minha cabeça durante a cena porque a parte assustada de mim decidiu tentar se manifestar. Essa parte não quer continuar a fazer isso.

— Não quero mais ser atriz — aviso antes de sequer perceber que disse isso.

Minha mãe olha para mim pelo retrovisor. Uma mistura de choque e decepção preenche seus olhos. Eu me arrependo na mesma hora.

— Não seja boba, você adora ser atriz. É o que você mais ama fazer. — diz ela de uma forma que faz soar como uma ameaça.

Olho pela janela. Essa parte de mim que quer agradá-la acha que talvez ela esteja certa, que talvez seja o que mais amo e eu simplesmente não saiba, não perceba isso. Mas essa parte de mim que não quer chorar em cena, que não quer ser atriz, que não se importa em agradar minha mãe e só quer me agradar, essa parte grita comigo para se manifestar. Meu rosto arde, me obrigando a dizer algo.

— Não, eu realmente não quero. Não gosto. Me deixa desconfortável.

Ela faz uma cara de quem acabou de comer um limão. Minha mãe se contorce no banco de uma forma que me aterroriza. Sei o que vem a seguir.

— Você não pode desistir! — chora ela. — Essa era a nossa chance! Essa era a nooossa chaaaance!

Ela bate no volante, acionando a buzina sem querer. O rímel escorre pelas bochechas. Está histérica, como eu estava no teste para *Divisão de Homicídios*. Sua histeria me assusta e exige que eu contorne a situação.

— Esquece. — peço, em voz alta, para ela ouvir em meio ao choro.

Ela para de chorar na hora, exceto por uma fungada remanescente, mas assim que ela acaba, faz-se um silêncio completo. Não sou a única que consegue chorar em cena.

— Esquece — repito. — Vamos esquecer que eu disse alguma coisa. Desculpa.

Sugiro que ouçamos o atual álbum favorito da minha mãe, *...But Seriously*, do Phil Collins. Ela sorri, gostou da sugestão, e coloca no CD player. Coloca na faixa *Another Day in Paradise* e a música começa a todo volume nos alto-falantes. Minha mãe canta junto. Ela me observa pelo retrovisor.

— Vamos! Por que você não está cantando também, Net?! — pergunta ela, eufórica, o humor já está diferente.

Então eu começo a cantar junto. E ensaio o meu melhor sorriso falso para combinar. Talvez eu não tenha sido capaz de fazer brotar lágrimas para *Desaparecidos*, mas eu consigo forjar um sorriso para a minha mãe na volta para casa. De qualquer forma, é uma interpretação.

23.

— Uma garotinha não deveria ter de se preocupar com sua família inteira. — diz meu avô para mim certa tarde.

Ele consegue perceber que estou estressada. Ando de um lado para o outro no nosso quintal da frente por meia hora enquanto tento memorizar as minhas falas para o próximo teste para um filme de baixo orçamento chamado *My Daughter's Tears*. Poderia haver um título mais perfeito para a minha Habilidade Especial? Minha mãe não me deixa ler o *script* porque diz que tem "conteúdo adulto" demais, o que honestamente é um alívio porque já estou batalhando o suficiente para tentar memorizar quatorze páginas para o teste amanhã, e ainda por cima com sotaque russo. O teste é para uma personagem russa, a filha em cujas lágrimas se baseia o título. Minha mãe marcou uma reunião com uma treinadora de prosódia, mas eu ainda não acertei meus *r's*.

Não tenho permissão para ficar fora de casa sozinha. Minha mãe diz que posso ser sequestrada, estuprada e morta como Samantha Runnion – a garota que foi sequestrada três semanas antes do aniversário de seis anos e morava a apenas cinco minutos de nós – então sempre que vou para o quintal, preciso estar acompanhada. Hoje é a vez do meu avô. Ele rega o gramado enquanto memorizo as falas.

— O quê? — pergunto, não por não ter ouvido o que ele disse, mas porque estou confusa. É claro que uma garotinha deveria se preocupar com toda a sua família. É isso que garotinhas fazem.

— Eu só... — Ele se aproxima de mim. — Só acho... que você merece ser uma criança.

Meus olhos se enchem de lágrimas, e não de propósito. Esse é um lacrimejar natural. Não me lembro da última vez que chorei naturalmente. Fui pega de surpresa. Arrasto meus pés.

— Vem aqui, dê um abraço no vovô.

Eu me aproximo e abraço seu barrigão. Ele afaga minhas costas com a mão livre.

— Eu te amo, vôzinho — digo para ele.

— Amo você, bonequinha.

Meu avô usa o outro braço para me dar um abraço completo, mas esquece que está segurando a mangueira e me molha.

— Oops!

Ele coloca a mangueira no chão e deixa a água escorrer pela grama, e então me envolve em seu grande abraço de vovô. É tão gostoso e confortável, apesar de ele cheirar à carne seca.

— Sabe, eu ia lhe dar um presentinho depois que você terminasse de decorar suas falas, mas talvez eu deva dar agora.

— Eba! — Estou animada. Quem não adora presentes?

Meu avô procura alguma coisa, remexendo no bolso de trás da calça. Receitas amarrotadas caem no chão. Finalmente, ele puxa um pequeno enfeite de antena de carro. É o Mike Wazowski, o monstro principal de *Monstros S.A.* Esse tipo de brinde cinematográfico está entre as regalias que ele recebe como empregado da Disneyland.

Seguro Mike e o sinto nas minhas mãos. É um brinquedo para apertar, feito de isopor.

— Eu adoro a cara engraçada dele — diz meu avô. — Ele não é engraçado?

— É.

— Ele me faz rir. Espero que a faça rir também.

— Obrigada, vôzinho.

— Não tem de quê. — diz ele com um aceno de cabeça. — Sabe, espero que você se lembre de se divertir. A vida de uma criança deveria ser divertida.

Meu avô se abaixa, pega a mangueira e recomeça a regar a grama. Olho para o Mike, passando meu polegar em sua pele emborrachada enquanto penso no que ele me disse.

Diversão é uma coisa que conheço muito pouco. A vida é coisa séria. Tem muita coisa acontecendo nesse lugar. Estar preparada, trabalhar duro e se sair bem são muito mais importantes do que a diversão.

Guardo o Mike Wazowski no meu bolso e volto para o meu sotaque russo.

24.

Olho para os papéis à minha frente. A pilha de 110 páginas recém impressas na fonte Courier New, tamanho 12. É *Henry Road*, meu primeiro roteiro.

Imprimi o roteiro porque mal posso esperar para mostrá-lo para a minha mãe. Sei que uma alegria poderia lhe fazer bem já que ela está no hospital agora. Não deve ser fácil frequentar tanto assim um hospital – ela costuma ir várias vezes por ano. Mesmo quando não é por causa do câncer (como dessa vez, em que está lá por causa de uma diverticulite – ou diverticulose, nunca sei qual é), o medo está sempre lá... o medo de que talvez, quando ela estiver fazendo um exame, um teste ou uma cirurgia, o médico encontre uma recorrência do câncer.

Meu avô me leva ao hospital em seu Buick marinho detonado com o adesivo da chapa Bush/Cheney. Estou sentada no banco de trás, folheando as minhas páginas.

— Cuidado para não se cortar com o papel, bonequinha — adverte meu avô enquanto atravessa um semáforo que está quase ficando vermelho.

Nós chegamos ao hospital. Fui muito a hospitais por causa dos vários problemas de saúde da minha mãe, mas nunca estive nesse. Esse é pequeno, parecido com uma butique. É menos intimidador do que outros costumam ser, e menos parecido com um labirinto, então logo encontramos o caminho para o quarto dela.

Ela está descansando, mas quando ouve meus passos, entreabre os olhos e sorri.

— Oi, Net! — O sorriso dela me alegra.

— Oi, Mamãezinha!

Eu me sento na cadeira ao lado do seu leito e seguro a mão dela. Noto que nossos pulsos têm quase o mesmo tamanho.

— O que você trouxe? — pergunta ela, indicando a pilha de papéis enfiada embaixo do meu outro braço.

Mal consigo conter meu entusiasmo. Uma mesa de refeições com rodinhas foi posicionada ao lado da sua cama – muito mais luxuosa do que a toalha dobrável branca sobre a qual comemos em casa. Na bandeja em cima dela, o peru, a vagem, o purê de batatas, acompanhados da sopa de frango com macarrão e de biscoitos água e sal nem foram tocados. Afasto um pouco a comida para abrir espaço e então jogo minhas páginas em cima da mesa me sentindo orgulhosa.

— É meu roteiro. *Henry Road*.

— Você escreveu um roteiro? — pergunta. Tenho certeza de que ficou impressionada. Mas então um olhar preocupado surge em seu rosto. — Tem saído todos os dias durante vinte minutos para reforçar a vitamina D?

— Claro. — respondo, tranquilizando-a.

— E tem ido às aulas de dança?

— Sim.

Ela folheia a capa, mas não com o orgulho que eu tenho quando a folheio. Seu gesto carrega tristeza.

— Que foi? — pergunto.

— É que... — Ela olha para baixo e sorri melancolicamente. Essa é uma das expressões mais ensaiadas para mim. Nunca a vi esboçar essa expressão e senti como algo genuíno, verdadeiro. Em outros momentos, essa expressão da minha mãe sempre me pareceu forçada.

— É o que? — questiono.

— É que... espero que você não goste de escrever mais do que interpretar. Você é tão boa atriz. Tão, tão boa.

De repente me sinto constrangida por ter dado o roteiro para a minha mãe ler. Estou envergonhada. Como eu poderia ser tão estúpida? Ela nunca apoiaria isso.

— É claro que eu não gosto de escrever mais do que de atuar. Jamais poderia.

Quando ouço as palavras que saem da minha própria boca, me pergunto se soaram falsas, com a inocência dos personagens nas reprises da série antiga *Leave It to Beaver* que minha avó insiste em assistir, embora eu as odeie muito.

Minha mãe nem percebe que estou mentindo, embora pareça tão óbvio para mim. Eu com certeza prefiro escrever a atuar. Com a escrita, talvez, pela primeira vez na vida, sinto que tenho poder. Não tenho de dizer as palavras de outra pessoa. Posso escrever as minhas próprias palavras. Posso ser eu mesma uma vez na vida. Gosto dessa privacidade. Ninguém está vendo. Ninguém me julga. Ninguém debate. Não existem diretores de elenco, agentes, empresários, diretores ou a minha mãe. Sou só eu e a página. Escrever é o oposto de atuar para mim. Atuar parece inerentemente falso. Escrever parece real.

— Ainda bem — diz minha mãe diz enquanto me observa, como se estivesse pensando se podia ou não confiar em mim. — Escritoras se vestem mal e engordam, sabia? Nunca me agradaria ver esse seu bumbum de pêssego de atriz se transformar em uma bunda do tamanho de uma melancia enorme de escritora.

Anotado. Eu como escritora deixo minha mãe infeliz. Eu como atriz deixo minha mãe feliz. Pego as páginas da mesa de refeições e as coloco de volta debaixo do braço.

Depois de refletir, minha mãe me pergunta sobre o que é o roteiro.

— É a história de um menino de dez anos e seu melhor amigo que tentam juntar seus pais solteiros.

— *Hum.* — diz minha mãe com um longo olhar pela janela. — Isso já foi feito em *Operação Cupido*.

25.

Acordo às 8 da manhã no meu colchonete da Costco. Como agora meu beliche está lotado de coisas, eu voltei a dormir no colchonete. Estou usando a minha camiseta da Revlon Run/Walk de 2002. Gosto da estampa. Tem bastante roxo nela. É uma cor que venho curtindo ultimamente.

Minha mãe não pode saber que estou gostando de roxo, já que prefere rosa. Ela ficaria de coração partido se eu anunciasse de repente que mudei minha cor favorita para uma que não seja a dela. Que honra, a minha mãe se importa tanto comigo que o fato de eu ter a minha própria cor predileta a deixaria em frangalhos. Isso é amor verdadeiro.

A camiseta da Revlon Run/Walk do ano passado era prateada na maior parte, e no ano anterior era azul. Sei quais são as cores da Run/Walk dos últimos sete anos pois a minha família frequenta a Run/Walk desde então. Nós começamos a frequentá-las depois de minha mãe entrar em remissão do seu carcinoma ductal metastático estágio quatro, um termo que conheço bem porque, além da nossa sessão semanal de vídeo, minha mãe me faz recitá-lo aos diretores de elenco.

— Todos adoram histórias de superação de adversidades. Se você mencionar meu carcinoma ductal, ganhará um voto de simpatia.

O câncer da minha mãe raramente aparecer durante os meus testes para *Zack e Cody: Gêmeos em Ação* e *O Rei do Queens*, mas em séries como *Plantão Médico*, posso introduzir o assunto com um pouco mais de naturalidade, principalmente se na história houver um personagem com câncer.

— Sabe, minha mãe teve carcinoma ductal estágio quatro, então eu realmente me identifico com o material.

Minha mãe sempre diz que vamos para as Revlon Run/Walks para apoiar as mulheres com câncer de mama, o que é muito nobre da parte dela. Dustin disse uma vez em voz baixa que achava que Mamãe ia mais pelas mercadorias gratuitas do que pela causa em si, mas Dustin é um "encrenqueiro" e o filho menos favorito dela, algo que ela já até disse diretamente a ele, então obviamente Dustin não sabe absolutamente nada sobre ela muito menos sobre suas intenções.

Estou arrasando com a minha camiseta contra o câncer tamanho grande e planejando qual poema escreverei para a minha mãe neste fim de semana. Como ela não é fã dos meus roteiros, eu parei de escrevê-los por um tempo indeterminado, mas ela aceita que eu escreva pequenos poemas sobre como a amo, então continuo a escrever dessa maneira agora.

Estou tentando descobrir o que rimaria com a palavra "Mamãe" quando percebo que meu peito está meio dolorido. Mais especificamente, a área do mamilo no lado direito do peito. Coloco a mão direita no local para tocar a área dolorida e sinto... um CAROÇO. Um pavor repentino. Isso não pode estar acontecendo. Primeiro minha mãe e agora eu? A sala começa a girar. Peso minhas opções: posso acordar minha mãe agora e contar para ela, mas a ideia parece muito incômoda; ou posso deixá-la dormir até as onze da manhã, quando costumo acordá-la com sua xícara de chá matutina. "Eu acordaria mais cedo se não ficasse acordada até tão tarde me estressando com dinheiro", ela sempre diz. "Talvez se seu pai conseguisse um trabalho que PAGASSE AS CONTAS pelo menos uma vez na vida para eu não ter que depender de uma CRIANÇA..."

Não sei o que escolher, então faço o que qualquer pré-adolescente sensível dominada pelo câncer faz para decidir quando contar para sua mãe – *uni-duni-tê*.

— Ah, querida. — Minha mãe está quase rindo enquanto apalpa toda a área do meu mamilo direito inchado e encaroçado e compara com o mamilo macio e plano da esquerda. — Isso não é câncer.

— Então o que é?

— São só os seus peitos que estão crescendo.

Ah. Não. A única coisa pior do que um diagnóstico de câncer é um diagnóstico de crescimento. Morro de medo de crescer. Primeiro, sou pequena para a minha idade, o que é bom para o *showbiz* porque posso pegar papéis de personagens mais novos do que eu. Posso trabalhar por mais horas no *set* e ter menos intervalos por lei. Além da logística, eu sou mais cooperativa e aceito instruções melhor do que aquelas crianças chatas de sete anos.

Minha mãe me lembra sempre o quanto o fato de eu parecer mais nova do que sou é algo bom. "Você conseguirá mais trabalhos, filha. Muito mais trabalhos".

Se eu começar a crescer, ela não me amará tanto. Muitas vezes, ela chora e me abraça apertado e diz que quer que eu permaneça pequena e jovem. Parte meu coração quando ela faz isso. Queria poder parar o tempo. Queria permanecer criança. Eu me sinto culpada de não poder. Sinto culpa por cada centímetro a mais. Sinto culpa sempre que vejo um dos meus tios e eles comentam como estou "crescida". Posso vê-la contorcendo a sobrancelha sempre que dizem isso. Posso ver como isso a machuca.

Estou determinada a não crescer. Farei qualquer coisa para impedir isso.

— Bem, existe alguma coisa que posso fazer para impedir que os peitos apareçam? — pergunto, nervosa, para ela.

Ela dá gargalhadas, daquelas de enrugar os olhos. Conheço bem essa expressão, da forma como conheço bem todas as suas expressões. Eu conheço cada careta da minha mãe como a palma da minha mão, o suficiente para me comportar de acordo com cada uma delas, sempre.

Ninguém mais na família parece entender as emoções da minha mãe. Todos andam por aí sem a menor noção, sem saber muito a respeito da própria mãe. Mas eu sempre sei. Passei a vida inteira a estudando para que sempre possa saber, porque toda vez quero fazer tudo o que puder a qualquer momento para mantê-la ou deixá-la feliz. Sei a diferença entre minha mãe estar irritada ou indignada. Sei a diferença de quando ela está chateada com meu pai ou com a minha avó (dentes cerrados são para o meu pai, sobrancelhas franzidas para a minha avó). Sei a diferença de quando ela está um pouco (me beija na testa) ou muito feliz (canta Phil Collins). E agora, neste momento, em que ela gargalha e os olhos enrugam, sei que ela não só está muito feliz, mas que é um tipo de felicidade particular e especial.

Minha mãe está feliz e grata.

Esse é o jeito que mais gosto de vê-la, porque sou a fonte direta desses sentimentos. Eu já a vi assim, quando consigo papéis e fico ao lado dela quando ela está no meio de uma briga com outra pessoa da casa. Ela fica feliz e grata quando se sente vista, valorizada e cuidada.

— O que posso fazer para evitar que meus peitos apareçam? — repito, insistindo na minha pergunta agora que sei que a satisfaz tanto.

Minha mãe olha para baixo, da mesma forma que faz quando está prestes a me contar um segredo, como quando ela me disse que minha vó tem dentes falsos ou que acha meu pai chato. Sei que algo interessante vem aí. Algo especial, que só nos duas saberemos. Algo que cimentará e validará nossa maravilhosa e forte amizade, da forma como só os segredos podem fazer.

— Bem, querida, se você realmente quer saber como permanecer pequena, vou lhe contar um segredo, algo secretíssimo e que você deve seguir à risca... chama-se restrição calórica.

***

Eu adquiri rápido o hábito da restrição calórica e sou boa nisso. Estou desesperada para impressionar minha mãe. Ela é uma grande professora por fazer a restrição há muito tempo, segundo o que me conta.

— Uma vez, quando eu estava quase dormindo, quando criança, eu ouvi minha mãe e meu pai conversando na outra sala. Eles disseram que meu irmão poderia comer qualquer coisa porque seu metabolismo agia rápido, mas que qualquer coisa que eu comesse se transformaria em gordura. Essas palavras me atingiram, Net, me atingiram em cheio. Faço restrição desde então.

Agora que penso nisso, faz sentido para mim que minha mãe venha fazendo restrição. Ela toma apenas um chá quente no café da manhã, sem adoçar, e um prato de legumes no vapor todas as noites no jantar, nada a mais. Eu raramente a vejo almoçar e, quando almoça, é uma salada sem molho ou metade de uma barra de granola com *chips* de chocolate. Estou em boas mãos.

Começo a encolher a cada semana quando minha mãe e eu nos juntamos para contar nossas calorias todas as noites e planejar nossas refeições para o dia seguinte. Estamos me mantendo em uma dieta de mil calorias, mas me ocorre a brilhante ideia de comer metade da comida para receber apenas metade das calorias, o que significa que encolherei duas vezes mais rápido. Mostro com orgulho para minha mãe depois de cada refeição que comi somente metade das minhas porções. Ela sorri. Todo domingo, ela me pesa e mede minhas coxas com uma fita métrica. Depois de algumas semanas da nossa rotina, ela me dá uma pilha de livros sobre dieta, que eu devoro. Aprendo o valor de comer frutas e legumes com alto teor de água como nabo-mexicano e melancia. Aprendo como as pimentas-caiena e *chili* ajudam a acelerar o metabolismo. Aprendo que o café é um inibidor de apetite, então eu começo a tomar café, preto, descafeinado, junto com a minha mãe. Beber café vai tecnicamente contra as regras da igreja.

— Bem, é descafeinado, então tenho certeza de que Deus abrirá uma exceção — diz ela, e eu concordo com a cabeça, embora tenha plena certeza de que, pelo que eu aprendi, Deus não abre exceções.

Quanto mais magra me torno, mais rígida fico com o que ingiro, porque parece que meu corpo está tentando se apegar a tudo o que como.

Noto que a maioria dos alimentos aumenta um pouco do meu peso corporal, mais ou menos duzentas gramas. Sei disso porque me peso cinco vezes por dia. Cinco é meu número da sorte, por isso essa quantidade de pesagens diárias parece apropriada. Além disso, quero me certificar de que controlo cada mínima alteração no meu corpo para fazer os ajustes necessários e estar nos trilhos para a minha sessão de pesagem semanal com a minha mãe.

Meus alimentos favoritos são picolés sem açúcar, purê de maçã e chá gelado sem açúcar, porque esses são os alimentos que, ao que parece, não aumentam meu peso. Os picolés e o purê de maçã não acrescentam nada, e o chá gelado sai com a urina. Esses são alimentos livres de estresse para mim. Alimentos seguros. Comida afetiva. Quem disse que macarrão com queijo e frango frito era bom estava fora de si. Essas são as verdadeiras comidas afetivas.

Minha mãe e eu continuamos na nossa missão, e estou animada. Todos os dias eu me sinto em uma montagem das gêmeas do *Operação Cupido*, na qual minha mãe e eu damos beijos de esquimó uma na outra e fazemos brincadeiras manuais bobas em meio a nossas pesagens semanais e contagens diárias de calorias. (Eu assisti ao filme depois de ela ter sugerido que meu roteiro *Henry Road* era um plágio dele. Ela tinha razão). A restrição calórica nos aproximou ainda mais do que antes, o que não é pouca coisa porque já éramos bem próximas. A restrição calórica é maravilhosa!

Nós já estamos no nosso plano de restrição calórica há cerca de seis meses e dá para ver bem a diferença. Diminuí três tamanhos e agora estou usando 7-8 (tamanho pequeno) para crianças. O Espírito Santo me diz todos os dias para tocar a letra "P" cinco vezes nas minhas etiquetas de roupas, porque esse ritual, junto com a minha restrição alimentar, me manterá pequena. Obrigada, Espírito Santo!

No geral, as coisas têm caminhado bem. Exceto por hoje.

Hoje estou ansiosa porque estou sentada na sala de espera do consultório médico, aguardando ser chamada. E aguardar ser chamada significa aguardar para ser pesada. E eu estou morrendo de medo de ser pesada em uma balança que não é a minha. E se os números estiverem errados? E se eu pesar mais nessa?

Minha mãe parece sentir que estou nervosa, porque segura a minha mão enquanto esperamos. E esperamos. E esperamos. Até que finalmente... "McCurdy, Jennette", chama a assistente da médica. Meu coração começa a bater tão forte que eu tenho certeza de que todos na sala podem ouvir. Meu rosto parece arder. O tempo congela enquanto atravesso a porta da sala de espera até o corredor. Minha mãe começa a tirar minha jaqueta de veludo *cotelê* da Children's Place, sabendo que ela acrescenta um peso extra. Estamos nessa juntas. A enfermeira me diz que posso ficar de sapato, mas minha mãe diz para tirá-los. Sempre cuidando de mim! Tiro meus sapatos e subo na balança. Minha mãe e eu nos entreolhamos.

— Vinte e sete quilos — diz a enfermeira enquanto escreve em sua prancheta.

Enquanto ouço as palavras saírem da sua boca, elas soam transformadas e distorcidas. Estou arrasada. A balança em casa dizia vinte e seis. Na mesma hora, tento ler a expressão da minha mãe. Está calma, o que significa que ela está desapontada. Fico ainda mais arrasada. Somos conduzidas à sala 5, meu número da sorte, não parecendo tão auspicioso naquele momento. Piso no banquinho e me sento sobre o papel com estampa de ursinhos, na maca. Ele é áspero e desconfortável. A assistente faz mais algumas perguntas e então fecha a porta, deixando minha mãe e eu sozinhas. Abro a boca para dizer algo, mas minha mãe fala antes de mim.

— Falaremos sobre isso depois.

Alguns minutos se passaram e então entra a Dra. Tran. Fico chateada por ser a Dra. Tran em vez do Dr. Pelman porque minha mãe parece ficar com um humor melhor quando é o Dr. Pelman. (Se não fosse contra o Evangelho, eu acharia que ela tem uma queda por ele, mas sei que não deveria pensar nisso porque luxúria é um pecado e minha mãe nunca pecaria). A Dra. Tran mantém os na prancheta.

— Debbie, eu poderia falar com você em particular um minutinho?

Ela sai com A Dra. Tran. As portas são finas e minha mãe fala alto o bastante para eu conseguir ouvi-las completamente.

— Então... quero falar com você sobre o peso da Jennette — começa a médica. — Está muito abaixo do que o normal para a idade dela.

— *Hum.* — diz minha mãe, soando um pouco ansiosa. — Ela está comendo normalmente. Não notei nenhuma mudança.

Isso não é verdade. Ela notou sim as mudanças porque foi ela que as quis, para começo de conversa.

— Bem... — A Dra. Tran respira fundo. — Às vezes, quando meninas sofrem de anorexia, elas escodem os hábitos alimentares.

Essa é a primeira vez que ouço a palavra "anorexia". Parece um dinossauro. A doutora continua.

— Sugiro que fique de olho nos comportamentos alimentares da Jennette.

— Ah, eu vou, Dra. Tran. Com certeza, eu vou. — Minha mãe a tranquiliza.

Estou confusa. Minha mãe já mantém um olho em meus comportamentos alimentares. Ela está tão envolvida neles quanto eu, se não mais. Ela não só sabe tudo sobre minha alimentação, como encoraja e apoia meus hábitos. O que está acontecendo? O que isso quer dizer?

Alguns meses depois, ouço a palavra "anorexia" de novo no estacionamento do estúdio de dança, depois da aula. Estou sentada no banco na frente da escola, esperando pela minha mãe enquanto estudo o roteiro de um teste para interpretar a filha do Val Kilmer em um filme.

Minha mãe sempre se atrasa de 20 a 45 minutos para me pegar, o que faz sentido porque ela é muito ocupada com outras coisas, como ligar sem parar para os cobradores de dívidas para pedir por um prazo a mais de pagamento e parar no Westminster Mall para escolher cartões de agradecimento da Hallmark para cada diretor de elenco que eu tive nos últimos seis meses ("Eles podem não se lembrar do que você leu, mas se lembrarão de um cartão de agradecimento com uma linda letra cursiva na frente!").

Noto a mãe de Anjelica Gutierrez fazendo hora perto de sua minivan, embora a última aula de Anjelica tenha sido a mesma que a minha, e elas geralmente vão embora no horário. Então eu vejo a Ford Windstar cobre da minha mãe fazer a curva à esquerda na rua do estúdio e parar no estacionamento. Pego minha bolsa e começo a andar até o carro, mas a Sra. Gutierrez chega antes de mim. Ela se aproxima da janela do passageiro da minha mãe e pede para ela baixar o vidro.

— Oi, Deb, eu só queria conversar com você rapidinho sobre a Jennette. Notei que ela está perdendo muito peso. Ela pode ter anorexia. Queria ver se você já está buscando ajuda. Outra garota na classe teve e a mãe dela me deu o nome de um especialista...

— A gente conversa sobre isso outra hora. — Minha mãe interrompe a Sra. Gutierrez de um jeito que me diz que essa "outra hora" nunca virá. Abro a porta do carro e entro. E com isso, rumamos para casa.

— Mãe? — pergunto assim que paramos em um semáforo.

— O que é, querida?

— O que é anorexia?

— Ah, não se preocupe com isso, meu anjo. As pessoas só estão sendo dramáticas. — O semáforo fica verde. Ela pisa no acelerador. — Você estudou suas falas?

— Sim.

— Ótimo. Ótimo. Você tem grandes chances de pegar esse trabalho, Net. Posso sentir. Val é loiro, você é loira, você é perfeita para o papel.

— *Aham*.

— Absolutamente perfeita.

Olho pela janela e então volto a estudar minhas falas. Aguardo animada pelo picolé sem açúcar que vou tomar quando chegar em casa.

26.

Hoje é o dia em que eu entro no programa da igreja para garotas de doze a treze anos de idade chamado Colmeias. Ao entrar no programa, você recebe uma "função", e eu recebi a de secretária assistente – um cargo que nem existe.

— Mas a Madison já é secretária — digo para a Irmã Smith, minha professora. — Então o que eu devo fazer?

— Bem, você pode ajudá-la.

Olho para as minhas unhas para esconder a decepção. Makaylah Lindsey se inclina para falar comigo.

— As garotas que conseguem os cargos bons são aquelas que sempre serão ativas.

Odeio a Makaylah. Sei que ela foi adotada e deveria me sentir mal por conta da história dela e tal, mas eu não me sinto. Simplesmente a detesto. Ela continua.

— Elas te deram esse cargo porque acham que você provavelmente ficará inativa algum dia.

Ser chamado de "membro inativo" é quase um palavrão na igreja mórmon. Membros ativos são aqueles que frequentam a cerimônia regularmente, inativos são aqueles que "abandonaram" a igreja ou pararam de frequentar, embora ainda estejam nos registros. O nome de membros inativos sempre é mencionado em conversas na igreja com um franzido de nariz e em tom de sussurro, como se fosse algo vergonhoso ou patético.

— Não vamos ficar inativos.

— Veremos. — Makaylah encolhe os ombros.

Embora eu odeie Makaylah e queira desesperadamente que ela esteja errada, temo que ela possa estar certa. Na real, se for parar pra pensar no assunto, já existem alguns sinais.

Porque, até onde me lembre, a minha família nunca atendeu aos critérios de "Mórmons de Primeira Categoria". Em cada congregação da Igreja dos Santos dos Últimos Dias, há aqueles mórmons assíduos nos seminários, que e sabem de cor os versos do Terceiro Néfi. Eles são o tipo que recebe a incumbência de levar o empadão de frango à confraternização, aqueles claramente capazes desse nível de responsabilidade. Esses são os Mórmons de Primeira Categoria.

E há aqueles tipos mesquinhos ao pagar o dízimo, que sempre aparecem vinte minutos atrasados para a cerimônia. São aqueles a quem se pede para trazer "apenas a salada", de quem não se pode esperar muito a não ser uma salada gelada com um punhado murcho de croutons. Esses são os Mórmons de Segunda Categoria.

Nós, os McCurdy, somos Mórmons de Segunda Categoria. Sei disso há algum tempo. Os Mórmons de Primeira Categoria veem os da Segunda com uma certa pena, e eu senti essa pena nos olhares de soslaio da Irmã Huffmire e da Irmã Meeks, ambas da Primeira Categoria.

Todos sabem que Mórmons da Segunda Categoria têm maior probabilidade de se tornarem inativos do que aqueles da Primeira Categoria, mas, ainda assim, não acho que nosso destino esteja selado. Tenho certeza de que podemos reverter nosso *status* com algum marco mórmon, por exemplo, se o Marcus servir em alguma missão ou se nós nunca faltarmos a uma cerimônia.

Mas depois de ouvir a Makaylah, ando refletindo e chegando à conclusão de que talvez minha família nunca chegue a essa posição.

Faz uns bons anos, o Marcus já poderia ter servido em alguma missão, mas não foi. E embora não haja um limite de idade para participar de uma missão, os homens têm 70% menos chance de participar de uma se não se prontificarem logo ao completar a idade mínima necessária, de acordo com a revista mórmon *Ensign* (a única revista, além da *Woman's World*, que está no rodízio regular da minha mãe). Ela diz que é culpa de Elizabeth, namorada de Marcus, e que ela está possuída, mas não tenho tanta certeza disso. A Elizabeth parece ótima.

Começamos a falar nas cerimônias há algumas semanas, em geral por volta do lançamento dos episódios de séries dos quais eu participo. Começou depois do *Lei & Ordem: Unidade de Vítimas Especiais*, quando a Irmã Salazar perguntou para a minha mãe se ela achava que estava "de acordo com o Evangelho" eu interpretar uma criança de nove anos vítima de estupro. Minha mãe tinha uma defesa brilhante sobre como e o valor de uma estrela de TV ser mórmon ultrapassa o valor dos papéis que essa estrela interpreta. A irmã Salazar deixou o assunto pra lá num primeiro momento, mas aí eu apareci num episódio interpretando uma criança que mata outra criança. Desde então, sempre que um episódio de uma série em que estou vai ao ar, nós passamos uma ou duas semanas sem ir à igreja para "evitar os críticos", como minha mãe diz. Seja qual for o motivo, nós perdemos a cerimônia. E perder a cerimônia é o oposto do marco mórmon exigido para subir de categoria.

— Mãe? — pergunto quando voltamos para casa, dobrando a roupa lavada juntas.

— Sim, querida?

— Nós vamos ser mórmons inativos?

— Claro que não. Por que pergunta, Net?

— A Makaylah disse que eu fui escolhida secretária assistente porque eles acham que eu provavelmente ficarei inativa.

— Ah, por favor! O que a Makaylah Lindsey sabe sobre a vida? Ela é adotada.

27.

— Net! Hora do banho! — grita minha mãe de outro quarto.

Meu corpo inteiro congela. Ah, não. Hora do banho, não.

Temi os banhos por um tempo, por mais ou menos cinco anos. Ou a cada vez que eu começava a me sentir desconfortável por minha mãe ainda me dar banho.

Não acho que ela queira me deixar desconfortável. Ela diz que precisa me dar banho porque eu não saberia lavar meu cabelo. Diz que, talvez, se meu cabelo não fosse tão longo ou tivesse uma textura específica, ela não teria de fazê-lo, mas, por causa disso, e como ela foi uma cabeleireira profissional, faz sentido ela me dar banho.

Às vezes, ela dá banho em mim junto com o Scottie. Ele tem quase dezesseis anos nesse momento. Eu fico realmente constrangida quando ela dá banho em nós dois juntos. Dá para perceber que ele também fica. Nós simplesmente desviamos o olhar um do outro e Scott se distrai desenhando *pokémons* no vidro esfumaçado. Ela diz que nos dá banho juntos porque tem muitos afazeres. Uma vez, Scott perguntou se poderia tomar banho sozinho. Ela chorou e disse que ela não queria que ele crescesse, então ele nunca perguntou isso de novo.

Estivesse Scott lá comigo ou não, ela fazia um exame ginecológico nas minhas mamas e na minha "xoxota", como ela chama meus órgãos genitais. Ela diz que quer verificar se eu não tenho caroços ou nódulos misteriosos que poderiam ser câncer. Aceito porque definitivamente não quero ter câncer, e como minha mãe teve e tal, ela saberia se eu tenho.

Tento pensar na Disneyland quando ela faz os exames. Penso na próxima vez que meu avô vai nos deixar entrar. Penso nos desfiles, nos fogos de artifício, em todos os personagens felizes e tudo o mais.

Quando os exames terminam, uma enorme onda de alívio invade meu corpo e eu percebo que essa é a primeira vez que tenho essa sensação desde o início do exame. É estranho... quando os exames acontecem, eu me sinto como se estivesse fora de mim. Como se meu corpo estivesse em uma concha da qual me desconecto e eu vivesse totalmente imersa nos meus pensamentos. Meus pensamentos vão para a Main Street, para a Fantasyland, para o Mr. Toad's Wild Ride. (Na verdade, eu não costumo pensar no Mr. Toad's Wild Ride porque, apesar de as pessoas adorarem essa atração, eu acho uma babaquice).

— Net?! — chama minha mãe novamente.

Meu corpo ainda está congelado. Engulo em seco e forço minha garganta a responder.

— Tô indo!

Ela me dá banho sozinha hoje. Sei disso porque eu tenho um teste para *House* amanhã e já reparei, é um hábito dela, sempre que tenho um teste, minha mãe me dá banho sozinha. Acho que é porque ela quer ter a certeza de acertar na quantidade exata de xampu e condicionador para meu o cabelo obter o brilho perfeito para o diretor de elenco. Ela diz que esse mercado é fútil e que um cabelo brilhante pode ser o divisor de águas para seguir para a próxima fase da seleção ou não.

Estou ofegante enquanto deixo minha lição de casa e me levanto do sofá. Sinto as mãos frias. Tento focar no alívio que sentirei quando os exames terminarem e sei que, quando o banho acabar, eu tentarei focar nessa mesma sensação de leveza. Essa sensação de que tudo será melhor e mais alegre no resto da noite. Estou tentando. Estou tentando. Estou tentando.

Entro no banheiro. Minha mãe não me deixa ligar o chuveiro porque diz que é complicado mexer nas torneiras e conseguir a temperatura certa da água, então eu espero por ela. Enquanto espero, tiro minhas calças, a calça, a calcinha e a camiseta. Entro debaixo do chuveiro e ouço o gotejar da torneira que pinga. Estudo o mofo nele. É uma crosta branca e azul. Ouço os passos da minha mãe se aproximando. Vou para Fantasyland.

28.

Estou sentada no banco traseiro da Ford Windstar. Estamos indo ao Art Supply Warehouse para visitar Dustin no trabalho dele. Ele parece odiar, mas minha mãe adora. Acho que ela gosta de conhecer os funcionários que trabalham no lugar que ela visita. Acho que a faz se sentir VIP. A postura e a energia da minha mãe mudam completamente sempre que ela entra na Best Buy para visitar o Marcus, ou na bilheteria da Disneyland para visitar meu avô. Ela fica com uma aura como se fosse a dona do lugar. Eu adoro vê-la tão confiante.

No caminho para lá, ela está no telefone com um cobrador de dívidas, pedindo por uma extensão do prazo de pagamento, quando se vira para mim, animada.

— A Susan está ligando!

Sei por que ela está ligando. Ontem eu fiz um teste de vídeo para um programa chamado *iCarly*, uma nova série da Nickelodeon sobre jovens adolescentes que criam uma web série. E na semana que vem eu vou fazer um teste de vídeo para uma série chamada *Californication*, um novo programa do canal Showtime sobre um homem que maltrata mulheres. Quando você chega ao teste de vídeo para uma série de TV, eles já têm os contratos preparados, e aparentemente é bom quando você faz testes para mais de uma emissora ao mesmo tempo, porque seu empresário pode usar isso como uma "alavancagem" para conseguir o melhor acordo possível. (Minha mãe adora dizer o termo "alavancagem" nas chamadas com a Susan. Ela diz que a faz soar "entendida"). Há também essa regra estranha que diz que o programa para o qual você for testado primeiro ganha preferência sobre uma futura seleção. Eles recebem um prazo determinado para decidir se querem você de fato e, se não tiverem decidido até o final desse período, a preferência vai para a outra emissora.

Fiz meu teste de vídeo para *iCarly* ontem, então eles têm prioridade em relação a mim. Se a Susan está ligando, significa que a Nickelodeon tomou uma decisão.

Mesmo ansiosa para conversar com Susan, minha mãe encerra primeiro a conversa com o cobrador de dívidas, como sempre faz.

— Não vou desligar depois de ficar esperando por uma hora.

Minha mãe chora ao telefone por um tempão, mas, milagrosamente, ao desligar com Brandon, da Sprint PCS, as lágrimas secaram. Enquanto liga para Susan, ela inclina a cabeça para trás atrás de si e na minha direção. Estou sentada na minha cadeirinha. (Tenho quatorze anos e ainda uso a cadeirinha). Preciso avançar para conseguir pegar sua mão e, como o cinto de segurança está esticado na frente da cadeirinha, o comprimento dele fica mais curto e ele trava antes. No segundo em que me inclino para pegar na mão da minha mãe, o cinto faz o som da trava. Tento em vão alcançar sua mão. *Clique, clique, clique.*

— Oi, posso falar com a Susan? É a Debbie McCurdy.

Clique, clique. Ela sacode a mão tentando encontrar a minha. Nossos dedos quase se tocam.

— Tá bom, sim, acho que consigo colocar no viva-voz.

Minha mãe aperta botões a esmo no telefone até que alguma coisa funciona e a voz de Susan começa a sair do alto-falante do telefone.

— Ela foi contratada para *iCarly*! Ela foi contratada para *iCarly*!

A mão da minha mãe voa para a frente para acompanhar sua vibração no que só pode ser descrito como um soco no ar questionável. Seja lá o que for, ela afasta a mão da minha e meu corpo todo estranha. Mas apenas por um segundo. Porque então eu me toco. Fui contratada para o meu primeiro papel regular em uma série.

Ela entra no estacionamento da Art Supply Warehouse enquanto nós duas gritamos a plenos pulmões. Estacionamos em uma vaga reservada para deficientes – ela está animada por ter um cartão de deficiente desde seu diagnóstico de diverticulite. Desato meu cinto de segurança o mais rápido possível.

Pulo nos braços dela. Ela me aperta. Estou eufórica. Tudo vai ser diferente agora. Tudo vai melhorar. Minha mãe finalmente será feliz. Seu sonho se realizou.

29.

— Olha, uma cesta de frutas!
Minha mãe desfaz o laço e começa a abrir o papel celofane.
— O abacaxi tem alto teor de açúcar, mas você pode comer um pouco desses melões.
— Tá!
Ela tira duas fatias de melão da cesta. Quando está prestes a passá-las para mim, pensa bem e devolve uma delas.
— Nós podemos dividir uma fatia. — diz.
Começamos a mastigar nossos pedaços de melão em formato de flor enquanto xeretamos as outras cestas sobre a mesa do meu camarim. Tem uma cesta de chás da Coast to Coast, uma de cosméticos para fazer *spa* em casa e uma com queijos e frios da Nickelodeon.
— Podemos levar essa para casa, para o vovô e os meninos. — diz minha mãe.
Essa é a primeira diferença que noto em ser uma atriz regular de uma série. Você ganha muitas cestas. Nunca ganhei uma sequer em todos os meus anos como atriz convidada. (Apesar de que, quando fiz meu papel como atriz convidada em *Karen Sisco*, o Robert Forster me deu uma caneta prateada com meu nome gravado e deu para a minha mãe uma calçadeira prateada. Cara legal).
Hoje é nosso primeiro dia de volta ao trabalho depois de ser oficialmente escolhida para uma primeira temporada. Depois de gravar o episódio piloto de um programa de TV, os executivos da emissora assistem a todos os pilotos e escolhem um terço deles que de fato farão parte da série. Nós fazíamos parte daquele terço sortudo e, mais legal do que isso, nós tivemos o maior pedido por episódios de todos os programas selecionados. A maioria deles recebeu

pedidos de 10 a 13 episódios. Nós recebemos vinte. Minha mãe diz que isso provavelmente se deve à minha maravilhosa performance como Sam Puckett, uma moleca casca-grossa e desbocada com coração de ouro que ama comida, o que é uma ironia, se a compararmos com a minha realidade.

— Você está pronta para bater o texto, meu anjo? — pergunta minha mãe.

— Claro. — respondo, embora eu nunca esteja. Ainda fico nervosa de praticar as falas com ela. Achei que ser selecionada como uma atriz regular de uma série pudesse ajudá-la a relaxar um pouco, mas não. Ela ainda é crítica demais. É estressante.

Respiro fundo para me preparar para a minha primeira fala quando ouvimos uma batida forte na porta do camarim.

— Abre a porta. — diz minha mãe estapeando sua coxa, exasperada com a interrupção segundos antes de começarmos.

Abro a porta roxa e no carpete na minha frente há outra cesta. Está cheia de guloseimas de cinema: chocolates, balas e alguns pacotes de pipoca. No meio da cesta tem um vale-presente de 100 dólares para o ArcLight, o cinema mais chique que eu já vi, no final da rua do Nickelodeon Studios, onde gravamos a série. Minha mãe e eu quase vimos um filme no ArcLight na semana em que filmamos o piloto, mas ela disse que não ia pagar $13,75 por um ingresso, de jeito nenhum. "Não me importa o quão potente é o som deles".

Eu nunca tinha visto um vale-presente de uma quantia tão alta quanto essa. Quase não acreditei.

— É da Miranda. — conto para minha mãe, chocada. — Cem dólares para o ArcLight.

Miranda contracena comigo em *iCarly*. Ela interpreta o papel titular de Carly Shay – uma adolescente doce e feminina que, junto com seus melhores amigos, Sam e Freddie (interpretado pelo meu outro colega de série, Nathan), estrela uma web série. Minha mãe diz que eles não construíram o personagem de Miranda muito bem. "A pobrezinha recebe toda a exposição. É uma garota bonita, mas é uma vergonha a personagem dela não ter personalidade".

Olho para a cesta. Fico realmente surpresa pelo fato de outra atriz mirim ser tão legal comigo. Normalmente nesse meio rola muita competição. Esse gesto é o oposto disso. Estou emocionada. Pego a cesta.

— Você não vai chegar nem perto desses chocolates, mas ele foi muito gentil. Agora vamos estudar suas falas.

30.

— Que tal esse? — pergunta minha mãe enquanto segura um urso panda de pelúcia da Ty. Estamos na Hallmark Greeting Cards no Westminster Hall. Desde que Miranda me deu um presente para celebrar o início da temporada, estamos escolhendo um para ela também. Minha mãe chacoalha o panda.

— É um pandinha bonitinho, além de rimar com o nome dela. Miranda. Panda. Bonitinho, né?

— É, bem bonitinho. Talvez nós possamos continuar olhando por aí para ver se esse é mesmo o melhor presente.

— Bem, acho que ele junto com o diário felpudo tá bom, não tá? — pergunta Mamãe.

— Claro. Tá sim.

Engulo em seco. Não está bom. Miranda me deu um vale-presente bem caro para um cinema bem chique. Esse é um presente *legal*. Um bichinho de pelúcia junto com um diário felpudo *não* é um presente legal.

Eu costumava achar que esses presentes eram legais até alguns meses atrás. Até alguns meses atrás, eu achava que minha calça boca de sino de arco-íris da Children's Place e meus livros de perguntas da Limited Too eram legais. Mas desde que conheci Miranda, meu radar para coisas legais mudou.

Eu a conheci no meu teste de vídeo para o *iCarly*. Ela estava encostada em uma parede, bebendo Coca-Cola de uma garrafa de vidro e digitando num celular Sidekick. Uau. Coca e um Sidekick. Essa garota sabe das coisas.

Nós conversamos rapidamente no teste de vídeo, mas não muito além das apresentações porque fomos chamadas para ir a uma sala interpretar nossas cenas juntas para a banca de executivos.

Também não conversamos muito durante a gravação do piloto. Eu estava tímida, e ela também parecia estar. Nós batemos nosso texto entre as tomadas e dissemos um entusiasmado "tchau, te vejo amanhã!" no fim de cada dia, mas nada muito além disso.

Eu a estudava de longe. Miranda parecia ter uma independência que eu não tinha, o que me fascinava. Ela caminhava sozinha para comprar comida de um restaurante próximo diferente a cada dia – sozinha! Como isso? Então eu sempre ouvia quando voltava para o estúdio porque ela estava sempre ouvindo Gwen Stefani ou Avril Lavigne em seu Sidekick. Eu conhecia essas artistas, mas minha mãe não me deixava ouvir esse tipo de música porque dizia que poderia despertar o meu desejo de "fazer coisas ruins".

No *set*, Miranda falava palavrões como "merda" e "bundão" e tomava o nome do Senhor em vão pelo menos umas cinquenta vezes por dia. Minha mãe me alertou a não me aproximar muito da Miranda porque ela não acredita em Deus. (Do Nathan eu posso, diz ela, porque ele acredita. "Os batistas sulistas não são mórmons, mas pelo menos nós temos Jesus em comum").

Embora minha mãe diga para eu não me aproximar de Miranda, eu queria muito. Queria absorver um pouco da autoconfiança dela. E ela também parecia ser gentil, o que é difícil quando se é autoconfiante demais. Cruzei meus dedos, torcendo para que, apesar de nossa timidez mútua, surgisse uma amizade entre nós.

Infelizmente não parecia muito provável. Passavam-se os dias e nós não trocamos números de telefone. Eu sentia que a possibilidade de uma amizade era cada vez mais remota. Até que, no último dia de filmagem do piloto, assim que Miranda saía do *set*, ela se virou e perguntou: "Ei, Jennette, você tem AIM?"

— Não. — repondi, achando que ela estava falando sobre jogos. Nunca gostei muito de *videogames*.

— Você não tem AOL Instant Messenger? — Ela pareceu chocada.

— Ahhh, *esse* AIM. — disse eu, esperando soar convincente, como se eu soubesse do que se tratava, embora não soubesse. — Sim, tenho.

— Legal. Me adiciona.

— Legal. — E eu realmente achava legal.

Assim que cheguei em casa naquele dia, pedi para o Marcus abrir uma conta para mim. Com o AIM, nossa amizade floresceu. Miranda e eu passávamos horas conversando todos os dias. Às vezes, se a minha mãe passasse atrás de mim e me perguntasse o que eu estava fazendo, eu respondia que estava conversando com a Miranda, mas, na maioria das vezes, eu minimizava a janela de texto do AIM e mentia, dizendo que estava fazendo lição de casa. Ela não me questionava. Assim que saía do cômodo, eu abria a janela de texto de novo e começava a rir.

Embora pessoalmente Miranda parecesse tímida e quieta, ela tinha uma personalidade distinta e hilária quando escrevia. Ela dizia muitas coisas que me faziam rir. Seu modo de observar as coisas – pessoas, hábitos, a natureza humana. Eu a adorava. E estava muito animada por nos tornarmos amigas.

Mas agora os presentes sem graça da minha mãe arruinariam tudo.

De volta ao trabalho, coloco a sacola de presente no chão, bato três vezes na porta de Miranda, e corro de volta para o meu camarim. Eu não queria ver a reação dela quando abrisse o pacote com o bicho de pelúcia e o diário felpudo. Eu me sentia muito constrangida.

Miranda não menciona os presentes logo de cara, não durante nosso dia inteiro de trabalho. Tenho medo de que nossa amizade tenha acabado.

Mas, então, enquanto andávamos na direção do estacionamento com nossas mães, no fim do dia, ela se vira para mim e, em meio a uma risada nervosa, diz:

— Obrigada pelo bichinho de pelúcia. Ele é lindo.

— De nada.

— E o diário também. Estou empolgada para voltar a escrever em um diário.

— Legal.

Ela sorri. Não sei dizer se está apenas sendo gentil. Mas aprecio a gentileza.

— Te vejo no AIM mais tarde — diz ela, acenando.

— Combinado. — respondo, animada. Um pouco animada demais. Mesmo se ela não tivesse gostado do panda e do diário, mesmo se ela estivesse apenas sendo gentil quando agradeceu o presente, ela ainda quer ser minha amiga. Ainda bem que tenho o AIM.

31.

Estou atrás da cortina no camarim do estúdio onde gravamos a série. Cruzo os braços. Bato o pé, ansiosa. Não quero sair de trás da cortina.

— Saia daí, Net, eles só vão tirar uma foto e então você poderá ir.

— Tá bom.

Saio. Sinto minhas bochechas enrubescerem. Odeio essa sensação de ter o meu corpo tão exposto assim. Parece-me algo sexual. Estou com vergonha.

— Você está ótima — grita a assistente de figurino, que está sempre costurando, do fundo da sala sem levantar os olhos da máquina de costura.

Preocupa-me que "ótima" signifique "sensual". Cruzo os braços novamente para tentar me cobrir mais. Uso meus ombros curvados como uma pequena caverna para me proteger. Não quero parecer sensual. Quero parecer uma criança.

— Eu definitivamente vou insistir no maiô, mas obrigada por experimentar o biquíni para me agradar — diz a diretora de figurino enquanto faz um coque no cabelo e o prende com pauzinhos.

— Claro. — digo, incapaz de olhar para ela ou para a minha mãe, que está sentada nas escadas no fundo da sala.

— Abaixa os braços, meu anjo; tente parecer mais confortável. — diz minha mãe.

Eu os abaixo. Não me sinto mais confortável.

— Coloca os ombros para trás. — Ela faz o gesto, para eu seguir seu exemplo.

Coloco meus ombros para trás do jeito que ela adora e eu odeio. Não gosto de estufar meu peito. Não me orgulho do meu peito e dos pequenos seios em formação, e o único motivo para estufar o corpo seria ter orgulho dele. Eu odeio isso. Quero terminar logo essa prova de figurino. Perguntei se poderia, por favor, experimentar apenas maiôs com bermudas por cima, o jeito com que me sinto mais confortável em um traje de banho. Coberta. Mas nossa figurinista disse que O Criador pediu explicitamente por biquínis, e por isso ela tinha de me fazer experimentar pelo menos um ou dois deles para ter opções.

— Tá bom, ande um pouco na minha direção para eu tirar uma foto — pede a nossa figurinista enquanto leva sua câmera Polaroid à altura dos olhos.

Dou alguns passos para a frente. Ela tira a foto.

— O que me diz, quer provar o último biquíni? — Ela me pergunta como se fosse algo tentador. Fico confusa quando as pessoas distorcem algo para compensar o fato de a coisa que pedem ser desagradável.

— Eu posso apenas... *Hum*, eu posso escolher não provar? — pergunto. — Vamos ficar com esse que acabei de vestir?

— Bem, ele quer opções. — diz a figurinista, ostentando aquele tipo de expressão muito exagerada de "você sabe como ele é", que não combina com o que ela disse. Porque eu não sei. Não mesmo. Eu só o encontrei algumas vezes. Ele me parece efusivo e barulhento, mas minha mãe diz que ouviu rumores de membros da equipe, dizendo que ele tem "pavio curto" e "você não vai querer irritá-lo".

Roo minhas unhas.

— Vai, Net, só mais um — pede minha mãe.

— Tá bom — aceito.

Provo o último biquíni. Ele é azul com uma faixa verde nas bordas. Tem lacinhos na parte de baixo. Odeio como eles caem sobre minhas pernas. Sinto um embrulho no estômago ao me olhar no espelho do camarim.

Sou pequena. Sei que sou pequena. Mas temo que meu corpo esteja combatendo esse fato. Está tentando se desenvolver. Crescer. Sinto que mal consigo me agarrar ao meu corpo infantil e à inocência que advém dele. Tenho pavor de ser vista como um ser sexual. É nojento. Não sou assim. Sou isso aqui. Sou uma criança.

Saio do camarim. A figurinista tira minha foto.

— Você está ótima — fala a assistente de figurino, que está sempre costurando, novamente sem olhar para cima.

32.

Nossos lábios se tocam. Ele mexe um pouco a boca, mas não consigo mexer a minha. Estou paralisada. Os olhos dele estão fechados. Os meus não. Os meus estão arregalados, olhando para ele. É tão estranho observar uma pessoa enquanto seus rostos estão se tocando. Não gosto disso. Consigo sentir o cheiro do seu gel de cabelo.

— Mexa sua cabeça um pouco mais, Jennette! — berra O Criador por trás da câmera.

Às vezes, mesmo quando a câmera está rodando, produtores ou diretores gritam coisas por trás dela. Desde que não encubram um diálogo, depois, basta o editor tirar o grito na pós-produção.

Tento fazer como O Criador me pede, eu honestamente tento, mas não consigo me forçar a fazer isso. Meu corpo está duro. Inflexível. Ele rejeita minha mente. Minha mente questiona: "E daí que esse é o seu primeiro beijo? E daí que ele esteja acontecendo de frente para as câmeras? Supera. Faz o que te mandam". Meu corpo diz "não, não quero isso". Não quero que meu primeiro beijo seja assim. Quero que meu primeiro beijo seja de verdade, não um beijo para uma série de TV.

Desprezo a parte de mim que é romântica. Fico constrangida por ela. Minha mãe foi muito clara sobre como os meninos são uma perda de tempo e apenas me decepcionarão, e como eu deveria focar apenas na minha carreira, que eu ganho mais. Então tento forçar. Mas por mais que eu tente forçar, aquela minha parte romântica está lá. E está lá há algum tempo.

Penso em meninos às vezes. Em como seria amar um. Penso se ele me amará. Fantasio nós dois vendo os fogos de artifício da Disneyland juntos, de mãos dadas, eu descansando minha cabeça no peito dele, rindo juntos. Eu costumava imaginar como seria beijar. Como funcionaria. É algo que não dá para praticar antes. Simplesmente acontece, em algum momento. Basta se deixar levar? É difícil? Que gosto tem os lábios? Estas são todas perguntas para as quais, neste momento, eu tenho respostas.

Você tenta se deixar levar e, no caso do Nathan, meu coprotagonista, parece que dá certo. Mas no meu caso, nada feito. Se você for como eu, começa a pensar em cada coisinha que está acontecendo, e sua mente fica acelerada, e você mal pode esperar para acabar logo com isso. É difícil. Lábios têm gosto de brilho labial Blistex.

Começo a me questionar se tudo isso não seria diferente se eu amasse a pessoa. Talvez seja esse o ingrediente secreto. A peça que falta. Talvez se eu beijasse alguém que amasse, seria mágico e incrível e não esta terrível onda de ansiedade.

— Corta! — berra O Criador por trás das câmeras, com a boca cheia de alguma coisa. Ouço seus passos quando ele se aproxima de nós, carregando uma bandeja de papel cheia de fatias de queijo e barrinhas de chocolate. A equipe se abre como o Mar Vermelho, deixando O Criador passar por eles para se aproximar de nós.

O Criador me olha no fundo dos olhos, mas não diz nada por quatro ou cinco segundos. Eu quase começo a rir, achando que ele poderia estar zoando com a minha cara como faz às vezes, mas então reconheço ali uma raiva. Raiva profunda.. Não é hora de rir. Finalmente, ele quebra o silêncio.

— Jennette. Mais. Movimento. De. Cabeça.

Ele se vira e sai.

— POR QUE VOCÊS NÃO ESTÃO GRAVANDO?! — grita.

As câmeras voltam a gravar. Nós começamos a cena. Nem mesmo sei quais palavras saem da minha boca, mas confio que sejam as palavras que estavam escritas no roteiro porque ninguém me pediu para parar por estar falando algo sem sentido. É uma experiência extracorpórea, fazer a cena que leva ao beijo. Meu coração bate forte. Minhas mãos estão frias. É agora, é agora, é agora.

Nós nos inclinamos. Nossos lábios se tocam. Os lábios são nojentos. Eles são como pequenos repulsivos pedaços polpudos de carne. É nojento ser uma pessoa.

Droga, eu deveria mexer minha cabeça. Começo a mexê-la. Para frente e para trás. Para frente e para trás. Pendo a cabeça para o lado. Não sinto naturalidade, então tenho certeza de que não parece natural. Nathan, como seu personagem Freddie, finalmente se afasta.

— Corta! — grita O Criador. Posso perceber pelo tom de voz que ele não está feliz. Ele olha para o diretor assistente.

— Temos tempo para outra?!

— Na verdade, não, senhor, precisamos ir para a cena "J" se quisermos terminar em tempo.

— Ótimo — diz ele com raiva. — Não é o ideal, mas TUDO BEM, vamos em frente. Estarei no *buffet*!

O Criador sai como um furacão, indo para o *buffet* buscar suas batatas fritas ou seu *bagel* ou *minestrone*. Eu o vejo sair. Fico triste por não tê-lo agradado.

— Ei, terminamos. — diz Nathan gentilmente, sabendo como eu estava nervosa para o meu primeiro beijo em frente às telas com ele.

— É — digo com um sorriso amarelo nervoso. — Terminamos.

E assim foi meu primeiro beijo. E, tecnicamente, meu segundo, terceiro, quarto, quinto, sexto e sétimo, já que fizemos sete tomadas.

33.

— Sorria bastante. Mostre bem os dentes. Sorrir sem mostrar os dentes faz você parecer triste. — instrui minha mãe enquanto troca de faixa na 405.

Estamos a caminho de um almoço de negócios com O Criador. Estou nervosa porque minha mãe diz que muita coisa está em jogo. Ela acha que este almoço pode resultar em algo do tipo "estou pensando em lhe dar um *spin-off*", pois é muito comum para ele escrever *spin-offs*, isto é, séries derivadas para personagens das suas atuais séries. Pensei em contar para a minha mãe que acho que nós nos decepcionaríamos se puséssemos muita expectativa nisso, mas não disse nenhuma palavra. Ela fica bem quando tem algo na minha vida pelo que ansiar.

— E não se esqueça de parecer realmente interessada em tudo o que ele diz. Bem atenta. — orienta ela. — Tente deixar os olhos um pouco mais abertos, para ajudar a destacá-los.

Concordo com a cabeça.

— Uma de nós deveria mencionar meu câncer também, para deixá-lo realmente do nosso lado. Posso cuidar disso, se quiser...

— Claro.

— Ótimo. Ótimo, ótimo, ótimo — diz ela, com animação.

Chegamos ao almoço na hora marcada. O Criador já está lá, de óculos escuros, mesmo dentro do restaurante. Ele os ergue quando nos vê. Levanta-se da mesa, abraça minha mãe primeiro e depois me dá um abraço apertado, me levantando do chão.

— McCurdy, minha querida. — diz, finalmente me colocando no chão enquanto reposiciona os óculos escuros. — Minha atriz mirim favorita.

Minha mãe sorri.

— Sabe, eu trabalho com muitas jovens atrizes. Muitas são lindas, algumas engraçadas, mas nenhuma é tão talentosa quanto você.

O rosto da minha mãe parece que vai partir ao meio se sorrir mais. Sorrio também, mostrando meus dentes, como ela especificou.

— Obrigada.

— É sério — continua O Criador, pegando com uma colher um pouco do *tartar* de atum que ele havia pedido de entrada. — Você é uma atriz muito melhor do que elas. Poderia ganhar um Oscar um dia.

— Obrigada.

É assim que as conversas com o Criador costumam começar. Ele o cobrirá de elogios enquanto desmerece os outros talentos com quem trabalha. Eu gosto dos elogios. Sua aprovação significa muito para mim. É por causa dele que sou uma atriz regular de série em um programa de TV. É por causa dele que a minha família e eu não precisamos mais nos preocupar com dinheiro. Mas, ao mesmo, tempo, eu me pergunto se ele não está tentando me colocar contra seus outros talentos. Eu me pergunto se ele não diz o mesmo tipo de coisa para cada ator e atriz, e assim todos nos mantemos na linha e achamos que ele nos apoia.

Eu me pergunto isso porque, agora que trabalhamos juntos por uma temporada inteira, tive bastante tempo para me familiarizar com o jeito d'O Criador. Entendê-lo.

Sinto que ele tem dois lados distintos. Um é generoso e exagera nos elogios. Ele pode fazer qualquer um se sentir como a pessoa mais importante do mundo. Eu o vi fazer isso quando mandou toda a equipe aplaudir de pé, durante cinco minutos, um diretor de arte pelo cenário de cadeia construído em dois dias; ou quando fez um discurso agradecendo nosso coordenador de dublês. O coordenador chorou de gratidão. O Criador sabe como fazer alguém se sentir importante.

O outro lado é mesquinho, controlador e horripilante. O Criador destrói e humilha as pessoas. Eu o vi fazer isso quando demitiu uma criança de seis anos de idade na hora porque ela se atrapalhou com algumas falas no dia do ensaio. E quando um operador de microfone deixou cair o microfone acidentalmente em uma filmagem, O Criador pisou nele e berrou que ele era o responsável por arruinar uma tomada mágica e esperava que se arrependesse disso pelo resto da vida. Eu vi O Criador ofender e humilhar também adultos, homens e mulheres – ele chama todos de idiotas, palhaços, estúpidos, burros, babacas, incompetentes, retardados e fracos. Ele sabe como fazer alguém se sentir imprestável.

Por isso aprendi com o tempo que, por mais que eu quisesse que os elogios significassem algo para mim, não permito me iludir, porque pode ser que amanhã me diga coisas terríveis que me machuquem tanto quanto os elogios me elevam. Sinto que preciso estar sempre alerta perto dele. Alimentá-lo emocionalmente. Quando estou perto dele, eu me sinto da mesma forma que me sinto quando estou perto da minha mãe – tensa, desesperada para agradar, morrendo de medo de sair da linha. Se os dois estiverem juntos na mesma sala, e eu fico sobrecarregada.

O Criador pede pratos principais para nós dividirmos – algo com lagosta, uma massa com carne e pão sírio. Sei que minha mãe não me deixaria comer nenhum desses alimentos, mas sei que O Criador ficará ofendido se eu não comer, e ele comentará que não confio nele ou acho que tem mau gosto, então pego a comida da forma mais convincente que consigo, esperando que O Criador acredite que estou comendo e minha mãe saiba que não.

— Então, eu convidei vocês duas para almoçar porque... — começa O Criador a falar. Ele toma uma golada do coquetel enquanto minha mãe o observa, ansiosa para que termine a frase da forma que ela quer que termine.

— Bem, primeiro — diz O Criador, quase como se estivesse intencionalmente prolongando a tensão pelo máximo de tempo que pudesse. — ...deixe-me fazer uma pergunta. Você gosta de ser reconhecida? De ser famosa?

— Ela adora — responde minha mãe antes de mim. — Ama. E os fãs a adoram também. Vira e mexe alguém para e diz que ela é seu personagem favorito.

Remexo o meu prato com massa.

— Muito bem, ótimo — diz O Criador. — Porque você vai ter mais disso.

A minha mãe respira rápido, com ansiedade.

— ...Quero dar a Jennette seu próprio programa.

Minha mãe derruba o garfo sem querer, de tanta empolgação, fazendo barulho.

— Eu até já escolhi o nome. *Just Puckett*. Não é um nome divertido para a sua própria série? — pergunta Dan com um sorriso malicioso.

— Sim, é sim! É um nome muito divertido. — concorda minha mãe.

— Não vai acontecer durante um tempo, pois *iCarly* está indo muito bem. — diz O Criador, tentando moderar a empolgação da minha mãe. Ela concorda com um aceno de cabeça.

— Nós teremos de esperar mais alguns anos — reitera ele. — Mas se você continuar fazendo o que faz e me ouvir, aceitar meus conselhos e me deixar guiá-la, eu prometo que lhe darei seu próprio programa.

— Ah, obrigada — diz minha mãe com lágrimas nos olhos. — Meu bebê merece. Meu bebê merece.

Ela olha para mim e faz um sinal com a cabeça, me pedindo para sorrir com os dentes. Então eu sorrio. Embora eu esteja preocupada. O Criador foi bem claro que essa oferta tinha uma condição – eu ouvi-lo, aceitar seus conselhos e permitir ser guiada por ele. Embora uma parte de mim aprecie O Criador, outra parte tem medo dele, e eu me sinto intimidada pela constatação de que terei de fazer tudo o que ele quiser.

— Por que não parece feliz? Você terá o seu próprio programa. — questiona minha mãe na volta para casa.

— Estou feliz — minto. — Muito.

— Que bom! — diz ela enquanto olha para mim no retrovisor. — Porque é justamente assim que deve se sentir. Todos querem o que você tem.

34.

Estou no *iCarly* por quase três anos agora, e, de certa forma, as coisas estão mais fáceis. Minha amizade com Miranda tem sido uma fonte de camaradagem e suporte emocional. Também sou amiga do resto do elenco, mas a minha conexão com Miranda é diferente e especial. Nós nos falamos pelo Skype nos finais de semana e vemos filmes no ArcLight depois do trabalho. Agora eu vou lá duas vezes por semana sem pestanejar. Minha mãe está sempre com a gente. Ela se inclina em direção a mim no meio do filme, com a cabeça curvada, em resignação. "O som deles é bem potente mesmo".

Mais importante ainda do que minha amizade com a Miranda é minha mãe não se estressar mais com as duas coisas com as quais mais se estressa: as contas e meu corpo.

Embora a consistência do meu salário tenha ajudado a trazer para ela algum conforto financeiro e estabilidade, ela deixa bem clara sua opinião sobre os cachês que recebo.

— Eles deveriam sentir vergonha do quanto te pagam. Comparado aos lucros da emissora, é dinheiro para comprar bala. Uma MIXARIA. — diz ela todos os dias no meu camarim enquanto troca a minha roupa. — E sem bônus por veiculação também com a Nickelodeon – ou devo dizer Nickel-e-Dime-Alodeon[2].

Apesar de suas reclamações, sei que, no fundo, ela está grata, porque esse é um passo e tanto adiante, em comparação com onde estávamos. Os pagamentos do aluguel são feitos dentro do prazo e numa única parcela, e ela não precisa mais ligar para os cobradores de dívidas para implorar por mais prazo de pagamento.

---

2. Nota de tradução: *Nickel* (níquel) se refere ao metal do qual são feitas moedas de cinco centavos de dólar e *dime* significa moeda de dez centavos de dólar. Com esse jogo de palavras, Debra está chamando a Nickelodeon de sovina.

Ela ainda monitora meus almoços, mas, às vezes, me deixa comer a comida no *set*. Na maior parte dos jantares, eu como alface com pedacinhos de mortadela de baixo teor calórico e molho de salada, mas ela me dá dois *cookies* Smart Ones de sobremesa. E meus cafés da manhã se transformaram totalmente. Ela me faz café da manhã, o que jamais imaginei que pudesse acontecer. Minha mãe põe leite com 2% de gordura no meu cereal Honeycomb – 2%, não desnatado! E, claro, o cereal Honeycomb ainda é "um dos cereais para o café da manhã com menos calorias por grama", como diz minha mãe (160 calorias em 1¾ xícaras), mas isso é uma loucura. Eu nunca a vi encorajar uma alimentação como essa.

Uma parte de mim se pergunta se ela está encorajando um pouco mais as minhas refeições porque Miranda e Nathan comem o café da manhã e almoçam na nossa sala de estudos coletiva e ficaria estranho se eu não comesse, ou se comesse muito menos do que eles ou algo assim. Mas não a questiono. Apenas deixo acontecer.

Meu corpo está mudando um pouco. Meus peitinhos se tornaram seios bem pequenos, e está ficando mais difícil escondê-los com a minha técnica de enfiar a camiseta por dentro da *legging*. Estou com um pouco de acne também, o que é novo, estranho e constrangedor. Nesse último ano, comecei a usar maquiagem no *set*, e até nos meus dias de folga. Eu costumava odiar maquiagem, mas agora quero usá-la. Esconder-me atrás dela.

Recentemente, comecei a depilar minhas pernas também – quer dizer, a minha mãe depila para mim, porque ela ainda me dá banho mesmo eu tendo 16 anos. Eu nem sabia que deveria depilar as pernas até ouvir a mãe de um colega caçoar das minhas "pernas peludas" para o meu colega de série; ela riu de uma maneira que, desde então, passou a me assombrar todas as vezes que eu depilava as pernas.

Então, agora, embora minha mãe não se estresse tanto com as contas ou meu corpo, minhas pernas estão macias, meus seios já cresceram e minha pele é vermelha e áspera em alguns lugares. Tudo isso me parece estranho.

O programa ganhou cada vez mais popularidade. Susan fica divulgando termos como "fenômeno cultural" e "sensação global". Quanto mais o programa explodia, mais minha fama explodia também. Fui a incontáveis tapetes vermelhos de eventos chiques, premiações e estreias de filmes. Participei de *talk shows* como o "Good Morning America" e o "The Today Show" e aquele novo apresentado pelo Craig Ferguson e pela Bonnie Hunt.

Não consigo mais ir a lugar algum sem ser reconhecida. Não vou mais à Disneyland, meu lugar favorito, porque da última vez que tentei, estava caminhando pela Main Street e tanta gente se aproximou de mim que eles tiveram de parar a Christmas Fantasy Parade no meio. O Pateta pareceu furioso.

A fama que tenho agora está me causando um nível de estresse que eu não sabia ser possível. Sei que todos querem isso, e todos me dizem como sou sortuda por ter isso, mas eu odeio. Eu me sinto tensa sempre que saio de casa para ir a qualquer lugar. Fico preocupada com a aproximação das pessoas e fico bem ansiosa quando interajo com estranhos.

Eles gritam coisas para mim como: "SAM! Cadê seu frango frito?!" ou "me bate com a sua meia de manteiga?!" Meia de manteiga é um acessório que meu personagem costuma usar e é exatamente o que o nome sugere: uma meia cheia de manteiga. Meu personagem a carrega para todo lugar para "bater nas pessoas".

Quando alguém grita para mim sobre frango ou meias, eu rio como se tivesse ouvido uma piada boa, embora ela não seja boa. Ouvi essa piada boa milhares de vezes, e o que era uma piada ruim no início apenas se transformava em uma pior ainda a cada vez que a ouvia. Estou chocada com quantas pessoas acham que são originais enquanto dizem a mesma coisa.

As pessoas não me impressionam em nada. Até me irritam. Às vezes sinto até nojo delas. Não sei exatamente quando começou, mas sei que é uma mudança relativamente recente e que a fama tem algo a ver com isso. Estou cansada das pessoas se aproximando como se mandassem em mim. Como se eu devesse algo a elas. Eu não escolhi essa vida. Foi minha mãe quem escolheu.

Minha ansiedade me faz querer agradar. Minha ansiedade me faz tirar a foto e assinar o autógrafo e dizer que a piada foi boa. No entanto, por baixo dessa ansiedade há uma combinação profunda e reveladora de sentimentos que eu temo encarar. Tenho medo de ser amarga. Sou jovem demais para ser amarga. Especialmente como resultado de uma vida que as pessoas supostamente invejam. E eu temo ter ressentimento da minha mãe. A pessoa para a qual eu vivo. Meu ídolo. Meu modelo. Meu único e verdadeiro amor.

Esse sentimento complicado aparece quando eu tiro fotos com um estranho e vejo minha mãe do nosso lado, mostrando-me o sorriso que ela quer que eu dê.

Acontece quando ela diz para a pessoa tirando a foto: "Tira mais uma! Ou mais duas, só por precaução!" mesmo sabendo o quanto eu detesto essa coisa toda.

Acontece quando ela me faz praticar meus autógrafos e me diz: "Está malfeito. *C* minúsculo, *C* maiúsculo, *U-R-D-Y*. Eles precisam conseguir ler cada uma das letras".

Acontece quando ela me convence qual *slogan* escrever para acompanhar meus autógrafos. "Te vejo no cinema!" é o atual, e só Deus sabe por quê. Eu nem estou no cinema. Estou na TV. E ainda por cima TV para crianças – o que quase garante o fato de que jamais estarei em filme algum. A transição do estrelato na infância para uma carreira legítima como adulto na indústria do entretenimento é notoriamente difícil – mesmo para jovens atores abençoados com papéis em filmes dignos de crédito, com diretores dignos de crédito. Mas, para as crianças que começam na TV infantil, é uma sentença de morte para a carreira. Há algo na imagem unidimensional, excessivamente brilhante, combinada com a extensão do reconhecimento público dessa imagem que a torna algo impossível de superar. No segundo em que o astro mirim tenta amadurecer e se libertar de sua imagem, ele se torna uma isca para a mídia, que o retrata como rebelde, problemático e torturado, quando tudo o que tenta fazer é crescer. O crescimento é instável e cheio de erros, especialmente quando somos adolescentes – erros que você certamente não quer cometer aos olhos do público, quem dirá ser conhecido por um pelo resto da sua vida. Mas isso é o que acontece a um astro mirim. O estrelato na infância é uma cilada. Um beco sem saída. E eu consigo enxergar isso, mesmo que minha mãe não consiga.

A fama ergueu um muro entre mim e minha mãe que eu não achava ser possível. Ela queria essa vida. E eu queria que ela a tivesse. Queria que ela fosse feliz. Mas agora que consegui, percebi que ela está feliz e eu não. Sua felicidade veio às custas da minha. Eu me sinto roubada e explorada.

Às vezes olho para ela e simplesmente a odeio. Em seguida, me odeio por me sentir assim. Digo a mim mesma que sou ingrata. Sou inútil sem ela. Ela é tudo para mim. Então eu engulo o sentimento que queria não ter tido, digo-lhe "te amo muito, Mamãezinha" e sigo em frente, fingindo que nada aconteceu. Tenho fingido no meu trabalho há tanto tempo, e para a minha mãe há mais tempo ainda, que agora estou começando a achar que estou fingindo para mim também.

35.

É MANHÃ DE DOMINGO E TODOS ESTÃO DORMINDO EM CASA. Requento a caneca do chá real de framboesa, o favorito da minha mãe, que fiz uma hora atrás e a acordo com ele.

— Mamãe — digo com delicadeza. — Trouxe seu chá.

— *Nnnn* — murmura em seu sono enquanto se vira para o outro lado.

Olho para o relógio, nervosa, pensando se devo ou não continuar tentando acordá-la. Essa é a terceira vez que eu tento, e tecnicamente a última hora possível que eu poderia acordá-la para não nos atrasarmos.

— Mamãe — digo, com um pouco mais de urgência no meu tom de voz. — Temos vinte minutos para sair para a igreja ou não chegaremos a tempo.

— *NNNNN*. — Ela geme de forma mais agressiva.

— Você não quer ir? — pergunto.

— *MMmm*, mui... cansad... — murmura. Então ela engole em seco e as palavras saem com um pouco mais de clareza. — Estou trabalhando demais ultimamente. Tô muito cansada.

Ela enterra o rosto no travesseiro e sua respiração fica pesada. Eu a estudo.

Também estou cansada. Também estou trabalhando demais ultimamente. Na verdade, acho que trabalhei mais do que minha mãe. E então me sinto culpada por pensar assim.

Ela me leva e me traz de volta do trabalho, o que deve ser cansativo, uma parte de mim pensa. *Sim, mas eu faço a lição de casa no caminho, além de memorizar as falas, depois passo dez horas no* set *ensaiando, interpretando e ficando "ligada" sob os holofotes brilhantes e uma pressão intensa enquanto ela fica sentada no meu camarim lendo a* Woman's World *e fofocando com as outras mães*, outra parte minha pensa.

Tento engolir essas minhas partes conflitantes. Elas não ajudam em nada e me distraem da questão que precisa ser resolvida agora – se vamos à igreja ou não.

Nós não vamos à igreja há seis meses, nosso intervalo mais longo de todos. Estou preocupada com isso, mas abordei o assunto com a minha mãe tanto quanto poderia sem tornar as coisas desconfortáveis, e ela apenas fica me assegurando que nós "definitivamente voltaremos algum dia, quando as coisas se acalmarem um pouco".

Acho estranho termos parado de ir à igreja desde que minha carreira decolou e a saúde da minha mãe normalizou. Tentei falar sobre isso com delicadeza uma noite quando voltávamos para casa do trabalho, mas ela começou a gritar e dizer que estava perdendo o controle do volante e que eu estava lhe causando um estresse tão grande que nos colocaria em perigo, então eu logo aprendi a nunca mais mencionar esse assunto.

Mas agora, nesse momento, enquanto a vejo dormir, estou começando a aceitar pela primeira vez que os nossos dias na igreja podem muito bem ter ficado para trás. Acho que Makaylah estava certa, no final das contas.

Eu costumava achar que ficar inativo era uma coisa terrível, um pecado pelo qual se envergonhar. Mas talvez não seja. Talvez seja um sinal de que as coisas vão bem.

Talvez as pessoas vão à igreja por quererem coisas de Deus. E continuam indo enquanto desejam, anseiam e esperam por essas coisas. Mas então, quando elas conseguem essas coisas, talvez percebam que não precisam mais da igreja. Quem precisa de Deus quando temos imagens normais nas mamografias e um papel regular em uma série da Nickelodeon?

Eu a deixo dormir e começo a decorar minhas falas para segunda-feira.

36.

— Tô com dor de estômago. — digo para a minha mãe enquanto voltamos do ArcLight Café, onde encontramos com a minha empresária Susan para um almoço rápido.

— Talvez o frango da salada estivesse ruim. — Minha mãe se refere à salada Cobb sem queijo azul, sem ovo, sem *croutons*, sem molho, sem bacon (também conhecida como "frango grelhado com alface") que dividimos no almoço.

— Pode ser.

Corremos pela Sunset Boulevard para conseguir voltar ao *set* a tempo. Quase não dá tempo de almoçar no nosso intervalo de meia hora, especialmente se tentamos comer fora do *set*.

— Sorria para os *paparazzi* — ordena minha mãe.

Sem nem ao menos vê-los, um sorriso no melhor estilo cãozinho abandonado aparece no meu rosto, automaticamente. Meus olhos estão mortos, minha alma ausente, mas há um sorriso no meu rosto e é isso que importa.

FLASH, FLASH, FLASH. A luz machuca meus olhos.

— Oi, Glen! — grita minha mãe para um dos *paparazzo* como se ele fosse seu vizinho.

— Oi, Deb! — responde Glen, andando para trás enquanto tira mais fotos. Fico chocada porque minha mãe parece não notar como toda essa interação é estranha.

Nós nos aproximamos do Nickelodeon Studios e cruzamos o estacionamento. Meu sorriso some do meu rosto na mesma hora. Corremos para o meu camarim para eu poder trocar de figurino para a próxima cena, e eu vou ao banheiro fazer um xixizinho antes. É aí que eu vejo.

Sangue. Na minha calcinha. Fico tonta na hora. Não sei exatamente o que é isso, mas acho que é o início do tal período. O período menstrual.

Aprendi sobre isso – mais ou menos – há seis anos. Eu tinha dez anos, minha vizinha Teresa tinha dez anos e 11 meses. Ela nunca me deixava esquecer nossa diferença de 11 meses, seja em atitude ou lembretes explícitos.

— Você sabe o que é o período? Sinto que não sabe, já que sou mais velha do que você e sei mais coisas.

— Claro que sei. — disse eu, supondo que ela estivesse falando de gramática.

— Não, não esse *período*. Aquele *outro*.

— Sim. — disse novamente, achando que ela deveria estar se referindo a algum período no tempo.

— De novo, não é *isso*. É outro *período*.

Quebrei a cabeça pensando no que Teresa estava querendo dizer, então eu me toquei.

— Ah, sim. — Estou satisfeita comigo mesma, pensando *Dã, um período de dia de aula*, como no ensino integral.

— Sabe o que é? — Teresa estava claramente desconfiada.

— Sim.

— Bem, o meu veio. E eu fiquei com medo no início quando vi o sangue, mas minha mãe me ensinou a usar absorventes e tal. Então eu fui ao HomeTown Buffet com todas as mulheres da minha família para comemorar.

— Comemorar o quê? — perguntei, inocente, enquanto tentava desesperadamente usar as pistas dadas no contexto para descobrir a que tipo de período Teresa se referia. Definitivamente não era um período do dia. Ninguém comemoraria isso.

— Comemorar por ter me tornado uma delas. Por ter virado mulher.

Teresa disse isso como se fosse algo que desejasse a vida inteira, como se fosse uma coisa romântica, incrível, fascinante. Tornar-se uma mulher. Fiquei confusa. Invejava várias coisas na vida da Teresa – seu fliperama, sua coleção de Barbies (especialmente aquelas com o cabelo curto que minha mãe nunca me deixaria ter, porque achava que me faria querer cortar o meu), e, sim, até seu passeio ao HomeTown Buffet – um restaurante que minha família achava caro demais. Mas não a invejava por se tornar uma mulher. Isso era a última coisa que eu queria.

Agora, enquanto estou sentada aqui na privada, com minha calcinha manchada de sangue à altura dos joelhos, tenho certeza de que é isso. É disso que a Teresa falava.

— Manhê — chamo.

Minha mãe me pergunta o que houve e eu engulo em seco o fato de estar absolutamente constrangida, de modo que fosse capaz de pronunciar minha próxima frase.

— Eu tô sangrando.

A porta abre antes que eu possa terminar a frase, e minha mãe me envolve em um grande abraço de urso. Enquanto ainda estou sentada na privada.

— Ah, querida. — diz ela com a gravidade de alguém consolando uma amiga que acaba de perder seu adorado bicho de estimação. — Ah, querida, sinto muito.

Minha mãe enrola um longo pedaço de papel na mão e me diz para colocá-lo na minha calcinha enquanto vai chamar Patti, minha professora de fala suave.

Vejo se passarem dez minutos lentos e angustiantes até minha mãe retornar com Patti, que saca do bolso de trás da calça um quadrado rosa-bebê envolto por uma faixinha de fita branca. Ela o chacoalha à frente do meu rosto como se fosse uma nota de 100 dólares. Sorri e me puxa para um caloroso abraço enquanto minha mãe corre para contar ao assistente de direção por que estou atrasada.

— Parabéns, Jennette — diz Patti suavemente no meu ouvido. — Parabéns por se tornar uma mulher.

Eu me arrasto para o nosso cenário de uma entrada de escola, onde a nossa próxima cena acontece. Dá para dizer, pela forma com que os assistentes de produção e de direção estão me tratando, que todos ouviram as notícias. Eu me sinto humilhada. E com vergonha. Como deixei isso acontecer? Como me tornei mulher? Não sei a resposta, mas tenho a solução. Sei o que fazer para consertar isso.

Amanhã não terá leite com 2% de gordura, Honeycombs ou Smart Ones. Eu me descuidei e isso precisa parar. Preciso voltar para a anorexia. Preciso voltar a ser criança.

37.

Mãe, prometo que ficarei bem.
Vou ligar para dizer "te amo" todas as noites.
Só estou tentando escrever a história da minha vida.

EU E MINHA MÃE ESTAMOS SENTADAS NO NOSSO QUARTO NO HAMPTON INN & Suites, no centro de Nashville, Tennessee, onde estamos ficando nesses últimos três meses enquanto trabalho na minha carreira na música *country*. Dividimos uma lasanha congelada da Nutrisystem para o jantar (encomendamos o programa mensal para manter a linha já que Nashville tem "muito mais banha de porco do que LA", como ela diz) enquanto ouvimos o *mix* final do meu primeiro *single Not That Far Away*, uma música escrita do "meu" ponto de vista (por dois compositores com quem sentei por algumas horas) para a minha mãe, sobre estar na estrada sem ela e o quanto sinto sua falta, embora, na realidade, eu nunca tenha passado mais do que algumas horas longe dela em todos os meus 18 anos de idade.

Não sei muito sobre música, mas sei que, quando ouço essa, não tem ritmo, a melodia é monótona e a produção, antiquada. Eu não expresso nenhum desses pensamentos porque minha mãe a adora. As lágrimas escorrem por suas bochechas. Admito que não acho que sejam apenas lágrimas de alegria. Há um peso nelas também, uma importância, e acho que sei por quê. A vida imitou a arte, se é que se pode chamar essa música de arte. (Não, não se pode).

A minha carreira musical começou, a princípio, como resultado da greve dos roteiristas de 2007, quando o *iCarly* foi interrompido por tempo indefinido até as coisas se acalmarem. Durante esse intervalo, Susan sugeriu que eu começasse a trabalhar com compositores para fazer "demos" e tentar conseguir um contrato com uma gravadora, porque "isso é o que todos os atores adolescentes estão fazendo hoje em dia". Susan representa a Hilary Duff, que ganhou vários discos de platina.

— E eu ouvi falar que ela nem canta em todas as músicas (a irmã dela canta em metade delas!). — interrompeu minha mãe, animada. — Não precisa confirmar nem negar. Minha Nettie vai cantar em todas as músicas.

Ela me mandou começar a postar *covers* no YouTube. As gravadoras viram essas *covers* e duas delas, a Big Machine Records e a Capital Records Nashville, quiseram me contratar. Minha mãe escolheu a Capitol Records, porque "Scott Borchetta vai ficar ocupado demais com aquela tal de Taylor; ele não terá tempo para você".

Então eu assinei com a Capitol Records e vim morar aqui em Nashville durante três meses no verão passado para trabalhar nas composições. Depois que o *iCarly* recomeçou, eu trabalhava no programa de segunda a sexta, voava para Nashville na noite de sexta com os olhos vermelhos, tinha sessões de composição, gravava demos, ia a reuniões, fazia fotos para a arte da capa do álbum e várias coletivas de imprensa, então voltava para a Califórnia no domingo à noite para estar pronta para os ensaios do programa na segunda. Atualmente o programa está entre temporadas, então eu e minha mãe estamos morando aqui por alguns meses enquanto me preparo para a minha primeira turnê.

Desconfio que essa turnê vá ser minha primeira vez longe da minha mãe. E não porque ela me disse isso diretamente, mas porque compartilhamos uma conta de *e-mail* e eu vi uma mensagem dela para o meu irmão mais velho, Marcus, na qual ela lhe disse a coisa que mais temi a minha vida inteira.

— Por que você está chorando, Mamãe? — pergunto enquanto ela derrama lágrimas.

Minha mãe arruma um pedaço de lasanha com o garfo, então o recoloca na bandeja, como se comê-lo fosse demais para ela em seu estado emocional atual.

— É que você tá tão linda cantando! — diz ela, mas sei que está mentindo. Essa alegria da minha mãe como se dissesse "acho que você foi bem" não provocaria lágrimas. É mais uma alegria risonha, amplificada. Isso aqui, seja lá o que for isso que testemunho agora, é algo mais, uma coisa mais profunda. Quero que ela me conte. Quero que admita o que eu já sei.

— Mamãe... — hesito, aterrorizada pelo que estou prestes a perguntar. Embora eu já saiba o que está acontecendo, quero acreditar que não seja verdade. Preciso ouvir isso dela. Preciso confirmar.

— Sua voz tá tão potente. O refrão é simplesmente tão... *uau*. — ela enxuga os olhos com um lenço Kleenex de papel.

— Mamãe. — digo de novo, um pouco mais alto dessa vez. Estou morrendo de medo de saber, mas com ainda mais medo de não saber.

— ...E então quando você volta para a estrofe e vai para o seu registro vocal mais baixo. Adoro seu registro vocal mais baixo. — diz ela em meio às lágrimas. — Tem uma coisa meio provocante.

— Mamãe, você tá com câncer de novo?

Sinto a cor se esvair do meu rosto assim que faço a pergunta. Choco-me com as palavras que saíram da minha boca. Congelo. Minha mãe parece tão chocada quanto eu. Suas lágrimas param de cair.

— O quê? Não. — Ela tenta rir. — Por que você acha isso?

Dou um longo suspiro porque sei que ela está mentindo bem na minha cara, e sei que está fazendo isso para tentar não me assustar, mas está me deixando ainda mais assustada. Por que ela está mentindo para mim sobre algo tão importante?

— Eu vi seu e-mail para o Marcus. Onde você disse que seu câncer voltou.

Ela olha para baixo e as lágrimas voltam a cair, não muito diferentes daquelas de meio minuto atrás. Sinto um peso no peito enquanto observo seu pequeno corpo tremer e seu peito subir e descer com tristeza. Levanto do meu lugar na mesa e me sento ao lado dela, na beira da cama. Dou um abraço nela. Ela parece tão pequena nos meus braços.

— Não quero perder sua turnê — soluça ela, soando como estivesse falando sério. Fico confusa. Como ela consegue se importar com essa estúpida turnê nesse momento?

— Não vou sair em turnê — digo, como se essa decisão fosse tão óbvia como me parece.

Ela se liberta do nosso abraço e levanta a cabeça enquanto sua tristeza se transforma em raiva.

— Net, você tem de sair em turnê. Não diga uma loucura dessas, tá bom? Você me assusta quando fala assim. Você tem de sair em turnê, não importa o que aconteça, tá certo? Você vai ser uma estrela da música *country*.

— Tá bom.

Ela volta a chorar. Eu a abraço de novo.

38.

A TURNÊ GENERATION LOVE É UMA MISSÃO PARA FAZER MEU NOVO *SINGLE*, *Generation Love*, tocar nas rádios. Os representantes da Capitol planejaram que eu me apresentasse para várias emissoras de rádio em todo o país, no que eles consideram uma "turnê não convencional pelas rádios". A maioria dos artistas se apresenta em turnês nas rádios em cabines à prova de som, que são as emissoras de rádio, na esperança de impressionar bastante alguns executivos para que eles incluam a canção do artista na programação, mas a minha gravadora sugeriu que nós aproveitássemos meu fã-clube do *iCarly* para demonstrar aos presidentes das rádios o "valor" que eu carrego. Então, em vez de me apresentar nas cabines à prova de som para dois ou três representantes, eu me apresentarei no *shopping* local na região de cada emissora de rádio para milhares de pré-adolescentes histéricos.

Nossa primeira parada é em Hartford, Connecticut, ou talvez seja Philly, Pennsylvania. É difícil acompanhar a agenda. De qualquer forma, eu me acostumo bem rápido.

Acordo às oito, grogue. O espaço de tempo é curto para ir até o ônibus, para o Stewy, nosso motorista, nos levar até o hotel que a gravadora alugou por metade do dia, quantidade de horas suficiente para cada um dos passageiros do ônibus tomar banho. Eu vou primeiro, e em seguida vai Paul, o doce guitarrista com um sotaque forte. Tenho uma queda por ele. Josh, o outro guitarrista que parece um Conan O'Brien mais baixo e robusto, vai depois dele. Depois vai o Dave, o documentarista de brinquinho que acompanha a turnê. Depois vai quem for o escolhido para ser o representante regional da gravadora na semana e, por fim, o assessor de imprensa da gravadora.

Enquanto o resto do grupo toma banho, eu atendo à imprensa no ônibus. Nós encontramos um lugar para almoçar, depois fazemos a passagem de som, e então temos duas horas ou mais de folga antes do *show*. Depois da apresentação, eu faço uma sessão de autógrafos de três horas, volto ao ônibus e então Stewy nos leva ao próximo lugar.

A experiência de me apresentar em *shoppings* para milhares de crianças é desgastante. Fico tão nervosa que pratico as músicas de 20 a 30 vezes antes da nossa apresentação começar, e às vezes acabo com a minha voz antes mesmo de subir ao palco. As entrevistas e as sessões de autógrafo depois são exaustivas emocionalmente. Umas poucas interações até parecem valer a pena, nas quais a experiência parece realmente significar algo para as crianças e suas famílias, mas o resto da multidão parece apenas gado para mim.

— Ei, Samantha Puckett! Como você saiu do reformatório?!

— *Haha*, essa foi boa.

— Cadê seu frango frito?

— *Haha*, essa foi boa.

— Você realmente bate nas pessoas na vida real?

— *Haha*, essa foi boa.

Meu sorriso sem alma se espalha pelo meu rosto, e eu olho para as câmeras enquanto suas mães se desculpam 15 vezes por não saber como manejá-las.

Mas além do trabalho em si, estou reparando em duas coisas nessa turnê.

A primeira coisa é que parte de mim está se divertindo. A parte que não se sente culpada por se divertir em meio a tantas circunstâncias infelizes – como o câncer da minha mãe e estar longe dela enquanto ela enfrenta a doença com ciclos frequentes de quimioterapia e radioterapia. Essa minha parte que se diverte se sente revigorada, nova e empolgada. Eu me sinto livre. Estou até tomando banho sozinha.

Estou percebendo pela primeira vez como é exaustivo escolher as minhas tendências, respostas, pensamentos e ações naturais o tempo todo para atender à versão da qual minha mãe gostaria mais. Sem ela por perto, não preciso fazer isso. Sinto muita saudade dela, e meu coração dói ao pensar no que ela está passando, e eu certamente sinto muita culpa pela tranquilidade que sinto nesses dias, mas essa tranquilidade é inegável. Sem ela me monitorando e opinando sobre cada movimento meu, a minha vida parece muito mais fácil.

A segunda coisa que reparei é que estou comendo. Muito. Eu como biscoitos de canela Pop-Tarts pela manhã, então almoço e janto com a banda, sempre em restaurantes. E eu peço do menu de adulto. E raramente peço salada. E raramente substitutos de refeições. Hambúrgueres com batata frita.

Sem o monitoramento da minha mãe, cada mordida parece uma porção de rebeldia. Ouço sua voz em cada refeição, me dizendo: "Peça o molho à parte. Pare de comer. Isso não é saudável. Você não vai querer uma bunda do tamanho de uma melancia. Mente sobre a matéria". Mas sua voz não pode me impedir de comer. Estou horrorizada por essa realidade, mas ao mesmo tempo me sinto atraída pelo que está no meu prato, é o tipo de atração que só pode ser comparada como luxúria.

A saciedade que sinto depois das minhas refeições é agradável. E novidade para mim. Mas é imediatamente suplantada por uma sensação profunda de culpa. A culpa de que isso não seja o que a minha mãe iria querer. Que ela ficaria chateada comigo. A culpa me leva a comer mais – caixas de salgadinhos Cheez-Its, biscoitos e doces comprados no mercado ou pedaços de *snacks* de frutas ou quaisquer guloseimas que houvesse no ônibus – às vezes até minha barriga doer e parecer que está prestes a explodir. Vou para a cama incapaz de dormir de bruços porque estou empanturrada. Eu me peso nos quartos de hotel que têm balanças, e o número continua a subir, subir e subir. Fico horrorizada com cada quilo ganho, mas também me sinto incapaz de parar. Eu me fiz passar fome por tanto tempo que agora meu corpo implora para se empanturrar.

Essa nova relação com a comida me confunde muito. Por anos eu mantive minha dieta, meu corpo e eu mesma sob controle. Eu me mantive magérrima com um corpo infantil e achei a combinação perfeita de poder e refúgio nisso. Mas agora me sinto fora de controle. Descuidada. Desesperançada. A velha combinação de poder e refúgio é substituída por uma nova combinação de vergonha e caos. Não entendo o que está acontecendo comigo. Morro de medo do que vai acontecer quando minha mãe me vir.

39.

Não esperava que o Hampton Inn & Suites seria o lugar onde eu daria meu primeiro beijo verdadeiro, e, mesmo assim, cá estamos. Quarto 223. Estou na frente da minha quitinete e meus lábios tocam os de Lucas. Ele segura meu queixo suavemente. Não sei dizer se ele está gostando ou não, mas gosto do beijo. É mais natural quando você gosta da pessoa do que fazê-lo na frente das câmeras.

Ele se afasta.

— Eu gosto muito de você. Boa noite. — diz ele, ou acho que diz. Eu não sei bem o que ele está falando. E eu não me importo. Minha cabeça está ocupada demais, pensando no fato de que, aos 18 anos, eu finalmente tive meu primeiro beijo. Finalmente.

Eu o observo andar pelo corredor. Não gosto do corte do seu *jeans* nem do cabelo comprido, mas gosto da camiseta do Queen e do formato dos seus tênis. Não gosto do tanto que ele fala sobre música, mas gosto do quanto ele gosta de mim. Não gosto de como ele é desajeitado, mas gosto de como ele é legal. Entro, fecho a porta e ele fica lá. Minha vagina parece esquisita, mas me preocuparei com isso depois.

Eu me sento no sofá. Não sei o motivo que nos filmes as mulheres sempre fecham a porta e se recostam nela depois que o cara sai. Sentar no sofá é muito mais natural.

Estou sentada aqui, repassando tudo na minha mente. Lucas e eu nos conhecemos alguns meses atrás quando eu tive um *show* aqui em Nashville. Ele foi contratado para ser o líder da banda e tocar guitarra. Os outros membros da banda disseram que ele era muito bom. O melhor da cidade.

Nós passamos muito tempo juntos naquela primeira semana durante os ensaios. Ele era bem legal comigo, e no início não pensei muito no assunto, já que ele tem 27 anos e eu tenho 18, mas então eu notei que ele me olhava muito e comecei a me perguntar se, por acaso, ele não gostava de mim.

No terceiro dia de ensaios, ele começou a me oferecer caronas para casa, que eu aceitava porque estava começando a gostar dele. Eu me sentia ansiosa perto dele de um jeito desconfortável, mas gostoso. No último dia de ensaios, ele me convidou para ir à casa dele ouvir um disco do Queen. Eu estava tão animada.

Nós ouvimos ao *News of the World* de cabo a rabo enquanto estávamos sentados no piso de madeira. Ele ficava se aproximando de mim e pondo o cabelo atrás da orelha, o que era algo um pouco repulsivo para mim, vindo de um homem. Essa repulsa me confundiu, porque ao mesmo tempo eu queria muito que ele me beijasse. Ou talvez não seja que eu quisesse que *ele* me beijasse, talvez eu só quisesse ser beijada na vida real. De qualquer forma, ele não me beijou. Ele me levou de volta para o Hampton Inn. E então no dia seguinte eu parti para a turnê de rádios.

Eu não o vi muito durante a turnê porque ele não estava na estrada conosco o tempo todo, mas ele viajou para alguns dos *shows*, como aqueles que não eram em *shoppings*, mas nos palcos maiores de festival quando nos apresentávamos com a banda completa em vez de fazer *shows* acústicos. Quando não nos víamos, mandávamos mensagens um para o outro todos os dias e nos ligávamos sempre que eu conseguia alguma privacidade, o que é difícil de conseguir em um ônibus de turnê. Ele dizia coisas como "tô com muita saudade" e "eu gosto muito, muito, muito de você", o que me deixava desconfortável, mas eu não sabia o motivo. Por um lado, eu gostava que dissesse essas coisas para mim. Por outro, eu me sentia fisicamente incapaz de responder, como se não conseguisse tirar aquelas palavras da minha boca.

Eu ficava ansiosa para falar com ele, mas então a empolgação diminuía sempre que conversávamos de fato. Ele falava sobre música e se referia a todas essas canções diferentes que eu não conhecia, o que era ótimo, se nós conversássemos sobre outras coisas para dar uma variada. Mas não. Era ou música ou ele me enchia de elogios genéricos como "o sol nasce e se põe em seus olhos", ou "você é a minha pessoa favorita da vida".

As poucas vezes em que ele se juntou a nós para as datas dos festivais foram boas, mas um pouco constrangedoras, porque o resto da banda estava perto também. Não havia espaço para conversas particulares, e mesmo assim eu aceitei. Quando Lucas tentava me puxar para ter uma, eu vinha com desculpas para não conversar. Estava cansada, precisava me preparar para as entrevistas, praticar minhas músicas, responder aos *e-mails* dos meus empresários, da minha mãe ou de Miranda. Fiquei muito insegura em relação ao que estava rolando entre a gente no último mês.

Mas agora a turnê acabou e eu voltei para Nashville por uma semana para gravar algumas músicas novas. Estou ficando no Hampton Inn, quarto 223. E estou sentada no sofá do 223, processando o fato de que meu primeiro beijo acabou de acontecer, e com ele. E por mais que eu esteja aliviada de ter acabado com a questão do meu primeiro beijo, me sinto ainda mais aliviada em saber que agora eu tenho certeza sobre ele. Tenho certeza de que preciso terminar essa relação, seja lá o que ela for.

Pego meu telefone para mandar uma mensagem para ele, mas quando estou prestes a fazer isso, sinto uma pulsação estranha na minha vagina. Ela está quente. Enfio a mão por dentro da calça e depois tiro. Meus dedos estão molhados. Que nojento. Preciso tomar banho. Envio a mensagem depois.

40.

Saio do avião puxando minha camisa para baixo para ela ficar esticada. Contraio a barriga e tento parecer o mais magra possível. *Talvez minha mãe não note. Talvez se eu esticar a minha camiseta de novo ela não vá perceber; talvez se eu segurar minha respiração por dez segundos ela não vá perceber*, diz a voz do meu TOC, antes conhecida como Voz Mansa e Delicada, mas que, desde então, eu aceitei como a estrondosa voz do distúrbio mental. Ela está mais esporádica do que costumava ser, e quase exclusivamente relacionada à comida e ao meu corpo, mas ainda está aqui.

Respiro fundo e pego a escada rolante a caminho do setor de retirada de bagagem. Um jovem pai com uma risada nervosa me pede para tirar uma foto para suas filhas.

— Claro, assim que sairmos da... — Ele começa a posicionar as garotas na minha frente antes de eu terminar a frase. Está tirando uma foto quando quase tropeça na escada. Ele dá outra risada nervosa.

Quando saio da escada rolante, olho para a fila de pessoas esperando e lá eu a vejo. Fico chocada ao vê-la, e por um momento fico mais focada na aparência da minha mãe do que na minha.

Ela perdeu uns cinco quilos ou mais, o que é bem perceptível em alguém com uma estrutura corporal tão pequena como a dela. Seu rosto está magro e pálido. A pele colada nos ossos. Ela não tem sobrancelhas nem cílios. Está usando o gorro turquesa UGG que eu comprei para ela de Natal para cobrir sua careca. Estou chocada com a aparência da minha mãe. Não sei o que dizer.

Meu pai está de pé ao seu lado, mas ele poderia muito bem não estar. Não consigo focar em mais nada além dela. Não acredito que ela não tenha me contado nada em nenhuma das nossas cinco ligações diárias.

Quando nos abraçamos e falamos "eu te amo" uma para a outra, eu me acalmo um pouco. Eu me ajeitei o suficiente para conseguir absorver a reação da minha mãe, que é igual a minha em relação a ela: uma combinação de choque e horror, com um sorriso vago no fim.

Sinto meu estômago fica embrulhado enquanto espero ela me dizer como estou feia. Como fiquei gorda. Como cometi erros terríveis. Como sou incapaz de lidar com a minha vida sozinha. De me manter em ordem. Eu me abraço enquanto nós nos amontoamos dentro do carro (um Kia Sorento substituiu nosso velho Ford Windstar).

— Net, o que aconteceu? — Ela não me encara quando pergunta. Continua olhando pela janela para o engarrafamento na 5. — Você tá ficando gorda.

— Eu sei. Desculpa.

— Teremos de te colocar em uma dieta. A situação está saindo do controle.

— Eu sei.

Estou cheia de remorso, com certeza. Mas também há uma parte de mim que recupera um pouquinho o entusiasmo, que levanta um pouquinho o estado de espírito, porque essa é a mãe que eu conheço. Ela não está fraca, debilitada, mole ou esgotada por causa do câncer, como quem quer que fosse a pessoa que eu vi assim que cheguei ao setor de retirada das bagagens. Seja lá quem fosse aquela amostra abatida de pessoa, eu me recuso a acreditar que fosse a minha mãe. A mãe que eu conheço é a pessoa sentada na minha frente, enérgica, vigorosa e às vezes até cruel. Essa é a mãe que eu conheço.

41.

— Vamos, dá um gole.
— Não quero, obrigada.
— Ah, vai.
— Nunca tomei bebida alcoólica antes. E só tenho 18. Eu não vou ter problemas?
— Ninguém tá olhando, Jennetter. Você vai ficar bem.
— Sei não.
— Os garotos do *Victorious* ficam bêbados juntos o tempo todo. A garotada do *iCarly* é tão careta. Precisamos dar uma ligeira vantagem para vocês.

O Criador sempre compara a garotada do *iCarly* com os garotos do seu outro programa de sucesso, *Victorious*. Penso que ele acha que isso vai fazer a gente se esforçar mais.

— Não sei se beber dá alguma vantagem a uma pessoa.

Olho para a bebida do Criador. Ele a pega e remexe o copo. É algum tipo de uísque misturado com café e creme. Eu gosto de café.

— Um gole.
— Tá bom.

O Criador me entrega o copo e eu dou um gole. Odeio.

— É gostoso.
— Não minta para mim. Eu não gosto quando você mente para mim.
— Odiei.
— Assim é melhor, Jennetter.

O Criador ri. Fiz bem. Eu o agradei. Missão cumprida. É a mesma missão que tenho sempre que jantamos juntos, o que se tornou cada vez mais frequente ultimamente, pois o meu contrato novo para a outra série que ele prometeu está sendo preparado. Ele está fazendo comigo a coisa que meus colegas falaram que faz com cada novo astro de uma série que produz – colocando debaixo de suas asas. Sou sua favorita. Por ora. Gosto de ser sua favorita por ora. Sinto que estou fazendo algo direito.

— Então, animada para ter sua própria série? — pergunta ele.
— Sim.
— Sim? Só isso?
— Não, é claro que estou animada. Muito animada.
— Bom. Porque eu poderia dar uma série nova para qualquer um, sabe. Mas eu não escolhi qualquer um. Escolhi você.
— Obrigada.
— Não me agradeça. Escolhi você porque é talentosa.

Fico confusa. Ele acabou de dizer que poderia ter escolhido qualquer um, o que não me fez sentir especial, e agora ele está falando que me escolheu porque sou talentosa, o que me faz sentir especial de novo. Esse tipo de confusão é normal sempre que estou perto dele. Tomo um gole de água enquanto tento descobrir o que dizer a seguir. Por sorte, não preciso.

— Tá gostando do bife?
— Tava gostoso.

Estava terrível, na verdade. Bem, gostoso e terrível. Gostoso em termos de sabor, terrível em termos do quanto vou ficar brigando com ele pelo resto da noite. Comi bife demais, batatas assadas demais e couve-de-bruxelas demais, e um rolinho, e cenouras caramelizadas. Não consegui me segurar. Comi tudo. Me sinto empanturrada. Estou enojada comigo mesma.

Minha mãe comprou para mim a dieta Nutrisystem de novo, como nós fazíamos quando estávamos em Nashville. Fazemos isso juntas, quando estamos juntas. Mas essa é a questão – nós não temos nos encontrado muito nesses dias. Ela está esgotada com o lance do câncer e eu estou esgotada com meu lance da TV.

Quando minha mãe não está por perto para me motivar e orientar, não consigo me forçar a comer um rolo de canela de papelão que tem mais gosto de uma barra de proteína enrolada. Não consigo pedir a salada sem molho. Não consigo manter minha dieta sem a minha mãe. Sou um fracasso sem ela.

— Você tá bem? — pergunta O Criador.
— Claro.

— Que bom, porque deveria estar mesmo. — fala ele suavemente. — Está prestes a estrelar sua própria série, Deus do céu. Sabe quantas crianças matariam por essa oportunidade? Todas.

Concordo com a cabeça. Ele se aproxima e coloca a mão no meu joelho. Fico arrepiada.

— Você está com frio. — diz ele, preocupado.

Não acho que tenha ficado arrepiada por causa disso, mas eu concordo. É sempre melhor concordar com O Criador.

— Aqui, pega minha jaqueta.

Ele tira seu casaco e o coloca sobre meus ombros. Ele dá um tapinha neles, que se transforma em massagem.

— Nossa, você está tão tensa!

— Sim...

— Enfim, o que eu dizia? — pergunta, enquanto continua a me massagear. Meus ombros realmente têm muitos nós, mas não quero que O Criador os desfaça com massagens. Quero dizer algo, pedir para ele parar, mas tenho muito medo de ofendê-lo.

— Ah, sim — diz ele, retomando o assunto sem que eu precise ajudar. — Todas as crianças se matariam por uma oportunidade como essa que você conseguiu. Você tem muita sorte, Jennetter.

— Eu sei — digo enquanto ele continua a me massagear.

E eu sei. Sei sim. Tenho muita sorte.

42.

— Não acredito que minha garotinha vai se mudar. — fala minha mãe, de uma forma diferente de como minha avó falaria. Minha vó choraria e diria alto o bastante para os vizinhos ouvirem. Minha mãe fala baixinho e mal consegue fazer contato visual. Ao contrário das ligações para pedir mais prazo para pagar as contas com a Sprint PCS, o objetivo aqui não é dar *show*. Aprecio como a minha mãe é diferente da mãe dela.

— É só nos dias de trabalho. Eu volto para casa nos fins de semana se não tiver de ir para Nashville.

Minha mãe suspira.

— Esse é um grande "se". Eu mal vou te ver, filha. Quem vai continuar a manter sua alimentação nos trilhos? Como você vai passar xampu no cabelo?

— Bem, eu fiz isso na turnê.

— Sim, mas eu vi as fotos. Ele parecia oleoso. — diz ela, fungando.

— É a melhor opção, já que eu não dirijo e você não pode mais dirigir.

Embora seja um fato, ela olha para baixo e eu posso perceber que a magoei.

— Talvez eu consiga dirigir de novo algum dia. — diz timidamente, como uma criança que quer ser tranquilizada por um adulto.

— Sei que você poderia — digo, carregada de positividade, como um adulto tranquilizando uma criança.

Nós duas olhamos para a sua cadeira de rodas, que ela ganhou recentemente para utilizar "quando precisar", coisa que fica cada dia mais frequente. No momento em que seu médico disse que achava que ela deveria usar uma, nós duas fingimos achar graça. Ela disse que eu poderia empurrá-la na Disneyland e eu comentei "oba!". Então eu fui para o banheiro do hospital e chorei de soluçar, mas como não tinha nenhum papel na cabine do banheiro, usei o protetor de assento para secar os olhos. Então voltei e disse "oba" de novo.

Essa maldita cadeira de rodas é a coisa mais distante de um maldito "oba". É uma sentença de morte. Nenhuma de nós consegue admitir, mas é isso. Quando você é um paciente com câncer em uma cadeira de rodas, jamais deixará de sê-lo. Você vai morrer um paciente de câncer em uma cadeira de rodas. Que se foda.

— Tudo bem, desculpem por isso. — diz meu avô ao sair de casa para nos encontrar na entrada. — Estou pronto para ir agora. Calça limpa. — Ele aponta para a calça que acabou de colocar depois de derramar todo o copo de café na anterior.

Tomo meu lugar no banco traseiro, cercada pelas caixas de mudança que eu já tinha empilhado no Kia. Observo enquanto meu avô coloca minha mãe no banco do passageiro, dobra sua cadeira de rodas e a guarda no porta-malas. E com isso, partimos para o meu apartamento. A primeira vez na vida em que morarei sozinha em um apartamento.

Nós paramos no condomínio Burbank pouco mais de uma hora depois. O condomínio é legal. Não seria minha primeira escolha, mas faz sentido, logisticamente falando. Meus novos empresários (eu troquei durante a terceira temporada do *iCarly*) conseguiram que a Nickelodeon pagasse por minha acomodação aqui e para um assistente de produção me levar da casa para o trabalho e vice-versa. (Eu não dirijo porque minha mãe diz que é provavelmente difícil demais para mim e que eu deveria empregar a energia que gastaria nos carros em outro lugar, como "decorar falas ou planejar *tweets*").

Nunca admitiria isso para ela, eu só lhe disse que estou arrasada por ficar longe dela, mas também estou animada. Eu me sinto culpada por essa empolgação, considerando a fragilidade da sua saúde, porém a sensação é inegável. Preciso ficar sozinha. Preciso ter um espaço para mim. Uma vida para mim.

Meu avô leva minha mãe e a carrega no colo para o apartamento, enquanto eu carrego as primeiras caixas.

— Comprei um presente pra você, Net — conta minha mãe enquanto meu avô a coloca no sofá. Como a Nickelodeon está pagando, minha mãe insistiu em um lugar já mobiliado. Ela tira um presente embrulhado de baixo do braço.

— Ah, não precisava.

— Eu até enrolei o laço — diz ela enquanto me entrega o presente do tamanho de um DVD. Ela tem ficado mais desesperada nos últimos meses. Ela fica mais desesperada e eu fico com mais raiva. Não sei se minha raiva é um resultado direto do seu desespero, mas é pelo menos em parte. Não consigo lidar com esse maldito desespero dela. Quanto mais ela fica doente, mais meigo se torna seu tom de voz, mais inocente ela se torna, mais suplicante fica. É como se implorasse para eu não me afastar, e eu quero gritar: "É VOCÊ QUEM TÁ MORRENDO"! Posso jurar que minha mãe percebe que eu quero gritar porque duplica a meiguice. O que me faz querer gritar ainda mais. Mas não grito. Engulo o grito. E então ela olha para mim com seus olhos grandes e sei que ela não está, ela não poderia, mas quase sinto como se ela estivesse desfrutando disso. Quase sinto que está gostando da dor. Como se fosse uma representação, para ela, do quanto eu me importo.

— Você não vai abrir? — pergunta ela.

— Ah. Claro.

Abro o presente. É um DVD do filme *Golpe de Mestre*. Minha mãe adora o Robert Redford. Eu também, mas ela gosta mais.

— Imaginei que a gente poderia assistir hoje depois de você acabar de trazer suas coisas.

— Ah, tá bom. Vai ser ótimo.

— Sim, sim. — diz ela, tirando o chapéu para coçar sua cabeça careca. — E então, *hum*, eu tava pensando... eu não tenho quimio amanhã, então eu poderia passar a noite aqui. Isso se você quiser, né.

Ela olha para mim, com inocência no olhar, apertando as mãos em um gesto de nervosismo. Eu imediatamente sei o que é isso. Não se trata de uma noite. Trata-se dela passando todas as noites de um futuro próximo. Trata-se dela se mudando para cá. Não quero que ela passe a noite.

— Claro, você pode passar a noite. — digo.

E continuo a dizer a cada noite nos três meses seguintes até que, um belo dia, ela nem pergunta mais. Ela apenas espera. Não, não é a primeira vez que morarei sozinha em um apartamento. Este é o *nosso* apartamento. Somos colegas de quarto.

43.

Estou sentada no barquinho da montanha-russa aquática no parque Six Flags, apertada no banco dianteiro do barco com cinco membros da equipe do *iCarly* enfiados nos bancos atrás de mim. Meu colega de trabalho Joe, aquele sentado logo atrás, não para de me tocar. No início eu não conseguia dizer se era por acaso, porque sei que ele tem 30 anos e uma namorada, mas agora aconteceu tantas vezes que tenho a certeza de que é de propósito. Não digo nada porque, para ser sincera, é gostoso. A verdade é que eu quero que ele me toque assim.

Nossa amizade evoluiu para uma paquera nos últimos meses, quando estávamos os dois sozinhos na sala, antes de passar o texto. Começamos a conversar e ele mencionou seu filme favorito, *Jovens, Loucos e Rebeldes*, que eu assisti naquela mesma noite, ao voltar para casa, com a intenção de ter assunto para conversar no dia seguinte. Eu queria muito impressioná-lo por ele ser mais velho e mais sábio que eu. Nós trocamos nossos nomes de usuário no jogo *Words with Friends* e Joe começou a me oferecer caronas, quando tocava os álbuns do Daft Punk de cabo a rabo e me explicava o que tornava a música deles tão genial. Eu não gostava muito do som eletrônico, mas amava que Joe queria me ensinar os motivos pelos quais eu deveria gostar.

Agora ele está me tocando. E o modo como ele me toca — É outro nível. Ou eu suponho que seja. Nunca fui tocada assim antes, então não sei bem. É claro que teve o beijo em Lucas no Hampton Inn, mas, desde então, nunca mais rolou nada com ninguém. Tudo o que eu sei é que parece mais do que um simples toque de amigos. O meu corpo todo lateja quando a mão dele encosta nas minhas costas. A sensação é emocionante, irresistível e assustadora. Nesse momento, sei que, de um jeito ou de outro, vamos ficar juntos.

44.

— Vou dormir na casa da Miranda. — minto enquanto preparo para nós um prato de legumes cozidos no vapor para "jantar". Eu já tinha jantado no *set* e me senti horrível por isso. Estou envergonhada demais para contar à minha mãe.

— O que vou fazer sozinha sem você? — pergunta ela com franqueza, combatendo as lágrimas. — Sentirei sua falta mais do que qualquer coisa. Eu te amo muito, Net.

— Também vou sentir sua falta, Mamãe. É que eu e a Miranda estamos planejando isso faz tempo. — minto duas vezes com essa.

A primeira mentira é que sentirei falta dela. Não sentirei. Vou me sentir feliz em ficar um pouco longe dela. Minha mãe tem dormido na minha cama todas as noites desde que nos mudamos para o apartamento onde era para eu morar sozinha, e é difícil dormir porque ela fica grudada em mim a noite inteira.

A segunda mentira é que vou dormir na casa da Miranda. Nós dormimos uma na casa da outra a cada duas semanas, mas não hoje. Esta noite Joe vai ficar comigo. Mas minha mãe não pode saber do Joe porque ela nunca aprovaria. Ela só aceita que eu saia com dois tipos de garotos – mórmons e gays. E mesmo assim ela quer supervisionar o encontro. "Só porque um menino lê o Terceiro Néfi..."

Coloco o prato de legumes cozidos na frente dela. Ela remexe um cubo de abóbora com o garfo antes de levá-lo à boca.

— Sim, mas *eu* preciso de você agora, Net — diz ela, de cabeça baixa.

— Eu volto amanhã. — digo, afável, esperando que isso a conforte o suficiente para nós conseguirmos mudar de assunto. Há uma longa pausa na qual eu espero minha mãe dizer alguma coisa. Ela parece distante e seus olhos brilham com uma intensidade que parece dissociativa. Fico assustada. Quando estou prestes a perguntar o que está acontecendo, ela levanta a cabeça de repente para olhar para mim, pega o controle remoto da TV da mesinha de centro e o atira na minha cabeça. Desvio dele.

— Você está MENTINDO para mim, sua MENTIROSA — exclama ela, cuspindo enquanto seu rosto se contorce. — Eu vou descobrir o que está acontecendo. Anota bem o que eu te digo, sua VAGABUNDINHA MENTIROSA E IMUNDA.

Ela já foi dura comigo antes, mas nunca falou assim.

— Pode apostar que eu vou conseguir farejar as mentiras em você quando voltar amanhã. — diz ela de um modo tão dramático que fica óbvio para mim o quanto ela queria ser uma atriz. — Certo, Mark?

Ela vira a cabeça depressa para o meu pai, que estava aqui o tempo todo sem dizer uma palavra, como sempre. Ele logo concorda com a cabeça, apavorado com a fúria dela. De saco cheio, pego minha mochila e começo a sair.

— Eu vou descobrir o que você tá aprontando, sua MENTIROSA! — grita minha mãe. Meu sistema nervoso dá um solavanco, mas finjo ignorá-la. Saio pela porta da frente, deixando-a se fechar com um estrondo atrás de mim.

***

Joe me pega na esquina da Sunset com a Vine. A porta do passageiro do seu Ford Taurus está amassada e emperrada desde um acidente que aconteceu ano passado, então eu me arrasto sobre ele no banco do motorista para me sentar no banco do passageiro. Ainda estou tremendo por causa de conversa com a minha mãe. Olho para Joe.

Seus olhos estão apáticos. Um cheiro doce/podre emana dele. Estou decepcionada. Hoje deveria ser nossa primeira noite juntos como um casal oficial. Queria que fosse romântica, mágica e significativa. Em vez disso, ele está triste e bêbado e eu estou tentando muito resistir à desilusão.

— E aí, você conseguiu? — pergunto com ansiedade.

— Sim, eu terminei com ela. Não estaria aqui se não tivesse terminado. — fala ele, enrolando as palavras.

— Certo... como você tá?

Ele ri com um grunhido.

— Como você acha que eu tô?

Joe olha para baixo, como se sentisse mal por ter estourado. Esse lado dele aparece quando está bêbado. Ele começa a dirigir até o Sheraton Universal, onde eu reservei um quarto para nós. Fico preocupada por ele estar dirigindo bêbado, mas temo tocar no assunto porque sei que o deixará ainda mais instável.

Quando chegamos ao hotel e entramos no quarto, já passa da meia-noite. Ele tenta colocar a chave no buraco da fechadura, mas como está cambaleando demais, eu pego a chave da mão dele e a encaixo.

— Eu teria conseguido. — diz ele.

Joe entra tropeçando atrás de mim e imediatamente desaba na cama. A princípio, acho que deve estar cansado, até que ele rola e fica de barriga para cima e eu posso ver lágrimas escorrendo por seu rosto. Seu peito sobe e desce. Ele emite aquele desagradável som de soluços enquanto chora.

— O que foi? O que foi?

— O que foi que eu fiz? O que foi que eu fiiiiiiz? — chora ele. — Nós estávamos juntos há cinco anos. *Cinco anos*. Tínhamos acabado de ir morar juntos. A gente ia se casar.

Eu me deito ao seu lado e o abraço. Ficamos de conchinha. Ele fala sem parar de arrependimento e remorso. Se eu fosse boa o suficiente, ele não estaria se sentindo assim. Não estaria triste.

— Eu achei que você quisesse isso. — digo, querendo que ele me tranquilize.

— Você nem faz sexo comigo! — queixa-se ele.

É verdade. Não faço sexo com ele. Embora minha família tenha parado de ir à igreja, há ainda algumas regras da religião que, seja lá por que motivo for, não consigo romper. Uma delas é: nada de sexo antes do casamento.

Nós estamos saindo juntos nos últimos três meses. Mantivemos as coisas em segredo no trabalho, o que realmente faz a tensão aumentar. Então, depois do trabalho, na maioria das noites, nós ficamos juntos por algumas horas na casa dele quando a namorada não está por perto ou, se ela estiver, na casa de um amigo dele. Nós damos um amassos e carícias mais quentes, mas nunca fizemos sexo e eu nunca nem toquei no pênis dele.

— Desculpa, é que eu não estou pronta — digo com uma determinação que me deixa orgulhosa.

— Bem, você pode me fazer um boquete pelo menos? — Joe levanta a cabeça da cama como um filhotinho carente e esperançoso.

— *Hum*. Não quero fazer isso.

Joe joga a cabeça no travesseiro e as lágrimas são substituídas por uma forte raiva.

Que merda. Nada do que eu quero eu consigo.

— Podemos dar uns amassos — ofereço.

— Não quero *dar uns amassos*. Eu tenho 32 anos.

Eu me sinto estúpida por sugerir a ideia, e envergonhada por não ser avançada sexualmente o bastante para atender às necessidades de Joe. Embora eu tenha 18 anos, me sinto como uma criança.

— Você é nova demais para mim. Isso nunca vai dar certo. — Joe começa a levantar da cama.

— Tá bom, tá bom, eu faço. — digo, imediatamente decepcionada comigo mesma.

Joe se deita e se espalha preguiçosamente como se já tivesse desistido da ideia, mas pode muito bem insistir nela já que estamos os dois aqui. Ele abre as calças e põe o pênis para fora. Olho para ele por um bom tempo.

— O que eu deveria fazer? Nunca fiz isso antes.

— Então... essa pergunta quebra qualquer tesão.

Eu já tinha notado uma certa grosseria em Joe às vezes, mas aqui parece diferente. Eu poderia justificar o comportamento dele por estar mais bêbado do que o normal – como eu nunca tomei bebida alcoólica (exceto por aquele gole no café batizado d'O Criador), não dá pra saber ao certo, mas faço uma ideia do quanto ele bebeu só de vê-lo cambaleando e falando com a língua enrolada. Também poderia justificar seu comportamento por ele estar arrasado pelo rompimento do namoro, mas, honestamente, eu nem precisaria justificar isso, por estar tão a fim de estar com ele. Ele é muito mais velho e descolado do que eu, e eu nunca me senti assim com ninguém antes, então sei que devemos ter algo especial.

Avanço na direção dele. Então começo a fazer. Começo a lamber e chupar, esperando que isso seja o que eu esteja fazendo a coisa certa e que ele esteja curtindo. Mas não faço ideia. Sou atriz há 12 anos. Sem instruções, não sou absolutamente nada.

— Estou prestes a terminar. — diz Joe, ofegante. Isso parece algo bom. Não sei o que está prestes a acontecer. — Acelera um pouco.

— Obrigada. — digo. Instrução!

E então, de repente, algo que tem gosto de plástico líquido quente atinge minha boca. Cuspo na colcha.

— Uma coisa saiu! Ai meu Deus, alguma coisa acabou de sair!
— Sim. É porra. — Joe olha para mim, aborrecido.
— O que é "porra"?

Joe se vira de lado, afastando-se de mim, e abraça um travesseiro na altura do peito. Ele suspira.

— O que foi que eu fiz? — questiona ele.

45.

— *Aloha*. — SAÚDA A LINDA FUNCIONÁRIA DO FOUR SEASONS RESORT MAUI enquanto coloca um colar de flores no meu pescoço e um de sementes no de Joe. Os olhos dele se detém na funcionária por dois décimos de segundo longos demais. Odeio aquela vaca. Crio uma nota mental para tratar do meu ciúme algum dia, quando tiver tempo para isso.

Fazemos o *check-in* no hotel, reiterando várias vezes que a reserva está no meu nome e não no do Joe. Não sei se é a diferença de idade entre nós, ou puro machismo, mas ninguém parece acreditar que a viagem ao Four Seasons seja coisa minha e não dele.

Tudo bem que a ideia não foi minha. Foi da Nickelodeon. Esse foi o presente do final da quinta temporada para cada membro – quatro noites e cinco dias no Four Seasons Resort Maui em Wailea para o membro do elenco e um convidado.

É claro que o Joe é o meu convidado. Estamos juntos há um ano, e nosso relacionamento entrou numa rotina agradável. Claro que a metade do tempo as coisas são caóticas e tumultuadas – Joe fica bêbado e eu, histérica; ele fica chateado por eu ser possessiva demais e eu fico chateada porque ele voltou a se endividar três meses depois de eu pagar suas dívidas – mas na outra metade do tempo as coisas são ótimas.

Nós assistimos às reprises de *Survivor*. Temos piadinhas íntimas estúpidas, mas divertidas. Rimos muito. Ainda não transamos, mas eu melhorei bastante nos boquetes.

Esse relacionamento parece e dá a sensação de ser algo muito distante do relacionamento dos meus pais – eles tinham a parte da gritaria, do tumulto e das brigas, mas nada da diversão. O único problema é que minha mãe ainda não sabe do nosso relacionamento.

Ela teve de se mudar do meu apartamento há alguns meses para ficar mais perto do seu oncologista em Orange County, já que as consultas se tornaram quase diárias. Agora que não estamos fisicamente juntas no mesmo espaço, ela me liga umas dez vezes ou mais por dia para se manter atualizada a respeito da minha vida – qual o tamanho do meu personagem em um determinado episódio da série, se eu tenho feito testes para alguma outra coisa ultimamente, tentando me convencer a voltar para a música *country* (desisti do meu contrato com a gravadora depois da piora na saúde da minha mãe). Estou preocupada como vou passar por uma estadia de quatro noites e cinco dias no Four Seasons, sem ela saber com quem estou.

Nós decidimos dizer para a minha mãe que estou com Colton, meu amigo gay que ela aprova porque não tem a menor possibilidade de o pênis dele me penetrar, e que vai se reunir comigo em uma chamada de conferência entre nós três para ela não perceber que estou mentindo.

Mentir para a minha mãe é difícil para mim. Sempre que minto para ela a fim de proteger meu relacionamento com Joe, eu desligo o telefone e choro nos braços dele por causa da culpa que sinto. Confesso a ele como eu gostaria de poder ser honesta com ela, como eu queria que ela o conhecesse, como queria não ter medo dela. E Joe me consola fazendo cafuné nos meus cabelos.

Sinto a distância entre minha mãe e eu aumentando a cada dia. A cada mentira que conto, sinto que me afasto cada vez mais dela. A cada quilo ganho, a cada momento de compulsão alimentar que tenho, eu me sinto mais separada dela.

Fico muito confusa e perturbada com essa distância. Estou desesperada para me sentir próxima dela, mas também desesperada para essa proximidade ser nos meus termos, não nos dela. Quero que ela me conheça pelo que estou me tornando. Quero que permita meu crescimento. Desejo que ela queira que eu seja eu mesma.

Mas isso parece mais uma fantasia do que uma possibilidade, pelo menos por ora. Então eu minto, por ora.

Estamos no terceiro dia das férias e o plano está correndo bem. Todos os dias, Colton e eu fazemos uma chamada em conferência a três com a minha mãe para contar para ela sobre nossas aventuras de mergulho, trilhas de jipe e caminhadas na areia branca da praia. Ela ri quando Colton dá detalhes de cada aventura que gritam eu-definitivamente-não-estou-entrando-em-uma-Target-de-Burbank-nesse-exato-momento.

Mas no final da tarde do terceiro dia, Joe e eu estamos fazendo surfe com remo na praia, à frente do hotel, quando ele avistar alguém e pede para eu me abaixar. Olho para onde ele aponta para ver do que está falando e lá, ao longe, perto das cabanas amarelo-banana, vejo um pequeno *paparazzo* agachado, tirando fotos minhas e de Joe.

Merda. Merda, merda, merda. Isso é um desastre. Nadamos até a areia, largamos as pranchas, nos enrolamos em algumas toalhas chiques, e corremos para a entrada traseira do hotel. O *paparazzo* tira fotos de nós o tempo todo.

Quando chegamos ao quarto, estou em pânico, recitando a lista de formas com as quais a minha mãe pode me punir, renegar ou ameaçar. Joe tenta sem sucesso me manter calma.

No fim das contas, fiquei tão histérica por tanto tempo que me sinto esgotada emocionalmente. Adormeço na cama às seis da tarde.

A vista que tenho ao acordar na manhã seguinte não é das lindas palmeiras da janela, ou da água turquesa brilhante, ou ainda de um jovem e feliz casal recém-casado se acariciando em uma rede ao longe. É a tela fria e dura do meu iPhone com uma notificação gritante que me aterroriza.

Trinta e sete ligações perdidas da minha mãe, dezesseis mensagens de voz e quatro *e-mails* perdidos (nós não compartilhamos mais uma conta, eu recentemente criei a minha, graças ao apoio do Joe). Abro o *e-mail* mais recente:

Cara Net,

Estou muito decepcionada com você. Você costumava ser meu anjinho perfeito, mas agora não passa de uma VADIAZINHA, uma PIRANHA, uma RODADA. E pensar que você se desperdiçou com esse OGRO medonho. Eu vi as fotos em um site chamado TMZ – vi você no Havaí com ele. Vi você acariciando a barriga peluda e nojenta dele. Eu SABIA que você estava mentindo sobre Colton. Adicione isso à lista de coisas que você é – MENTIROSA, CALCULISTA, PERVERSA. Você engordou também. É óbvio que você está COMENDO SUA CULPA.
Pensar no bilau dele dentro de você me deixa enojada. ENOJADA. Eu não criei você pra isso. O que aconteceu com a minha doce garotinha? Onde ela foi parar? E quem é esse MONSTRO que tomou o lugar dela? Você é um MONSTRO HORRENDO agora. Eu contei aos seus irmãos sobre você e todos eles disseram que a renegam como eu. Não queremos nada com você.

Com amor,
Mamãe (ou DEB, já que não sou mais sua mãe).

P. S.: Envie dinheiro para comprarmos uma geladeira nova. A nossa quebrou.

Eu me agacho, afundo a cabeça nas mãos e desato a chorar. Joe acaricia as minhas costas e afirma que minha mãe não está bem, mas eu garanto a ele que é o oposto. Eu não estou bem. Talvez ela esteja certa. Talvez eu tenha me perdido. Talvez eu seja um monstro maligno.

— Você não pode permitir que ela te afete assim — diz ele.

Pego meu telefone e começo a digitar insistentemente "TMZ" na barra de pesquisa. Joe me lembra que nós concordamos em não olhar as fotos – ele sabe que minha imagem corporal não é boa –, mas eu não ligo. Preciso vê-las. Preciso ver se minha mãe está certa.

Ela está. Eu pareço horrível. Meu corpo e meu rosto me causam repulsa. Eu engordei mesmo. Eu não uso mais maiôs, mas ainda uso shorts para esconder minha bunda, que é curvilínea e feminina e me enoja por ser essas coisas. Joe me diz que meus seios estão lindos no meu biquíni, mas eu não enxergo dessa maneira. Acho seios horríveis. Queria não ter peitos nem curvas. Queria não ter nada sexual ou sugestivo no meu corpo.

Minhas lágrimas são substituídas pela minha venenosa autodepreciação. Joe, sentindo uma mudança em mim, pega o telefone das minhas mãos e me diz que vai colocar no cofre do hotel. Eu não me oponho.

Nos dois dias seguintes, meu telefone fica no cofre e, meu biquíni, pendurado na maçaneta do banheiro, onde o deixei pela última vez. Joe e eu tentamos aproveitar ao máximo nosso tempo remanescente no Havaí fazendo trilhas e passeios e outras atividades em que não preciso tirar minha roupa em público. Até a última manhã da viagem, eu me distraí bastante e meu telefone esteve longe por tempo o suficiente que quase me esqueci do incidente com o *paparazzo* e do *e-mail* cruel da minha mãe.

Mas quando Joe e eu estamos fazendo nossas malas, pelo canto do olho, eu o vejo discretamente digitar a senha no cofre. Ele tira meu telefone e está prestes a enfiá-lo no bolso. Peço para vê-lo primeiro. Ele me lembra que é uma péssima ideia e que não vai me fazer nada bem olhar nele, mas eu não consigo. Quero ver. Preciso.

Assim que o telefone está nas minhas mãos, sei que devo ter cometido um erro, mas agora é tarde demais. Quarenta e cinco ligações perdidas da minha mãe. Vinte e dois *e-mails* não lidos dela. Começo a ler as mensagens freneticamente, e cada uma é mais agressiva do que a anterior – ela me chama de estúpida, perdedora, escória, filha do demônio. Joe diz que vamos nos atrasar para o aeroporto. Não ligo.

Leio outro *e-mail*. Este intitulado "Carta aos seus fãs". Abro e encontro anexa uma nota mordaz, na qual ela me diz que postou em um fã-clube meu *online*, em uma tentativa de fazer meus fãs fugirem de mim. Ela diz que vai roubar todos os meus fãs, que os merece muito mais do que eu, que jura por Deus que vai colocar os vídeos de comédia que ela fizer no Vine e todos vão adorar.

Eu me pergunto se ela não estaria blefando, então acesso o *site* do fã-clube que ela menciona. Não é blefe. Tem uma mensagem da minha mãe na primeira página. Quase não consigo acreditar.

Volto para o meu *e-mail* e lá tem outra mensagem dela. Abro:

VOCÊ fez meu câncer voltar. Espero que esteja feliz.. VOCÊ terá de viver com este fato. VOCÊ me causou câncer.

Rascunho uma resposta para ela, perguntando se poderíamos nos sentar e conversar sobre isso cara a cara. Tenho certeza de que, se ela me conceder esse tempo, posso me explicar o suficiente para ser absolvida. Estou desesperada, implorando.

Minha querida Mamãezinha,

Por favor, a gente não pode se encontrar pessoalmente para conversar sobre isso? Por favor. Só eu e você. Podemos sentar e esclarecer as coisas. Posso responder a quaisquer perguntas que você tiver. Por favor, Mamãe. Odeio decepcioná-la. Eu faria qualquer coisa para isso não acontecer. Tenho confiança de que, se você souber de toda a situação, não pensará essas coisas de mim. Eu te amo tanto. Quero me aproximar de você de novo. Sinto saudade.

Com amor, Nettie

Desligo meu telefone e o coloco no bolso de Joe. Ele pergunta o que ela disse. Não respondo nada. Estou amortecida. Catatônica. Não digo uma palavra em toda a viagem de volta.

Nos últimos anos, minha mãe e eu nos afastamos de uma forma que jamais achei possível. Entre a fama e Joe, a tensão entre mim e minha mãe ficou quase intolerável. Além disso, tem a tensão com o câncer dela. Talvez a questão toda seja, na verdade, sobre o câncer.

Por que ela não consegue admitir que está morrendo? Por que eu não consigo admitir que ela está morrendo? Odeio que ela se importe tanto com a fama e ela me odeia por me importar tanto com Joe. Parece haver mais ódio do que amor uma pela outra agora, mas talvez nós estejamos apenas assustadas. Talvez nós apenas estejamos deixando essa distância entre nós crescer porque, lá no fundo, nós duas sabemos que logo mais essa distância sairá do nosso controle.

O avião aterrissa. Enquanto estamos taxiando pela pista, abro o rascunho que escrevi para a minha mãe. Aperto "enviar". Momentos depois, ouço uma notificação com uma resposta dela:

Claro, podemos nos encontrar. P. S.: Lembre-se de enviar o dinheiro para a geladeira. Nosso iogurte azedou.

46.

— Jennette? Você vai cantar *Wind Beneath My Wings* no meu funeral?

Minha mãe e eu estamos sentadas no Panda Express no Cahuenga Boulevard para o jantar de aniversário dela. Ela está mastigando brócolis cozido enquanto eu como repolho refogado, e nós duas estamos empurrando nosso relacionamento com a barriga porque é o que fazemos atualmente.

Começou na primeira vez que nos reunimos depois da viagem ao Havaí. Meu pai a levou à minha casa, tirou-a da cadeira de rodas e a colocou no sofá. Enquanto aguardávamos pela infusão do chá, eu esperava que ela abordasse a situação com o Joe porque eu achava que era por isso que estávamos nos encontrando para começo de conversa – para falar sobre isso. Mas ela nunca mencionou o assunto. Só me fez perguntas triviais sobre o trabalho, e eu lhe fiz perguntas triviais sobre o último episódio de *NCIS – Investigação Naval*. Ela gosta muito do Mark Harmon.

Quando ela vai falar do assunto?, eu me perguntava. E continuei a me perguntar até que, antes que eu me desse conta, nossas duas horas juntas tinham terminado e meu pai voltou para buscá-la e levá-la para casa.

Quando estamos aqui no Panda Express, no Cahuenga Boulevard, essa forma de comunicação – bate-papo educado com uma propensão à dor e ao ressentimento – tem sido nossa nova realidade há vários meses, há tanto tempo que não é mais novidade. Por isso o seu pedido para que eu cante *Wind Beneath My Wings* em seu funeral me choca.

O câncer da minha mãe entra na categoria de coisas que nós fingimos não existir porque são desconfortáveis para abordar. Ela fazer essa pergunta é uma quebra da nossa regra tácita. Não sei como processá-la, nem como proceder.

— *Hum...*

— Mas precisa ser com emoção. Precisa acreditar nas palavras. Não vai funcionar se você se entrega por inteiro.

Eu ainda nem concordei em cantar e ela já está me dando dicas de performance.

— *Ahnnn...*

— Me deixa ouvir você tentar.

— Mãe, estamos no Panda Express. Eu não vou...

— Tenta.

— "*It must have been cold there in my shadooooow*"... — Sem querer, minha voz de cantora começa a sair da minha boca. Meu corpo está programado para atender às demandas da minha mãe. Uma funcionária que estava perto me observa de soslaio enquanto limpa o chão.

— "*To never have*"...

— Mais emoção, mais tristeza. Sinta, meu anjo.

— "*To never have sunlight on your faaace...* — peguei um pouco pesado no *vibrato*, mas minha mãe curte.

— Tá bom, para. Eu não quero te cansar. Você atinge o auge cedo fácil, fácil. Então, vai cantar essa canção no meu funeral?

Sinto-me obrigada. É o último desejo da minha mãe. O único problema é que eu não acho que tenha o alcance vocal para cantá-la. Eu me viro bem nas estrofes em que posso usar meu registro mais baixo. Mas quando a música atinge aquele refrão crescente, fica fora do meu alcance.

De volta à minha casa, minha mãe me pede para pegar a música no YouTube para que praticar e dar a ela uma amostra do que vai ser a performance final.

— Achei que você não quisesse me cansar.

— Bem, estamos praticando com tanta antecedência – tomara que não tem problema.

A escolha proposital de palavras da minha mãe – ou da palavra, nesse caso – me atinge em cheio. *Tomara*. Fico furiosa com ela, logo depois culpada por me sentir furiosa. Devo ser uma pessoa horrível por me enfurecer com a minha mãe enquanto que está morrendo pouco a pouco.

Jogo a energia da minha culpa para atender ao desejo da minha mãe. Talvez isso limpe minha consciência. Pego a música no YouTube e abro outra aba com as letras. E então eu começo. A estrofe vai bem, como esperado. Mas quando chega à parte do "*Did you ever*"... temos uma confirmação. Está fora do meu alcance.

— Bem, é porque você não aqueceu a voz. — Ela me tranquiliza. — Faça um pouco de aquecimento vocal e tente novamente.

Faço dez minutos de *ma-me-mi-mo-mus* antes de tentar novamente. Mas então eu tento de novo e acontece a mesma coisa. Tento mais uma vez, só para ter certeza.

— Está fora do meu alcance. — admito, enfim.

— Não diga isso. — diz minha mãe, ríspida.

— Desculpa.

— Você vai chegar lá. Sei que vai. Você tem bastante tempo para praticar... tomara.

Não quero praticar a música que minha mãe em estado terminal me instruiu a cantar em seu funeral. Não quero pensar no funeral da minha mãe. Quero voltar a ignorar as coisas que nos deixam desconfortáveis de mencionar. Por mais que eu ache que odeio isso, quero voltar a fingir.

— Por que você não tenta mais algumas vezes hoje à noite, querida? — insiste ela enquanto tira seu gorro UGG para coçar a careca. A princípio parece ser um gesto triste, mas posso jurar que minha mãe está fazendo isso para me manipular.

Volto para o início da música. Começa a introdução cativante dos anos 1980. Tento mais uma vez.

47.

— Você está indo pro lado errado. — digo ao meu avô no alto-falante enquanto o observo da minha janela.

— *Ooops*.

Ele vira para o outro lado com a cadeira de rodas da minha mãe e começa a seguir na direção oposta. Estou olhando para eles lá em baixo pela janela do meu apartamento, que fica de frente para o quintal. Escolhi este apartamento por conta da vista, ou melhor, pelo que não está à vista. As unidades mais desejadas no condomínio são aquelas voltadas para a Sunset Boulevard, de frente para a cidade movimentada. Mas de jeito nenhum eu iria para um desses, porque esses condomínios ficam de frente para o Nickelodeon Studios e na lateral da Nickelodeon tem um *outdoor* roxo e amarelo brilhante do *iCarly*, completo, com direito ao meu sorriso falso e meu penteado brega arrumado com laquê. De jeito nenhum que eu iria olhar para mim mesma todas as manhãs ao acordar.

Depois de algumas voltas erradas e apertões no botão do elevador, meu avô e minha mãe finalmente chegaram à minha unidade. Conversamos por alguns minutos, tomando chá antes de voltar para o estacionamento e o meu avô nos levar para almoçar.

— Aonde vocês querem ir? — pergunto. *Por favor, lá não, por favor, lá não, por favor, lá...*

— Wendy's? — sugere minha mãe com toda a inocência.

— Claro. — digo em meio a um sorriso forçado. Não há nada inerentemente errado com o Wendy's. Na verdade, eu ousaria dizer que há várias coisas inerentemente certas com ele. Nós todos experimentamos o Frosty.

Minha tensão não é por causa do Wendy's, mas do motivo para a minha mãe sugerir o esse restaurante. Ela sabe que eu tenho dinheiro e posso levá-la para qualquer lugar que ela quiser, e ainda assim ela escolhe o Wendy's não só porque gosta, mas porque pode ir e contar para as amigas ou para os companheiros da igreja como ela é humilde, como é pé no chão, que mesmo em um dia tão especial quanto o seu aniversário, tudo o que fez foi comer uma salada em uma lanchonete *fast-food*.

Essa coisa que ela faz me deixa maluca. Essa coisa de desejar que tenham pena dela. Ela tem câncer no estágio quatro, já é digna de bastante pena. Ela não precisa botar o Wendy's em cima disso.

Meu avô sai do estacionamento e chega ao primeiro semáforo fechado. Ele para bem na frente do gigantesco e aterrorizante pôster do *iCarly*. Começo a organizar os bolsos bagunçados do banco traseiro de tanta ansiedade. Tiro papéis, receitas amassadas, guardanapos usados, e uma cópia de *Conservative Victory*, de Sean Hanity. Ele olha por sobre o ombro para ver o que estou fazendo.

— Quer emprestado? Eu já acabei de ler. Excelente leitura. Excelentíssima. — Ele usa uma batida no painel como sinal de pontuação.

— Talvez. (Não).

— Lá está ela! — exclama minha mãe enquanto tira uma foto do gigantesco pôster com sua câmera Kodak descartável. Ela tem pelo menos umas cem fotos do mesmo *outdoor*.

Enquanto tira a foto, a câmera cai no chão. Eu me estico para pegar e, no exato momento em que me endireito no banco com ela na mão, minha mãe tem uma convulsão. Suas mãos estão cerradas, formando pequenas bolas contraídas e seu rosto se contorce tanto que ela revira um dos olhos e a boca fica totalmente torta. A convulsão parece o chacoalhar de alguém em um hospital psiquiátrico. Fico horrorizada.

Digo ao meu avô que algo está errado. Ele toma o nome do Senhor em vão. Minha mãe não diz nada porque não consegue. Meu avô olha para os dois lados para se certificar de que o caminho está livre, então atravessa a rua, passa pelo farol vermelho e entra no estacionamento da Nickelodeon Studios. Carl, o segurança amigável, o reconhece das muitas visitas que ele me faz. Meu avô pede para Carl ligar para o 190.

Nesse momento, minha mãe começa a espumar pela boca. Tenho certeza de que ela está morrendo. Meu avô me orienta a deitá-la. Eu tiro seu cinto de segurança e a puxo para o meu colo. Este é o momento mais assustador da minha vida.

A ambulância chega incrivelmente rápido. Eles a colocam em uma maca e a afivelam. Ela ainda está convulsionando. Eles a levam para a ambulância. Um dos paramédicos me reconhece e me deixa ir com ela. É uma das raras vezes em que fico grata por ser reconhecida.

Aperto a mão dela. Digo-lhe que tudo vai ficar bem, embora eu saiba que não vai. A sirene estridente da ambulância começa a tocar. Ela soa abafada de dentro do veículo. O motorista vai para a direita no estacionamento. No exato momento em que estou apertando a mão da minha mãe enquanto ela agoniza e eu a observo espumar pela boca, passamos novamente pelo pôster. Vejo meu sorriso, meu olhar de defunta e a porcaria do meu penteado cafona. A vida está tirando uma com a minha cara.

48.

É UM DIA ANTES DA VÉSPERA DE NATAL. MINHA MÃE ESTÁ NA UTI HÁ UMA semana, sem reagir. Ela teve uma convulsão, em consequência de um tumor cerebral, o que é aparentemente uma "ocorrência bem comum", segundo o que o médico nos diz, como se isso a deixasse menos assustadora.

Marcus, Dustin, Scottie e eu estamos sentados em uma fileira na sala de espera enquanto meus avós a visitam na UTI. Estamos todos em silêncio.

Por fim, eu me ofereço para comprar alguma coisa no Burger King para todos nós porque estou desesperada por uma distração. E comida é a distração perfeita. Nenhum dos meninos quer nada. Eles "não conseguem comer" agora, me dizem. Eu os invejo. Invejo que sua tristeza e estresse se traduzam em falta de fome.

Vou até o Burger King do outro lado da rua. Peço um Whopper com fritas e uma Coca, alguns tacos e tiras de frango empanadas como acompanhamento. O pedido e a refeição acontecem em uma sucessão rápida e ambos parecem fora do meu controle. Afinal, meu estômago parece distendido.

Penso em me forçar a vomitar. Já ouvi falar sobre isso, mas nunca tentei. Agora parece o melhor momento para tentar. Jogo a embalagem do Burger King em uma lata de lixo cheia demais e volto para o hospital. Passo pela porta de entrada, corto o caminho pelo saguão e entro no elevador, animada com meu novo plano. Saio do elevador no andar da UTI. Meus irmãos não estão mais na sala de espera. Devem estar visitando minha mãe. Rumo para o banheiro de duas cabines e verifico se não há mais ninguém lá. Ajoelho no frio e duro piso de azulejos do hospital e enfio meus dedos na garganta. Ai. Cutuco o fundo da garganta. Dói, mas nada sai. Tento de novo. Nada. Mais uma vez. Nada ainda.

Foda-se. Desisto. Lavo minhas mãos. Sou um fracasso para fechar a boca e uma negação em me livrar da comida que como.

Corro pelo corredor e abro a porta pesada que leva para o quarto da minha mãe na UTI. Marcus, Dustin e Scottie estão de pé em volta do leito. Mal dá para perceber o formato de seu corpinho embaixo dos lençóis e cobertores do hospital.

— Ela acordou. — avisa Dustin.

Vou para o lado de seu leito e pego sua mão. Adoro a sensação das mãos dela. São pequenas com os dedos curtos. A pele é brilhante e quente.

— Net — diz ela enquanto vira a cabeça bem devagar para olhar para mim. Meus olhos se enchem de lágrimas. Talvez ela melhore, afinal. Não posso acreditar. Estou eufórica.

— Os meninos disseram que você passou no Burger King. Você não precisa comer essas coisas. Um Whopper tem muita gordura.

Sorrio. Uma lágrima escorre pelo meu rosto. Minha mãe vai viver. Por ora, ela vai viver.

— Eu sei, Mamãe. Eu sei. Eu pedi sem maionese...

Ela suspira.

— Mesmo assim.

49.

Miranda está chorando. Eu estou chorando. Nós duas estamos chorando. Não conseguimos parar. No meu caso, não é porque *iCarly* está terminando. Não é por hoje ser nosso último dia de gravação. Estou bem com isso, animada até, e definitivamente pronta para esse momento. Embora eu esteja com receio de começar a minha série derivada, fico contente de pelo menos dizer adeus a esse projeto que me faz sentir que vivo cada dia no filme *Feitiço do Tempo*, fazendo a mesma coisa repetidas vezes.

Estou chorando porque não sei o que será da minha amizade com Miranda. Nós nos aproximamos muito. Somos como irmãs, mas sem a agressão passiva e as tensões estranhas. Tenho minhas críticas a amizades entre mulheres por rolar maldade, mesquinhez e falsidade, mas isso não poderia estar mais longe da verdade com Miranda.

Com Miranda, as coisas sempre foram muito fáceis. Nossa amizade é pura.

Um assistente da direção nos entrega um lenço de papel. Nós assoamos o nariz de um jeito nojento e voltamos para nossas marcas para a última tomada da cena final que gravamos juntas. A tristeza nos invade. Nós nos abraçamos e choramos.

Esse sentimento de tristeza e término é bem comum em *sets* de filmagem. Você fica muito íntimo das pessoas ao seu redor porque convive com elas mais do que com a própria família. Por um período. E então você não convive mais. E, aos poucos, percebe que começa a conversar cada vez menos com as pessoas com quem achava que tinha tanta intimidade. Até que não conversa mais com elas. E isso faz você pensar se em algum momento foi íntima delas, para começo de conversa, ou se tudo não foi passou de fachada. Se as conexões foram tão temporárias quanto os cenários em que elas foram feitas.

Não gosto de conhecer pessoas por conta da circunstâncias. *Ah, aquela é a pessoa com quem eu trabalho. Aquela é a pessoa que está comigo no clube do livro. Esta é aquela com quem fiz aquela série.* Porque uma vez terminado as circunstâncias, acaba também a amizade.

Anseio por conhecer as pessoas que eu amo profunda e intimamente – fora de circunstâncias, sem rótulos – e desejo que elas me conheçam dessa forma também. E mesmo achando que conheço Miranda profunda e intimamente, não gosto de pensar que nos aproximamos por conta das circunstâncias do *iCarly*, porque a série está terminando, e eu não quero que nossa amizade acabe junto com ela.

50.

— Tem certeza?
— Absoluta.
— Agora não é hora de se livrar da gente. É justamente agora que mais precisa de nós.
— Eu não acho. Acho que... se eu passar por esses próximos meses com você, eu me apegarei demais.
— Por que você não quer se apegar? Se apegar a algo não é uma coisa boa? Não é isso que é o amor?
— Eu só estou preocupada em me apegar enquanto a minha mãe está, você sabe... — Não consigo dizer isso em voz alta. Quanto mais real fica, mais eu não consigo dizer em voz alta. Os médicos dizem que a saúde dela piora rapidamente há algum tempo, o bastante para eu questionar o uso que fazem da palavra "rapidamente". Mesmo assim, piora. Ela está presa a uma cadeira de rodas. Está mais fraca do que eu jamais vi. O câncer se espalhou para praticamente todos os lugares. O fim está próximo. Roo minha unha.
— Tipo, como eu sou mais apegada a ela do que a qualquer outra pessoa, eu me preocupo que todo esse apego que tenho por ela acabe pressionando a pessoa com quem eu estiver. — explico.
— Bom, pra mim sem crise. Quero a pressão. Pode pressionar.
Não é a resposta que esperava. Eu recuo.
— Talvez eu tenha me expressado mal. Eu só acho que acabo me distraindo daquilo em que eu deveria focar. Família.
— Eu sou uma distração?
— Não. Sim. Não sei.

Coço a cabeça. Quero sair desse momento, desse momento no Tony's Darts Away – o bar vegano favorito de Joe, em Burbank.

— Olha, se você não me ama mais, é só dizer. Eu aguento. — diz ele, com a voz embargando na última parte, contrariando as próprias palavras.

Mas aí chega a linguiça vegana e a cerveja. O momento da chegada da comida nos restaurantes está sempre impecavelmente sincronizado com aquela frase que você menos quer que alguém ouça. É uma coisa tão doida que você quase chega a admirar tanta perfeição, é como se os garçons treinassem para isso.

— Mas eu amo você.

— Então por que está terminando comigo? — Joe dá uma grande mordida na linguiça. Tão grande que me irrita. Seus lábios ficam sujos com maionese vegana. É nojento.

Talvez seja por isso. Talvez nem seja por causa da minha mãe. Talvez eu só esteja de saco cheio. Sua mastigação me incomoda na maior parte do tempo. A voz de bebê que ele tanto usa me dá arrepios. As piadas dele não têm graça. Ele não tem ambição. Bebe demais. Tem dificuldade de controlar a raiva. Nossa diferença de idade não fica mais tão legal para mim e, em vez disso, parece um pouco constrangedora para nós dois.

Eu me pergunto que lista de defeitos ele teria ao meu respeito hoje. O que ele poderia dizer? Sou egoísta. Sou ciumenta. Não sou sociável o bastante. Não gosto dos amigos dele. Sou crítica demais. Não lhe dou atenção o suficiente.

Joe ainda está mastigando a mesma mordida. Ele está mastigando essa quantidade de comida por um minuto, já. Por que não dá mordidas menores? É fácil de resolver isso, Joe.

— Você me ouviu? — pergunta ele. — Se ainda me ama, por que está terminando comigo?

Alguma coisa me acomete nesse momento cheio de maionese vegana. Perdi a paciência. Estou em um boteco vegano, cheirando à cerveja que não quero beber, cercada por um monte de TVs ligadas no último volume, passando jogos de basquete e futebol americano aos quais não estou afim de assistir. Estou sentada em um banquinho com pernas ímpares em frente a um homem que não amo mais. Estou entorpecida. Estou esgotada.

— Olha, eu só tô terminando.

51.

Miranda está dirigindo e eu estou sentada no banco do passageiro do seu Porsche Cayenne, onde passamos metade do nosso tempo juntas nos últimos dias. E nos últimos dias temos passado bastante tempo juntas. Não preciso me preocupar com as circunstâncias; nossa amizade se fortaleceu desde o fim do *iCarly*.

Nós saímos três ou quatro vezes por semana. Em geral, em uma das noites uma dorme na casa da outra, como ontem. Em geral, nós dormimos na casa da Miranda, mas passamos a noite passada no St. Regis Laguna Beach porque nosso presente de encerramento da série foi uma noite lá.

A noite também poderia ter sido na casa da Miranda porque nós não fizemos nada que deixasse nossa noite mais a cara do St. Regis do que as outras. Nós ficamos no quarto e assistimos a um filme sobre a indústria pornô, com a Amanda Seyfried, e decidimos que, embora o filme fosse medíocre e nós nem soubéssemos como pronunciar seu sobrenome, Amanda Seyfried é um anjo ambulante da beleza. Desabafamos sobre a nossa tristeza, compartilhamos a nossa angústia e nos sentimos culpadas por isso porque temos todo o motivo do mundo para agradecer. Assistimos a *Dance Moms* até cairmos no sono – entre as táticas abusivas de Abby Lee Miller e a intensidade dos pais, nós nos identificamos muito.

Saímos do hotel há pouco tempo. Miranda pega a direção da rampa de acesso mais próxima da rodovia. Estamos reclamando e rindo sobre algo enquanto *Roar* da Katy Perry toca ao fundo (nós vimos o Rolling Stones juntas uma vez, mas a quem estamos enganando, somos mulheres de 21 anos e a Katy Perry nos representa muito mais do que o Mick Jagger). Meu telefone toca. Mamãe.

— Alô?

— Net! Net! Me ajuda!

— Ei, ei, calma, o que aconteceu?

— Me ajuda! Tô com medo.

— Do que você tá com medo?

— Eles estão me levando de volta para a cirurgia.

Essa cirurgia da minha mãe está marcada há um tempo. O implante no seio por conta da mastectomia começou a vazar recentemente, então o médico precisa abrir, limpar o vazamento e consertar o implante – um procedimento supostamente fácil.

— Vai ficar tudo bem. É uma cirurgia pequena.

— Tem alguma coisa errada, Net. Tem alguma coisa errada.

Ouço uma enfermeira ao fundo.

— Senhora, telefones são proibidos aqui.

— Por favor, Net! Faz alguma coisa!

— O que você quer que eu faça?

— Eu não sei! Eu preciso de você!

Ela parece estar em pânico. Há um tremor na sua voz da minhã mãe que nunca ouvi antes. Fico morrendo de medo. Meu pai pega o telefone.

— Alô, Jennette?

— Sim?

— Ela só está nervosa. Está na cama do hospital, vão levá-la para o centro cirúrgico agora. Estou com ela. Tá tudo bem.

— Quer que eu vá praí?

Minha mãe grita "sim!" Meu pai diz "não".

Pergunto de novo.

— Quer que eu vá praí?

— Não, tá tudo bem. — diz meu pai. — Eles já teriam terminado tudo quando você chegasse aqui. Vai ser rápido, não vai dar nada errado. Os médicos são ótimos. Eu te ligo depois.

Legal. Aumento o volume do rádio. Miranda continua a dirigir.

— Tá tudo bem?

— Sim. Não é nada.

Ela não pressiona. Ficamos em silêncio por alguns minutos e então começamos a conversar de novo, sobre qualquer coisa. Algo está estranho, eu sinto. Nós paramos no posto de gasolina e depois seguimos o caminho. Meu telefone toca de novo. Meu pai.

— E aí, como foi?
— Oi. A sua mãe não tá bem.
— O quê?
— Aparentemente, o corpo dela não suportou a cirurgia.
— Espera, o quê? Eu achei que não fosse dar nada de errado...
— Ela está em coma.
— Mas você disse que os médicos eram ótimos...
— Ela não tá bem. Você precisa ir para o hospital agora.

Desligo o telefone, paralisada. Conto para Miranda o que aconteceu. Ela se oferece para me levar ao hospital. Aceito. Olho pela janela. Miranda para em um farol vermelho.

— É "Sigh-Fred". — diz Miranda. — Eu pesquisei.

52.

— Mamãe. Tá me escutando? Eu disse que estou bem magra agora. Finalmente cheguei aos 40 quilos.

Descruzo as pernas. Inclino para a frente, desesperada.

— Quarenta!

Eu me sinto grata porque minha compulsão alimentar parou desde que minha mãe entrou em coma. Na verdade, eu não tenho comido quase nada. Estou perdendo peso rápido.

Bipe. Bipe. Bipe.

Enquanto as máquinas do hospital continuam com seus ruídos, eu lentamente aceito o fato de que minha grande novidade não vai acordar a minha mãe. Recolho as lágrimas dos meus olhos na mesma hora em que os meninos voltam da lanchonete. Não falamos nada. Não precisamos. Eles se sentam ao redor do leito e nós todos ficamos ali, só observando.

Olho para o relógio. São duas e meia, duas horas desde que soubemos que nossa mãe tem menos de 48 horas de vida. Eu me pergunto quanto tempo lhe resta. Onde está sua vida dentro dessas 48 horas. Quantas horas ainda restam? Dez? Duas? Cada momento parece tão lento e pesado. Estou tentando me prender a cada momento, mas eles apenas continuam passando. Nunca me senti tão mal.

— *Can ooda dieee.*

Todos nós viramos nossas cabeças para ela. Caramba. Ela falou. Com uma voz fraca, quase inaudível, mas ainda assim, ela falou.

— *Cam oooooda dieee.* — repete ela.

Marcus se inclina.

— Não, mãe, não diga isso. Você não vai morrer.

— *CAM OOODA DIE.* — repete, dessa vez com um toque de raiva. Aí está ela.

Dustin estala os dedos.

— Canada Dry!

Ela confirma abrindo mais os olhos. Nós rachamos de rir em volta dela, mais do que se riríamos se ela não estivesse morrendo. Curioso, esses momentos entre a vida e morte requerem certo "refresco". Caso contrário, ficam difíceis demais. Excruciantes demais.

Marcus corre para o corredor para pegar uma lata de Canada Dry de uma máquina automática de vendas. Ele volta, abre a lata e vira devagar na boca da minha mãe. Nós compartilhamos um sorriso. Isso é bom, certo? É um bom sinal. Minha mãe balbucia alguma coisa e bebe Canada Dry ruidosamente. Significa que ela vai ficar bem. Significa que vai melhorar. Certo?

Estou desesperada, eu sei. Estou me agarrando a algo, eu sei. Mas me agarrarei se tiver de fazer isso. Não posso deixá-la partir.

***

Minha mãe foi transferida da ala da UTI para uma ala regular há uma semana e meia. Lá se vão as 48 horas. Toma essa, Dr. Wiessman. Essa frase me passa pela cabeça às vezes. Mas aí vem ele, com certa frequência, e diz que isso não significa que ela terá algum tipo de recuperação milagrosa. Ele não quer que criemos esperanças. Por mais que eu quisesse debater com ele, sei que não posso. Eu vejo. Ela evacua em um saco e respira com a ajuda de um aparelho. Isso não vai mudar.

Durante a primeira semana de sua internação, os meninos e eu ficamos em um hotel próximo enquanto esperávamos pela morte dela. Mas minha mãe não morreu. Então, depois de uma semana, saímos do hotel. A vida voltou ao normal, ou o mais normal possível. Dustin parou de tirar licenças e retornou ao trabalho. Marcus voltou para a casa dele em Jersey. Meu avô e meu pai alternavam os turnos de trabalho para que alguém pudesse ficar com a minha mãe na maior parte das noites, enquanto Scott ficava com ela durante o dia. Eu a visitava todos os dias depois de sair do trabalho na minha série derivada, que comecei a gravar. Eu ia de balançar uma meia de manteiga e gritar as minhas falas cafonas no estúdio cheio de cores vivas e iluminadíssimo de *Sam & Cat* a sentar em uma cadeira de hospital com um estofado antiquado, cercada pelo cheiro de desinfetantes e pela sensação de morte iminente.

Hoje não é diferente. Acabei de gravar uma cena na qual confronto alguns valentões malvados da escola e bato em alguém com um sanduíche de presunto. E agora estou aqui. Vendo uma enfermeira trocar a bolsa de fezes da minha mãe e me olhar de soslaio. Sei o que vem aí, é uma dor de cabeça danada.

— Você não é a... ? — indaga a enfermeira. Se não tivesse acontecido 25 vezes neste hospital, eu ficaria chocada por alguém tido a audácia de me perguntar se eu sou a Sam Puckett enquanto estou aqui, sentada ao lado da minha mãe em estado terminal.

Não respondo. Estreito meus olhos e espero que a enfermeira reconheça o quanto é inapropriado perguntar isso agora. Ela não reconhece.

— Você parece a Samantha Puckett. Sam. É você?

Reflito sobre essa sensação de total falta de esperança na humanidade enquanto a enfermeira descarta as fezes da minha mãe.

— Não. — digo, de maneira rude.

— Você se parece *tanto* com ela... Igualzinha. Você se importa se eu tirar uma foto sua para mostrar para a minha sobrinha? Ela não vai acreditar no quanto você se parece com ela.

Reclino-me na cadeira. Ela range.

— Não, não vou tirar fotos.

Olho para a minha mãe. É uma loucura o quanto o câncer mudou seu corpo. Sempre foi curvilínea, com seu 1,49 metros de altura. Ela tinha coxas, um belo traseiro, e seios também (bem, seio, se contarmos os verdadeiros, porque o outro era o implante pós-mastectomia). Minha mãe tinha cinturinha e ombros estreitos. Tinha as formas perfeitas. Agora seu estômago está distendido, os peitos murcharam, as pernas são gambitos. Seus braços parecem mais longos que os de um macaco – eles apenas pendem dos lados. Ela me parece menos humana.

— Movucê! — murmura minha mãe do nada. Essa é uma das únicas frases que sobraram nela. Ela tem tantos tumores cerebrais que está quase com morte cerebral. Mesmo assim, ela ainda se lembra como dizer "amo você". Isso dói fundo no meu coração.

— Movucê! — diz ela mais uma vez, balançando a cabeça a esmo e sem conexão por trás de seus olhos. Mordo meu lábio até ele sangrar.

Tento olhar para ela enquanto a acompanho aqui no hospital – cheirá-la, recordar-me dela. Mas, ao mesmo tempo, não quero me lembrar dela assim. Então sempre que olho para ela, em meio a esses momentos, olho para longe de novo. Às vezes me forço a pegar suas mãos, dizer a ela que a amo e que estou aqui por ela, mas na maior parte do tempo não estou forte o bastante para fazer isso. Então, em vez disso, eu me sento na cadeira do canto, e olho para ela de maneira mais natural possível, ou então olho pela janela e tento não me descontrolar.

Meu celular toca com uma notificação de mensagem de Colton. Ele está perguntando se eu quero sair por uns dias, viajar para San Francisco. Ele sabe que estou passando por um momento difícil e acho que isso me ajudará a tirar a minha mente dessas coisas. Questiono meu avô se a minha mãe está em um ponto "estável" durante, pelo menos, os próximos dias, e ele diz que sim.

Dou uma olhada rápida nela enquanto ela emite sons sem nexo. Virar as costas e sair, não é nada fácil. Levanto-me, beijo sua testa e saio.

53.

Estou sentada no banco do passageiro no Dodge Charger de Colton. Ele está dirigindo. Estamos nos lembrando de quando nos conhecemos, na gravação de um filme em Utah, há quase dez anos. Estamos a 24 quilômetros de San Francisco quando ele sugere que a gente pare pra pegar algo para beber no hotel. Nunca tomei bebidas alcoólicas antes, mais por ter medo depois de ver a relação de Joe ao ingeri-las do que por estar me agarrando a algum valor mórmon ou outra coisa.

Mas se há alguém com quem eu tentaria beber, esse alguém é o Colton. Ele é caloroso, ativo e tem um jeito de fazer todos ao redor se sentirem acolhidos. Além disso, ele é gay, então eu não tenho de me preocupar com nenhuma tensão sexual.

Abrimos a garrafa no segundo exato em que entramos no quarto do hotel e servimos uma dose para cada nos dois copos de plástico que há no banheiro. Abrimos um pacote de balas azedinhas para chupar logo depois do drink.

— Pronta? — pergunta Colton, animado. Aceno que sim com a cabeça. Ele conta. — Um, dois, três.

Prendemos a respiração, bebemos nossos drinques e chupamos uma bala.

— Não tô sentindo nada — digo, confusa.

Colton concorda, então tomamos mais uma dose.

— Tá bom, ainda não é muito, mas agora eu me sinto, tipo, um pouco tonta.

Ele concorda, então tomamos outra dose.

— Aah, eu acho que tô começando a sentir alguma coisa.

Colton concorda, então tomamos mais uma, só pra tirar a dúvida.

Antes de debater como nos sentimos com a quarta dose, pulamos nas camas, brincamos de esconde-esconde no corredor do hotel e invadimos a piscina, embora ela estivesse fechada. Planejamos um curta-metragem para fazer juntos, em que ficaríamos algemados um ao outro durante uma semana. Tentamos encontrar algemas. Por sorte, não encontramos.

Na manhã seguinte, acordei revigorada, com a máscara de cílios borrada e os olhos feito um guaxinim, ainda com a roupa de ontem.

— Essa foi uma das melhores noites da minha vida. — declaro.

Colton concorda, e nós cogitamos beber outra dose. Por fim, decidimos esperar até a noite pela adrenalina da expectativa.

E, Deus, como eu anseio por isso. Não acredito que esperei tanto para me embebedar. É uma sensação incrível e única. Quando estou bêbada, todas as minhas preocupações desaparecem – o ódio pelo meu corpo, a vergonha que tenho dos meus hábitos alimentares, ter de lidar com a minha mãe em estado terminal, ser atriz em uma série da qual me sinto humilhada em participar – tudo vai embora. Quando estou bêbada, fico menos ansiosa, menos inibida, menos preocupada com o que minha mãe iria querer ou pensar de mim – na verdade, quando estou bêbada, a voz dela me julgando evapora completamente. Mal posso esperar por hoje à noite.

54.

TOC-TOC-TOC.
    Acordo sobressaltada, assustada com o barulho. Ai. Minha cabeça está explodindo. Esfrego as têmporas. Deve ser a tal da ressaca. Eu só tinha ouvido falar em como é estar de ressaca, mas nunca a senti, apesar de ter ficado bêbada quase todas as noites nas últimas três semanas desde o meu primeiro gole de Tennessee Honey Jack com Colton, em San Francisco. Até aquele momento, sempre que ficava bêbada, eu conseguia acordar ilesa na manhã seguinte, não importasse o que nem o quanto eu bebia. Mas hoje é diferente, qualquer que seja o motivo. Foi a tequila? O uísque? O rum? O vinho? A mistura dos quatro? Vai saber.
    TOC. TOC. TOC.
    Merda. Que horas são? Vejo meu telefone: 08:05 da manhã. Porra. Esqueci do meu alarme. Eu deveria ter saído há cinco minutos para pegar um avião. Deve ser o motorista que a Nickelodeon mandou.
    — Tô indo! — grito, tentando, em vão, usar a minha melhor voz "eu definitivamente não acabei de acordar".
    Abro a porta da frente. O motorista vestido com terno e gravata não está em lugar nenhum. Ao invés disso, vejo Billy – meu jovial mestre de obras chupando uma pastilha de garganta – e sua equipe de três membros.
    — Olá, olá! — diz Billy, animado, enquanto entra, sem esperar por um convite. Seus funcionários entram atrás dele.
    Eu me esqueci totalmente que Billy vinha hoje. Não deveria, já que ele vem quase todos os dias.
    Comprei uma casa há três meses. Todos me disseram que seria um bom investimento. Além disso, a ideia me empolgava. Minha primeira casa. Ela

seria livre de deveres e bolores e acúmulo de coisas. Ela representaria o quanto cheguei longe.

Comprei uma linda casa de três andares na encosta de um morro pronta para morar, para que eu pudesse me mudar imediatamente e não me preocupar com reformas. Comprei até a mobília da propaganda da casa para não ter de pensar em decorar o lugar. Meu intuito com essa casa era não ter de me preocupar com ela, deixar que alguém fizesse isso e me permitir simplesmente aproveitá-la.

Semanas depois de me mudar, percebi que toda a infraestrutura precisava ser descartada ou substituída. Um cano quebrou e vazou água do chuveiro na mobília da sala de estar, arruinando-a totalmente. A pia da cozinha e uma das privadas entupiram. O deque esfarelou e uma escada quebrou. Essa coisa não estava pronta para morar. Ela parecia boa na superfície, mas por baixo estava caindo aos pedaços.

Enquanto Billy e seus rapazes sobem a escada rapidamente, vou para a varanda e espicho meu pescoço sobre a beirada para ver se o motorista está lá embaixo. Ele está. É claro que está, porra. E não só ele está lá, como está de braços cruzados, usando luvas e com o carro ligado e o porta-malas aberto. O nível de preparação e pontualidade dos motoristas sempre me irritaram.

— Desço em alguns minutos! — aviso, gritando.

— Tudo bem, senhora! Mas nós realmente devemos sair ag...!

Bato a porta com força no meio da frase. Estou me tornando uma pessoa grossa e impaciente. Estou ciente dessa mudança, mas não tenho a menor intenção de recuar. Aliás, estou gostando disso. É uma armadura. É mais fácil sentir raiva do que a dor por baixo dela.

Corro para o andar de cima, tiro uma mala do meu *closet* e a abro sobre o chão de madeira. Os rapazes começam a bater e martelar no banheiro para arrumar o chuveiro enquanto eu me agacho e enfio na mala meias, roupas de baixo, pijamas, *jeans* e camisetas sem nem prestar atenção.

Seguro uma jaqueta na mão, pensando se precisarei dela ou não para essa viagem. Está frio agora em Nova York? Deixo a jaqueta de lado e escolho um moletom com capuz em vez disso. Coloco na mala, fecho a tampa e me sento em cima dela para tentar fechar o zíper. Merda. Esqueci os artigos de higiene.

Levanto-me para pegar freneticamente cada respectivo item que aparece na minha mente. É um caos. Revisto meu armário do banheiro e pego alguns artigos de maquiagem, uma escova de dentes de viagem, um míni fio dental, e um enxaguante bucal. Enfio-os no bolso da frente da minha mala quando meu celular começa a vibrar. Eu o abro.

— Alô, pai?

Martelada-martelada-martelada. Furação-furação-furação.

— Você precisa vir pra cá.

— Sério?

Martelada-martelada-martelada. Furação-furação-furação.

— Sim...

Sento com toda força em cima da mala de novo. Por que essa coisa não fecha? Puxo o zíper com mais força. A parte dele que eu puxei quebra na minha mão. Eu a arremesso.

— Tem certeza? Porque eu deveria sair para pegar um voo agora, o carro está lá embaixo me esperando.

Ouço meu pai tomar fôlego do outro lado do telefone. Ele soa estressado.

— Pra onde você vai?

— Nova York, lembra?

— Pra quê?

*Furação-furação-*O BARULHO DE FURADEIRA MAIS ALTO QUE JÁ OUVI NA VIDA-*furação*.

— A Nickelodeon faz um evento chamado Dia Mundial do... — paro, percebendo como essa frase soa ridícula. — Não sei, alguma coisa que eu deveria apresentar. Então eu preciso mesmo ir?

— Eles dizem que vai ser hoje.

Congelo, chocada por alguns segundos, mas não por muito tempo. Já passei por esse momento muitas vezes antes. Alguém diz que minha mãe vai morrer, e então ela não morre. Volto a puxar o zíper.

— Sim, mas... — começo, sabendo que meu pai saberá o que quero dizer.

— "Mas" o quê?

Esquece. Eu sempre esqueço que meu pai nunca sabe do que estou falando.

— Mas as pessoas disseram isso tantas vezes antes. Se for outro alarme falso, eu realmente não deveria ir aí. A Nickelodeon vai ficar irritada se eu desistir de viajar.

Uma pausa. As batidas começam de novo na minha porta da frente. O motorista provavelmente veio me ver. Meu pai engole em seco.

— Você realmente precisa vir para cá.

— Tá bom.

Desligo ao mesmo tempo em que finalmente consigo fazer o zíper fechar. Estou suando neste momento. Levanto-me, atravesso meu quarto até minha cama e me sento na beirada dela por um momento, o suficiente para tentar me restabelecer antes de ir ver minha mãe provavelmente pela última vez. Estou tentando processar essa intensa realidade, mas não é nada fácil porque ouço *marteladas atrás de marteladas. Furação atrás de furação. Toc-toc-toc.*

55.

Estou sentada no sofá, olhando para a minha mãe deitada na cama de hospital que foi arrumada para ela aqui na sala de estar da velha casa de acumuladores de Garbage Grove. O sofá foi retirado para abrir espaço para ela. Minha mãe tem estado sob cuidados paliativos nas últimas três semanas, então essa não é uma cena estranha, embora normalmente ela fique sentada em vez de deitada como está agora, e sua respiração nunca esteve tão fraca.

Scottie e Dustin estão sentados perto. Todos estamos em silêncio, como efeito de anos de exaustão emocional. Estou surpresa porque nenhum de nós está chorando, mas é como se não tivéssemos mais lágrimas. Foi pelo menos uma dúzia de "ensaios" da morte da nossa mãe. Lembramos da fita de vídeo.

Ouço uma notificação de mensagem no meu telefone. A Nickelodeon está entrando em contato para dizer para eu não me preocupar em perder o Dia Mundial Sei-Lá-Do-Quê. Respondo agradecendo.

Outra mensagem aparece, dessa vez de um cara com quem estou de conversa atualmente. O Cara Atual e eu nos "conhecemos" pelo Twitter. Combinamos de nos encontrar ao vivo. Convidei alguns amigos para não ser assassinada. Quando percebi que era seguro estar perto dele, nós fomos para jantares chiques e praticamos *laser tag* e minigolfe. Chegamos a ir até mesmo para a Disneyland juntos assistir aos fogos de artifício. (Eu contratei um guia VIP para não interrompermos nenhum desfile nem irritar o Pateta).

O Cara Atual é maravilhosamente doce e atencioso e romântico. Mas eu não o amo. Talvez seja porque não tenho espaço no meu coração para amar ninguém agora enquanto minha mãe está morrendo, ou talvez seja eu tentando botar a culpa da falta genuína de conexão no luto. O luto é um ótimo bode expiatório. Estou descobrindo como não amar alguém pode ser uma ferramenta muito poderosa.

Amar alguém te torna vulnerável. Sensível. Carinhosa. E eu me perco na pessoa. Se amo alguém, começo a desaparecer. É muito mais fácil simplesmente trocar olhares, ter boas lembranças e piadas internas por alguns meses, correr no segundo em que as coisas começam a ficar reais, e então repetir o ciclo com alguém novo.

E aí que estou no momento com o Cara Atual. A distração foi boa, mas estou pronta para outras.

Saco meu telefone para ver a mensagem dele.

E aí? O qui cê tá fazeno?

Eu não sou tão rigorosa com ortografia, mas, pelo amor de Deus, escreve direito! É isso. Estou pronta para terminar. Escrevo uma mensagem.

Oi – eu realmente sinto muito, mas não posso fazer isso agora. A minha mãe vai morrer e eu preciso muito de algum tempo sozinha agora. Espero que compreenda.

Enviado. Feito. Simples assim. Volto a olhar para a minha mãe em estado terminal. Ouço uma notificação de mensagem.

Não diga isso, princesa. Tua mãe num vai morre.

Ele ignora o resto da minha mensagem. Reviro meus olhos. Eu disse para ele uma dúzia de vezes que a minha mãe está morrendo de câncer, mas ele age como se ela tivesse torcido o tornozelo. Ele não tem noção de perda. Sinto como se o mundo se dividisse em dois tipos de pessoas: as que conhecem a perda e as que não a conhecem. E sempre que encontro uma pessoa que não a conhece, eu não a levo em consideração.

Estou em um estado constante de irritação hoje em dia. Eu só não quero mais ter de lidar com as pessoas. Coloco meu telefone virado para baixo no braço do sofá. Olho para Dustin, para Scott e depois para a minha mãe. Ela parece se esforçar muito para respirar. Está lutando para sobreviver. Odeio isso.

Minha mãe inspira bruscamente, depois expira. A enfermeira dos cuidados paliativos olha firmemente para o meu pai, faz um leve aceno com a cabeça. Meu pai olha para nós. Ela se foi.

Ficamos todos amortecidos. Não choramos. Simplesmente continuamos sentados. Em silêncio. Depois de um tempo, pego meu telefone. Umas cem mensagens aparecem. Todos souberam. O *E! News* anunciou. Como eles já sabiam, caralho? Eu não faço ideia.

Vou para a minha caixa de mensagens, clico na mensagem do Cara Atual. Olho para a última que ele enviou: *Não diga isso, princesa. Tua mãe num vai morre.*

Respondo: *Ela acabou de morrer.*

depois

56.

Cada um de nós deu o seu adeus, o que significa simplesmente ficar ali, estático, olhando para o cadáver da minha mãe. A enfermeira leva a cama hospitalar dela para dentro da van do serviço de cuidados paliativos.

Meu pai pergunta o que deveríamos fazer e sugere que a gente não vá para casas, que passemos em algum lugar. Ninguém responde. Ele escolhe o South Coast Plaza, um *shopping* de luxo a cerca de vinte minutos de distância. Nós nos amontoamos no carro.

Eu preciso de uma capinha para o iPhone, então vamos para a loja da Apple. Somos abordados por um pequeno funcionário alegre, com dentes brancos e entradas no cabelo.

— Olá, como está seu dia? — pergunta, abrindo um sorriso. Nós o saudamos com olhares vazios. Analisando a atmosfera, o cara da Apple desfaz o sorriso e redireciona. Aprecio isso nele.

— Posso ajudar vocês com algo hoje?

Compro minha capinha de celular e saímos de lá em cinco minutos. Vamos para um pequeno café no mesmo andar para almoçar. Peço uma salada, com o molho à parte, para deixar minha mãe orgulhosa. Não dou nenhuma garfada nela. Eu me sinto sortuda, grata até, que o trauma finalmente resultou em falta de apetite. Minha mãe morreu, claro, mas pelo menos eu não estou comendo. Pelo menos me sinto magra, digna e me sentindo bem com meu corpo, meu pequeno porte. Pareço uma criança de novo. Estou determinada a manter isso. Em homenagem à minha mãe.

Naquela noite, volto para a minha grande casa solitária. Billy e seus rapazes deixaram todas as suas ferramentas espalhadas, já que iriam retornar no dia seguinte. Os móveis da sala de estar estão cobertos por lonas. Sento-me em um dos sofás e olho ao redor. Acho que irei odiar essa casa.

Remexo-me no sofá. A lona amarrota e faz um som insuportavelmente alto. Não sei o que fazer comigo. Abro uma garrafa de uísque e dou alguns goles direto no gargalo, então envio uma mensagem para Colton e outros amigos para ver se eles me fariam companhia.

Vamos todos a Little Tokyo e nos sentamos no restaurante de *sushi* para jantar. Bebo uma garrafa de saquê. Os cardápios são entregues. Quero tudo. Quero comer tudo que tem no menu.

Estou tão confusa. No último mês, eu não consegui sequer pensar em comida. Todos os dias, eu vivia de uísque, Coca Zero e dois pacotes pequenos de batata Lay's sabor churrasco. Que porra é essa? Estou faminta. Esfomeada.

Não participei nem por um único segundo da conversa de dez minutos. Tenho certeza de que todos confundiram meu silêncio com luto. Mas não é. É minha obsessão alimentar secreta.

Quando a garçonete aparece, não consigo decidir o que pedir, mas estou bêbada o suficiente para escolher a primeira coisa que vejo – a tigela de *teriyaki*. Digo para mim mesma que só comerei o repolho cozido no vapor servida de acompanhamento, talvez um pouco do arroz cozido no vapor, mas quando a tigela fervente é colocada em minha frente, não consigo me segurar. Devoro cada pedacinho o mais rápido que consigo. Peço outra garrafa de saquê, outro acompanhamento de arroz cozido no vapor, alguns rolinhos primavera e uma taça de sorvete de sobremesa. Bebo a garrafa inteira e como cada pedacinho da comida.

Voltamos para a minha casa e a minha cabeça está girando por causa do álcool. Brincamos com um jogo de tabuleiro e ouvimos música, mas sei que estou agindo no automático. Minha mente está focada em apenas uma coisa – a quantidade de comida que ingeri e o que vou fazer a respeito.

Tento mandar todos embora da minha casa o mais rápido possível, o que é difícil quando foi você quem as convidou no dia da morte da sua mãe para lhe fazer companhia. Ao saírem, cada um deles pergunta se eu não preciso de alguém para passar a noite comigo.

Assim que todos se vão, eu corro escada acima e entro no banheiro da suíte. O equipamento de Billy está todo espalhado pelo chão, então eu ando nas pontas dos pés, desviando das pilhas de coisas para chegar à privada. Levanto a tampa, me ajoelho, e enfio meus dedos pela garganta.

Nada. Caralho. Tento de novo, mais forte. Ai. Cutuco minha garganta e sinto gosto de sangue. Devo ter arranhado. Ah, bem. Vou conseguir. Respiro devagar, enfio meus dedos o mais fundo na garganta que consigo, com o máximo de firmeza que consigo, e finalmente o vômito sobe pela minha garganta e sai da minha boca, indo parar na privada. Olho para ele, para os pedacinhos de arroz e frango e o espumoso sorvete derretido. Eu me sinto vitoriosa.

E daí se estraguei tudo e comi? E daí se eu falhei? E daí, porra? Tudo o que tenho de fazer é enfiar os dedos na minha garganta e observar o erro ser desfeito. Esse é o início de algo bom.

57.

Estou me olhando no espelho enquanto penteio o cabelo e faço uma maquiagem para o funeral da minha mãe. Faço tudo o que ela mais gostava, o que por acaso são as coisas de que eu menos gosto – fazendo cachos no cabelo com o *babyliss*, delineando meus lábios com um lápis antes de passar um batom vermelho ousado e passando delineador nos meus sensíveis dutos lacrimais. O resultado é um pouco mais forte do que eu esperava, mas não tenho tempo de refazer, então vai ter de servir.

Visto meu vestido preto de um modo automático, fecho o zíper e calço um par de sapatos de salto. Marcus, que está comigo nesta semana, dirige. Sua esposa, Elizabeth, está sentada no banco do passageiro. Eu me sento no banco de trás. Uso o trajeto de uma hora e meia para resolver o que fazer. É uma grande decisão, e ela merece um bocado de pensamentos dedicados.

O trajeto é um inferno. Estamos em meio a um congestionamento e *Brave* de Sara Bareilles é a música mais tocada no rádio agora, e ela sai dos alto-falantes a cada três músicas. Em um dia normal, Sara é ótima, mas a última coisa que eu quero ouvir no dia do funeral da minha mãe é o quanto Sara Bareilles quer me ver sendo corajosa. Tento ignorá-la. Fecho meus olhos para focar, tentando muito encontrar uma resposta.

Canto ou não *Wind Beneath My Wings* no funeral?

Durante esses últimos meses da vida da minha mãe, seu pedido me atormentou. Venho pensando sobre isso constantemente. Pratiquei a música todas as noites do último mês até meu vizinho grudar um pedaço de papel na minha porta que dizia: CHEGA DE BETTE MIDLER.

Devido a algumas crenças mórmons remanescentes, acho que isso significa que ela estará me olhando hoje, decepcionada, lá do seu trono no Reino

Celestial – o reino supremo do céu, na crença mórmon. De jeito nenhum que ela acabaria nos insignificantes reinos Terrestre ou Telestial. Credo.

Sou tirada à força da minha linha de raciocínio quando Sara começa a dar tudo de si naquele refrão final. Sabe de uma coisa? Talvez ela tenha razão. Talvez eu deva ser corajosa. Talvez eu deva cantar *Wind Beneath My Wings* no funeral. Pelo amor de Deus! A minha vida após a morte depende disso.

Marcus entra no estacionamento da 6ª Congregação da Igreja de Jesus Cristo dos Santos dos Últimos Dias, a igreja em que crescemos. Nós nos aproximamos dos degraus da frente e entramos pela porta de trás. Não venho aqui há anos, mas ela se parece e cheira exatamente como me lembro. Aroma de limpador de carpetes e estopa, ah! Azulejos brancos na entrada, carpete azul nos corredores, imagens de gesso de Cristo em vários cenários com os discípulos por todos os lugares. (Cabelo comprido em um cara não me atrai, mas o sujeito realmente tem um belo maxilar).

Marcus e Elizabeth se afastam para cumprimentar as pessoas e fico sozinha. Vou para a sala de espera familiar e me sento ao lado dos lacrimejantes Dustin, Scottie e minha avó. Pego minha bolsa e tiro a partitura da *Wind Beneath My Wings* impressa ontem à noite, só por precaução. Repasso todas as palavras para ver se as decorei mesmo. Estou cantando mentalmente para mim mesma, morrendo de medo de quando chegar ao refrão. Merda. Sei no fundo do coração que sou incapaz de cantar essa música, mas sinto que preciso. Não posso quebrar a última promessa feita para a minha moribunda mãe.

Vejo a pianista passar e estou prestes a entregar a ela a partitura, mas, bem nessa hora, os carregadores do caixão entram na sala. Eles estão aproveitando seu momento. Eles adoram os holofotes. Meus irmãos choram. Minha avó lamenta: "Não temos frios o suficiente. Subestimamos a quantidade de convidados!"

Sou a última da lista de tributos fúnebres, então tenho todos os discursos da homenagem para assistir enquanto repasso na minha mente se há alguma forma de tentar cantar a música. Eu poderia baixar toda a música em um ou dois tons, mas então as estrofes ficariam graves demais. Eu poderia adaptar a melodia do refrão, mas sejamos sinceros, ninguém "adapta" uma melodia da Bette Midler. Bette sabia o que estava fazendo.

Chegou a minha vez.

Caminho até o púlpito. Estou tremendo. Como não dei a partitura para a pianista, a única opção que me resta de cantar *Wind Beneath My Wings* no funeral da minha mãe seria cantá-la à capela. Limpo minha garganta, respiro fundo, e então eu só... começo a chorar. É um choro gutural que coloca o meu teste para *Divisão de Homicídios* no chinelo. Continuo a chorar. E continuo. Até o bispo me dar um tapinha no ombro.

— Faltam só quinze minutos. Temos de prepará-la para o batismo de John Trader.

Desço do palco. Nada de Bette Midler.

58.

— Obrigado por ser tão compreensiva. — diz nosso diretor assistente com um olhar de pena e apreciação.

— *Uhum* — respondo em um tom monótono quando duas crianças pulam em mim enquanto nos preparamos para ensaiar essa cena pela sétima vez para as crianças acertarem suas marcas. Eu vi O Criador demitir crianças por motivos pequenos, como quando elas perdem uma fala ou não acertam a marca, então, em dias de ensaio como hoje, nossos diretores gostam de se certificar de novo que as crianças saibam o que estão fazendo para não perderem seus empregos.

Ouço muito essa frase hoje em dia. "Obrigada por ser tão compreensiva". Ouço-a diariamente. Não só do nosso diretor assistente, mas dos meus empresários sempre que estou ao telefone com eles, de um roteirista ou produtor pelo menos uma vez por semana, até de um executivo da emissora que me enviou um cartão de presente de 500 dólares para a Barneys com essa frase escrita no bilhete anexo.

Sei por que estou ouvindo tanto essa frase. É porque minha coprotagonista, Ariana Grande, é uma estrela *pop* em ascensão que falta ao trabalho com certa regularidade para cantar em premiações, gravar novas músicas e fazer coletivas sobre seu futuro álbum enquanto eu fico e seguro o rojão, irritada. De certa forma, entendo por que ela precisa faltar ao trabalho. Mas, ao mesmo tempo, não entendo por que a deixam fazer isso. Eu consegui duas participações em filmes durante o *iCarly*, mas tive de recusar porque a equipe do *iCarly* não me retiraria dos episódios para filmá-las.

Tentei me acalmar pensando em toda a situação. Tá bom, tudo bem. Talvez eles não pudessem me deixar gravar os filmes porque teriam de me retirar totalmente dos episódios, ao passo que, no caso da minha coprotagonista, eles a deixaram cumprir com suas obrigações com a música porque ela só tem faltado nos dias de ensaio e em partes dos dias de gravações, mas não a semana inteira.

Então teve essa semana. A semana em que eu soube que Ariana não estaria aqui e que eles iriam justificar sua ausência nesse episódio prendendo sua personagem em uma caixa.

É brincadeira?!

Então eu tenho de recusar filmes enquanto Ariana está fora fazendo falsete no Billboard Music Awards?

Foda-se.

Teve um momento em que eu considerava o comentário "obrigado por ser tão compreensiva" como um verdadeiro elogio. Eu me orgulhava dele. Minha mãe sempre me ensinou a ser assim quando era criança, sempre quis que eu fosse assim para conseguir mais papéis e construir uma boa reputação para ajudar minha carreira de atriz a crescer. Sempre que me chamam assim, sabia que estava fazendo algo certo. *Sim. Sou compreensiva. Sou uma boa pessoa. Sou a boazinha, aquela que não é difícil, a aluna preferida da professora.*

Mas agora chega. Eu me tornei uma pessoa amarga e estou resignada com esse fato. Não consigo mudar minhas circunstâncias, então tento mudar quem eu me tornei como resultado delas? Chega de ser compreensiva. Ressinto-me de ser compreensiva. Se eu não fosse assim desde o início, não estaria nesse apuro, para começo de conversa. Não estaria nessa merda de série dizendo essas porcarias de falas nessa droga de *set* com esse penteado cafona. Talvez minha vida fosse totalmente diferente agora. Fantasio como seria.

Mas não é. Ela é assim. É o que é. Ariana falta ao trabalho em busca de uma carreira na música enquanto eu interajo com uma caixa. Estou furiosa com isso. Estou furiosa com ela. Com inveja dela. Por alguns motivos.

O primeiro é que ela teve uma criação muito mais fácil do que a minha. Eu cresci em Garbage Grove, em uma maldita casa de acumuladores, com uma mãe com câncer que constantemente chorava por não ser capaz de pagar o aluguel e as outras contas. Ariana cresceu em Boca Raton, Flórida, uma cidade idílica, incrivelmente próspera, com uma mãe rica que poderia comprar tudo o que ela quisesse, sempre que quisesse – bolsas Gucci, viagens caras, roupas da Chanel. Eu nem quero roupas da Chanel – eu não gosto do visual do tecido – e, mesmo assim, eu a invejo.

O segundo é que quando consegui um contrato de desenvolvimento com a Nickelodeon para a minha própria série há alguns anos, achei quer seria exatamente isso... minha própria série. Ela deveria ser *Just Puckett*, a angustiante história de uma delinquente juvenil pretensiosa que se transformou em orientadora escolar. Agora é uma série mal elaborada de duas pessoas – *Sam & Cat* – sobre uma delinquente juvenil pretensiosa que, com sua "melhor amiga avoada", começa um serviço de babás chamado "Serviço de Babás Super Incrível e Divertido de Sam e Cat". Isso não é angustiante.

A terceira é que a Ariana está em um estágio da carreira em que aparece em cada lista de jovens talentos que se possa imaginar. E eu estou em um estágio em que minha equipe está animada por eu ser o novo rosto da Rebecca Bonbon, uma grife de roupas para pré-adolescentes com um gato com a linguinha para fora. Vendida exclusivamente no Walmart. E eu frequentemente cometo o erro de comparar a minha carreira com a da Ariana. Não consigo evitar. Estou sempre no mesmo ambiente que ela, e ela não é bem do tipo que tenta esconder seus sucessos.

No início, controlei bem a minha inveja. Quando ela chegou ao *set*, aos pulos, dizendo que se apresentaria no Billboard Awards, nem liguei. E daí? Ela está buscando uma carreira musical – algo que desisti de fazer porque odiava. E em sua busca por essa carreira, ela vai cantar músicas *pop* cafonas em um palco, uma tarefa que soa péssima. Não me abalei.

Então ela chegou correndo no *set* dizendo que estaria na capa da revista *Elle*. Essa me atingiu, mas só por causa da minha insegurança. Eu não sou bonita o bastante para estar nas capas de revistas? Seria eu nas capas se esse seriado não tivesse duas protagonistas? Ela está roubando oportunidades que seriam minhas? Abafei minha inveja e segui em frente.

Mas o que finalmente acabou comigo foi quando Ariana chegou com gritinhos de animação porque tinha passado a noite anterior brincando de charadas na casa do Tom Hanks. Esse momento me quebrou. Não aguentava mais. Apresentações musicais e capas de revistas... seja lá o que for, eu supero. Mas participar de uma brincadeira na casa do Tesouro Nacional, duas vezes ganhador do Oscar, e seis vezes indicado, Tom Hanks? Chega.

A partir de então, deixei de gostar dela. Não conseguia gostar dela. O sucesso de uma estrela *pop* eu aguentava, mas se divertir com Xerife Woody, com Forrest Gump? Porra, isso já era demais.

Então agora sempre que ela falta ao trabalho eu sinto como se fosse um ataque pessoal. Sempre que algo empolgante acontece com ela, sinto que ela me impediu de ter essa experiência. E sempre que alguém me chama de compreensiva, tudo o que sinto é o quanto eu não queria ser assim. Foda-se ser compreensiva, eu preferiria estar brincando de charadas com Tom Hanks.

59.

COLTON E EU ESTAMOS ENTORNANDO TEQUILA, NO BANCO DE trás DO TOYOTA Corolla 2009 do Liam, enquanto ele dirige. Esses Pocket Shots de tequila são nojentos. Nós quase golfamos com cada um, mas continuamos bebendo. Queremos chegar lá legais e chapados.

— Como vocês tão aí atrás? — pergunta Liam timidamente, virando-se, enquanto para no semáforo. Essa é a quinta ou sexta vez que pergunta e, em todas as vezes, ele olha direto para mim como se eu fosse a única cuja resposta importasse.

Liam e eu nos conhecemos na festa de Cinco de Mayo do amigo de Colton, há uns dois meses. Ele estava preparando para si algumas *fajitas* na mesa do *buffet*. Com 1,87 metro, um corte de cabelo desgrenhado e olhos bem separados, me senti atraída na hora. Nós nos aproximamos graças às margaritas e à atração mútua um pelo outro. A essência da substância.

— Não poderia estar melhor — tento falar, mas engulo as palavras enquanto divido outro Pocket Shot com Colton. *Deus, eu sou tão divertida.*

— Bom. Bom — diz Liam, piscando. Eu sempre fiquei impressionada por um homem que consegue dar uma piscadela sem parecer assustador. Ele continua a dirigir.

Ainda não fiz sexo, mas estou começando a achar que é a hora certa. Não tenho mais medo. Não tenho mais medo de nada, porque não me importo mais com nada desde que minha mãe morreu.

Liam parece uma pessoa de confiança com quem posso perder minha virgindade. Gosto um pouco dele, sim, mas não de um jeito profundo, então não preciso ter medo de ficar mais apegada segundos depois de transarmos – o que é um medo genuíno meu desde que ouvi falar uma centena de vezes sobre essa fraqueza feminina. Quero fazer alguma coisa para evitar isso. Não quero virar uma mulher apaixonada fraca, caidinha por um homem só porque ele esteve dentro dela. Quero ser mais forte do que isso.

Liam e eu vamos transar logo. Sei disso. Talvez hoje à noite nós nos beijemos pela primeira vez e então talvez em uma semana ou duas nós finalmente transemos, quando a tensão aumentar tanto que teremos de quebrá-la. Fico animada enquanto fantasio com isso. Viro outro Pocket Shot.

Vinte minutos depois chegamos à balada onde nossa amiga Emmy está dando sua festa de 21 anos.

Colton e Liam me ajudam a andar cambaleando porque estou tão bêbada e usando saltos tão altos que não consigo andar direito. Nós entramos e seguimos para o bar. Pedimos três drinques e os viramos.

A festa em si é ótima, mas um pouco chata, mesmo quando estou embriagada. Vejo Emmy observando Liam pelo canto do olho. Odeio quando as mulheres agem de um jeito tão óbvio com aqueles por quem têm interesse. Se você for óbvia, outra vadia pode aparecer e explorar essa paixonite, usá-la contra você, trai-la com ela. Aprendi isso com os discursos intermináveis da minha mãe sobre confiar bem menos nas mulheres do que nos homens. "Os homens vão magoá-la sem nem ao mesmo conhecê-la", ela me dizia. "Mas as mulheres... ah, as mulheres a conhecerão profunda e intimamente e depois vão te magoar. Me diz o que é pior".

É por isso que não confio nas mulheres. Eu só observo. Eu as vejo agir com desespero, fracas e patéticas. É constrangedor ser mulher. Estudo as mulheres como Emmy para ser diferente delas. Melhor do que elas.

Bebo outro drinque enquanto observo Emmy conversar com Liam, animadinha demais. E por tempo demais. E com piscadelas provocantes, mexendo no cabelo e com toques "despercebidos" demais em seu braço. Ela tá fazendo tudo errado. Pobrezinha. Eu faço o oposto de Emmy e ignoro Liam completamente no resto da festa. É quase fácil demais.

Duas horas depois, estamos de volta à minha casa. Liam deixou Colton no caminho, então estamos sozinhos. Liam me joga na cama e tira meu vestido cobre. Estou tonta. O quarto gira. Estou bêbada. Confusa. Onde estou?

— O que tá acontecendo? — pergunto finalmente.

— Vou transar com você. — diz Liam em um tom de voz que me embrulha o estômago. Fica a meio caminho de uma voz de criancinha, usando a mesma inflexão da voz de criancinha, mas sem subir uma oitava.

Eu meio que quero parar. Não é assim que pretendia perder minha virgindade. Nunca imaginei que aconteceria hoje. Achei que hoje seria o primeiro beijo mágico, e o lance da perda da virgindade aconteceria uma semana ou duas depois. Achei que teria tempo para me preparar mental e emocionalmente.

Mas eu meio que também quero continuar. Quem se importa com rituais e preparação? Eu tô é aliviada de acabar com a minha virgindade.

Foda-se. Não digo nada. Semicerro meus olhos para tentar me concentrar de alguma forma para conseguir enxergar direito. Finalmente consigo. Liam está segurando meus quadris enquanto dá várias estocadas. Uma gota de suor escorre por sua testa. Que nojo.

Liam finalmente sai de dentro de mim. Ele goza. Eu não.

Na manhã seguinte, acordo em meio a uma poça de suor. Sinto-me sufocada. Presa. Como se estivesse em uma camisa de força. Abro meus olhos. Estamos dormindo de conchinha. Devemos ter dormido assim a noite toda com o tanto que suei. Tento me libertar, mas não consigo. Um maldito gigante está agarrado a mim. Esse é o problema de ser uma mulher pequena. Todos os homens parecem gigantes. Contorço-me. Também não funciona. Por fim, começo a cutucá-lo até ele acordar, depois finjo que não estava fazendo isso e que deve ter sido impressão dele.

Ele me olha no fundo dos meus olhos e sorri para mim. Diz que a última noite foi incrível. Minto para ele, dizendo que concordo. Imagino que pensarei em um plano para dispensá-lo depois, quando estiver sozinha.

Ele tenta me abraçar mais, mas eu digo que preciso ir ao banheiro. Levanto-me e de repente percebo o quanto estou dolorida. Caminhar dói, então eu ando meio cambaleando. Chego ao banheiro e abaixo minha calcinha. Vejo sangue nela. Sei que não estou menstruada – não menstruo há anos por causa dos meus vários transtornos alimentares. Deve ter sido por ter feito sexo pela primeira vez.

Urinar arde e queima, então eu solto jatos curtos, como se prolongar a dor machucasse menos. Não resolve. Finalmente eu termino.

Demoro dez minutos para lavar as minhas mãos, ensaboando-as, enxaguando, ensaboando-as de novo e enxaguando. Estou enrolando. Não quero voltar para lá com Liam. Algo em sua presença me deixa desconfortável.

Toc-toc-toc.

— Tudo bem aí dentro?

Respondo que não estou me sentindo bem. Ele vai embora.

Peço um café da manhã. Ovos, bacon, torradas e batatas, acompanhados por um café com leite com *chantilly*. Como rapidamente, com desespero, quase até a saciedade. *Posso parar agora. Estou satisfeita, não preciso continuar. Posso interromper o ciclo.* Jogo a embalagem no lixo. Um desgaste inunda todo o meu corpo. Corro para o banheiro, levanto a tampa da privada e vomito meu café. Lavo o rosto e as mãos.

Costumo me sentir exaurida neste ponto, mas dessa vez não. Ainda estou cheia de ansiedades acumuladas. Preciso me livrar desses sentimentos malditos.

Volto correndo para a lata de lixo e retiro a embalagem do café. Encho minha boca de ovos e mastigo rapidamente. *Foda-se o que estou fazendo, preciso parar, preciso parar.* Cuspo na lata de lixo os ovos mastigados pela metade. Pego um frasco de perfume do banheiro e borrifo um pouco na comida restante para garantir que não vou comer mais nada. Mas então eu como mais. O perfume me dá náuseas. Vomito.

60.

— Você está ótima.
— Você está realmente começando a desabrochar.
— Você nunca esteve tão linda, mas eu pararia por aí. Um pouco mais e vai começar a ficar esquelética demais.
— Seu corpo está incrível.

Esses são todos comentários feitos para mim nas últimas semanas por produtores, agentes e membros da equipe com quem trabalho. Nunca recebi tantos comentários positivos – e assustadores – sobre o meu corpo quanto nas últimas semanas.

A essa altura, tenho mais de uma década de experiência em transtornos alimentares. Tive os anos de anorexia, os anos de compulsão alimentar e os atuais anos de bulimia. Quanto mais experiência tenho, mais reconheço que meu corpo não é um reflexo confiável do que acontece dentro dele. Ele flutuou muito e drasticamente durante toda essa década, e não importa o quanto flutuava, não importa se meu corpo tem tamanho 10 de criança ou 40 de adulto, sempre restava ali um problema subjacente.

As pessoas não parecem entender isso, a menos que já tenham experimentado na própria pele algum transtorno alimentar. Elas parecem associar magra com "bom", gorda com "ruim" e magra demais também com "ruim". A janela do "bom" é muito pequena. É a janela em que eu estou atualmente, embora meus hábitos estejam longe de serem bons. Eu abuso do meu corpo diariamente. Estou infeliz. Estou esgotada. E ainda assim a chuva de elogios continua.

— Tenho de dizer, quando você está ensaiando e sai pela porta para uma cena, é bem difícil não focar na sua bunda. Espero que não ache assustador eu dizer isso. Considere como um elogio.

61.

É SEGUNDA-FEIRA, MEU DIA FAVORITO DA SEMANA DE TRABALHO, POR DOIS motivos. O primeiro é que é o nosso dia mais curto de ensaios. O segundo é que toda segunda, quando chegamos para a leitura do texto, uma agenda atualizada é colocada na mesa à nossa frente para que possamos ver os títulos dos episódios, os diretores e as datas de gravações dos episódios futuros. E cada vez que a agenda fica diante de mim, eu consigo imaginar meu nome lá nos títulos dos episódios como diretora.

Eu assinei o contrato para fazer a série derivada em grande parte para agradar a minha mãe. Mas também porque O Criador me prometeu exatamente isso – trabalhar como diretora em um dos episódios. É claro que dirigir uma das séries d'O Criador não é exatamente a melhor forma de exercitar seus músculos criativos, visto que ele está sempre presente durante a filmagem, é inflexível quanto às próprias ideias, e não muito receptivo às ideias das outras pessoas. Mas conseguir dirigir um episódio de televisão é uma chance de fazer a indústria finalmente me ver como algo além de apenas uma atriz mirim da TV. É uma forma de demonstrar que tenho valor fora da caixa em que fui colocada. Eu realmente quero isso.

As datas do meu trabalho de direção foram adiadas algumas vezes, mas repetidamente me asseguraram que isso só acontecia por causa de conflitos de agenda com os outros diretores programados. Asseguraram-me também que as novas datas que recebi – para um dos nossos episódios finais – estão fechadas. Estou programada para dirigir.

Pego meu café, sento-me na minha cadeira e observo enquanto o nosso assistente de produção coloca os horários atualizados em frente de cada pessoa na mesa. Vai, Bradley, acelera aí.

— Aqui está — diz, enquanto coloca a folha de cor salmão na minha frente. Pego a folha e procuro no final da página o lugar onde estão listados os episódios finais. O lugar onde eu deveria ver meu nome em um desses quadradinhos escritos "dirigido por".

Mas, em vez disso, vejo duas letras: N/D ("não disponível"). Deve ser um erro de digitação. Olho em volta para chamar a atenção de alguém, mas até agora apenas alguns membros da equipe estão presentes e o funcionário do departamento de figurino que está sempre costurando não vai saber do que se trata.

Minha respiração fica estranha e acelerada. Olho ao redor, à procura de algum produtor que possa saber algo sobre isso, mas nenhum deles está na sala. Não consigo acreditar. Sinto como se tivessem me tirado o ar.

Os executivos e produtores começam a entrar. Cruzo o olhar com um deles, aquele em quem eu confio mais dentre essas pessoas em quem não confio.

Falaremos disso depois, verbaliza, apenas mexendo os lábios.

Não. Não quero falar sobre isso depois. Quero resolver agora. Que porra tá acontecendo? Eles não podem esperar que eu fique sentada aqui, agindo profissionalmente, fazendo uma leitura de texto quando acabaram de tirar a única coisa que eu queria em todo esse processo.

Luto contra as lágrimas ao perceber como fui tola. Acreditei que essas pessoas fariam o que disseram que fariam. Que me dariam o que prometeram. Agora que eu apareci para trabalhar todos os dias, fui profissional, engoli minha raiva e carreguei uma série por quase quarenta episódios, agora que eles conseguiram o que queriam de mim – estão me tirando o motivo pelo qual eu estava fazendo todas essas coisas, pra começo de conversa. Sinto que fui traída.

Depois da leitura, ligo para meus agentes e empresários e eles me aconselham a cooperar, a ser a "compreensiva" que sempre fui. Mas não aguento mais ser compreensiva. Não sei por quanto tempo mais consigo ser assim.

***

É sexta-feira da mesma semana. Dia de gravação. Demorou uma hora e meia para Patti – minha maquiadora, mas também uma das minhas amigas mais queridas nessa equipe – fazer minha maquiagem porque eu não conseguia parar de chorar. Estou um caco. Estou desolada. Sinto-me traída, magoada e furiosa. Contei a Patti o que aconteceu e ela fez questão de me acompanhar algumas vezes a vários escritórios de produtores enquanto eu tentava conversar com eles, mas fui rejeitada em toda a tentativa. Ninguém fala comigo. Todos estão de boca fechada. Eles estão claramente *todos juntos nisso*, e não de um jeito divertido com todos sincronizados, batendo palmas, no melhor estilo *High School Musical*.

Visto com preguiça o meu figurino e vou para o *set*. Nem decorei minhas falas porque não me importo mais. Queria que eles simplesmente me demitissem. Este lugar é tóxico e péssimo para a minha já debilitada saúde mental. Quero sair daqui.

Chego ao *set* para uma cena em um ringue de boxe. (Um dos meus colegas interpreta um boxeador que tem como empresário um garoto de dez anos de idade). Passo os dedos pelas minhas falas, em silêncio.

Começamos a gravar. Passo pela primeira tomada mal e porcamente. Passo pela segunda mal e porcamente. Chego à terceira tomada, mas não a termino. No meio da segunda fala, perco meu fôlego e minha respiração acelera, como acontece sempre que tenho um ataque de pânico. Merda. Vejo estrelas. Estou com medo de desmaiar. Caio no chão. Meu peito sobe e desce. Baba cai pela lateral da minha boca enquanto solto o grito mais intenso e terrível da minha vida. Na frente de todos: o elenco, a equipe, os figurantes.

Finalmente, um de meus colegas, aquele que interpreta o boxeador, me levanta do chão e me carrega para fora do *set*. Ele me leva para o camarim e se senta comigo. Patti se junta a nós. Eles me confortam e dizem que entendem. Estão do meu lado.

Então alguém bate à porta. Paraliso de medo na hora. Patti grita que sairemos em um minuto. Do outro lado da porta, uma voz estrondosa exige entrar. Dá para perceber que é uma das pessoas da produção.

— Tá, agora não. — Patti responde com secura à pessoa da produção do outro lado da porta. Eu a adoro. Agradeço a ela por isso. Ela tem coragem de enfrentar essas pessoas.

— Posso conversar com a Jennette por um minuto? Sinto pena dela. — pede a pessoa.

Parte de mim acredita nela. Ou pelo menos quer acreditar. Outra parte está desconfiada. Escolho acreditar. Deixo a pessoa entrar. Ela pergunta se podemos falar em particular. Os outros saem.

Ela se senta no sofá do lado oposto ao meu.

— Gostei da sua decoração. — brinca, já que eu não adicionei absolutamente nada a essa caixa fria que serve de camarim.

Não acho graça. A pessoa pigarreia.

— Suponho que isso tenha acontecido por você ter sido retirada da lista de diretores.

— É por causa de várias coisas.

Uma pausa. A pessoa continua.

— Quero que saiba que eu intercedi por você. Quis que dirigisse. E que tem uma pessoa aqui que não quer que você dirija. A pessoa definitivamente não quer que você dirija. Tanto que disse que sairia da série se isso acontecesse. E não podemos nos dar ao luxo de perder essa pessoa. Então tivemos de retirar você da lista de diretores. Só quero que saiba que não é sua culpa.

Estou chocada. Não tenho palavras. O membro da produção se levanta e sai, fechando a porta em silêncio atrás de si.

Alguém não queria que eu dirigisse? Tanto que disse que sairia da série se isso acontecesse? Como algo assim seria possível? Eu me obrigo a vomitar repetidas e repetidas vezes. Não sei quanto mais eu aguento lidar com tudo que acontece comigo. Não sei mais como lidar com tantas partes da minha vida estarem tão fora do meu controle. Olho ao redor para as paredes brancas. Talvez eu devesse decorar o lugar. O adereçista bate na minha porta para entregar a meia de manteiga para a minha próxima cena.

62.

Estou andando pelo Whole Foods, comprando comida para a semana. Gasto uma fortuna para comprar frutas, verduras, legumes e refeições congeladas porque estou na esperança de que se eu gastar uma quantia obscena por uma sacola de comida, terei menos vontade de vomitar.

Neste momento, estou começando a perceber que não consigo sustentar mais a bulimia. Minha garganta sangra todos os dias, meus dentes parecem moles, minhas bochechas parecem maiores, meu estômago luta para digerir o alimento, e eu adquiri muitas cáries desde que começou. Acho que quero mudar, mas, até agora, a força de vontade não me levou a lugar nenhum. Todas as manhãs digo a mim mesma que não vou vomitar hoje e todas as manhãs, às 10 horas, eu já vomitei. Como a força de vontade claramente não funciona, essa coisa do Whole Foods sou eu tentando uma estratégia diferente.

Tiro uma refeição congelada de almôndegas da prateleira e examino a tabela nutricional para ver as calorias e a gordura: 440 calorias, 15 gramas de gordura. De jeito nenhum. Ponho essa merda de volta.

Outra das minhas mais novas estratégias é diminuir a ingestão de calorias como eu fazia quando era criança. Imagino que, se mantiver as minhas calorias baixas, talvez o impulso de vomitar vá embora e eu consiga manter o alimento. Pelo menos é isso o que digo a mim mesma na superfície. Mas lá no fundo, eu sei a verdade.

A verdade é que eu queria ter anorexia, não bulimia. Anseio pela anorexia. Fui cada vez mais humilhada pela bulimia, que eu costumava considerar o melhor dos dois mundos – coma o que quiser, vomite tudo, fique magra. Mas agora não parece mais ser o melhor dos dois mundos. Parece terrível.

Fico tão envergonhada e ansiosa toda a vez que acabo de comer que não sei o que fazer para me sentir melhor, exceto vomitar. Depois de terminar, sinto-me um pouco melhor. Parte de mim se sente vazia, exausta, como se nada mais restasse, o que ajuda. A outra metade agora tem uma dor de cabeça lancinante, dor de garganta, vômito escorregando pelo meu braço e emaranhado no meu cabelo, e até mais vergonha em cima da vergonha inicial, já que agora eu não apenas comi como vomitei também. Bulimia não é a resposta.

A anorexia é.

A anorexia é majestosa, controlada, toda poderosa. A bulimia é descontrolada, caótica, patética. A anorexia do pobre. Tenho amigos com anorexia e dá para perceber que eles sentem pena de mim. Sei que eles sabem, porque qualquer um com um transtorno alimentar consegue perceber que outra pessoa tem um transtorno alimentar. É como um código secreto que você não consegue deixar de captar.

Agora que tenho meu plano Whole Foods e minha missão de anorexia, estou sentindo uma motivação que não sentia desde que minha mãe morreu. Claro que a maioria das coisas está fora do meu controle. Perder entes queridos, estar em uma série da qual me envergonho, trabalhos de direção sendo retirados de mim – mas isso? Isso eu posso controlar.

Empurro meu carrinho um pouco mais para a frente do corredor e pego alguns hambúrgueres de feijão preto: 180 calorias por unidade, e 5 gramas de gordura. Coloco esse anjo delicado de alimento no meu carrinho com grande reverência porque ele está do meu lado. Ajudando na minha missão.

Empurro o carrinho para a frente. Meu telefone começa a tocar. Minha avó.

Nunca gostei muito da minha avó. Quando criança, eu odiava o modo como ela acariciava minhas costas e afagava meus cabelos. Era como se ela não soubesse como tocar de um lugar de carinho e conforto, só sabia como tocar de um jeito sedutor. Isso me enojava.

À medida que eu crescia, os passatempos favoritos da minha avó eram fofocar ao telefone, fazer permanente no cabelo e reclamar. Seus pés doíam, sua blusa estava apertada demais, o permanente não estava na cor certa, Louise nunca ligava de volta, meu avô não chegou do trabalho cedo o bastante, o gás está caro demais, o restaurante Souplantation tirou o pão de milho do cardápio.

Ela não era uma velha amarga expondo suas queixas com frieza e com um cigarro pendurado na boca, o que seria engraçado, pelo menos. Minha avó estava sempre chorosa, com os olhos marejados e transferindo seus problemas para os outros.

Por todos esses motivos, não gosto nem tenho respeito por ela. E não acho que goste de mim também, mas ela nunca admitiria isso porque está ocupada demais chorando por eu não gostar dela.

Desde a morte da minha mãe, eu tentei melhorar o nosso relacionamento. Tento responder às suas mensagens sempre que posso, ligo para ela alguns dias na semana, e mando um *e-mail* para ela uma vez por semana. É muito mais manutenção para o nosso relacionamento do que eu gostaria e, mesmo assim, não basta para ela, algo que ela me diz sempre que conversamos.

Estou esgotada emocionalmente, mas continuo me doando para esse relacionamento porque não quero ser estúpida e cortar a minha avó, que acabou de perder a filha.

Coloco o telefone de volta no meu bolso. Vou para o corredor e encontro alguns vegetais congelados. Pego um saquinho e coloco no carrinho. Meu telefone começa a tocar de novo.

Minha vó.

Envio uma mensagem para ela: *Te ligo depois*.

Coloco meu telefone de volta no bolso, dessa vez um pouco irritada, e me dirijo ao setor de hortifrúti. Pego um saco de maçãs *pink lady*, algumas cenouras e um coco com o qual eu não sei bem o que fazer, mas ele parece bonito, então, por que não?

Ela liga de novo. Quero jogar meu telefone longe. Em vez disso, eu respondo, deixando um toque de exasperação ao atender para que minha avó consiga perceber que estou irritada.

— Vó, posso te ligar quando eu voltar para casa? Estou no mercado.

Ela está choramingando. Diz algo, mas não consigo discernir em meio ao choro. Fico preocupada. Pergunto se está tudo bem. Ela continua a choramingar. Pergunto de novo.

— Você... você... você nunca me ligaaaa! — solta ela finalmente.

Sempre que ela liga chorosa, eu acho que meu avô morreu. A saúde dele está piorando rapidamente. Sei que ela sabe que eu tiro essa conclusão porque já lhe disse antes. Perguntei se poderia tentar parar de gritar e chorar. Sempre que digo isso, ela me assegura que nunca mais fará isso. Então faz todas as vezes.

Digo-lhe com firmeza que ligarei de volta quando chegar em casa, então desligo. O telefone começa a tocar de novo. Agora não sou só eu quem está estressada, mas a praticante de ioga sem maquiagem com túnica de cânhamo que está fazendo as compras na minha frente. Invejo sua pele de pêssego. Ela olha para mim. Sinto-me constrangida.

Minha avó liga de novo. Desisto. Deixo meu carrinho onde está e saio do mercado. A Pele de Pêssego parece contente. Pergunto-me se eu não deveria tentar microagulhamento.

Cruzo o estacionamento, e durante o tempo em que estive no mercado, começou uma tempestade. Uma das raras tempestades anuais de Los Angeles. Normalmente eu evitaria dirigir na chuva porque já não gosto muito de dirigir, que dirá quando está chovendo. Entro no meu Mini Cooper e, assim que eu ligo o motor e o para-brisas, ela começa a ligar de novo. O *bluetooth* do celular está ligado, então a voz dela soa pelos alto-falantes do carro. Ela ainda está choramingando.

— Vó. — digo com toda a calma possível, para tranquilizá-la. Ela está histérica. Tenta falar alguma coisa, entre lágrimas, sobre eu desligar na cara dela. Saio do estacionamento e viro à direita, indo para a rua principal que leva à minha casa.

— Vó. — repito, com o máximo de calma que consigo, embora meu rosto esteja cada vez mais quente de tanta raiva. — Eu estava no mercado, fazendo compras. Pronto, estamos falando. Por que me ligou?

As lágrimas se transformam em veneno imediatamente.

— Não seja malcriada comigo, sua *vaca*.

Minha avó frequentemente se refere a mim como "vaca". Ela sempre adiciona um pouquinho de maldade na palavra também, para me chocar.

— Vó, como eu já disse, se você ficar me xingando e me culpando sempre que falarmos ao telefone, vou te bloquear.

— Não me ameace, *sua pirralha*.

— Não estou ameaçando. É fato.

— *É fato*. — repete minha vó, imitando a minha voz. — Todos os meus outros netos me ligam bem mais do que você. — reclama ela.

— Como você está?

— Como você acha, hein? Você ouviu alguma coisa do que eu disse? Você não me trata bem. Sua mãe deve estar se revirando no túmulo.

Eu queria poder simplesmente revirar meus olhos e ignorar a última coisa que ela disse, deixar pra lá e não dar ouvido a uma maluca. Mas não posso. A questão com a minha mãe é meu ponto fraco, o ponto que não pode ser violado. Não permitirei que minha mãe seja usada contra mim. E se for, tomarei medidas desesperadas.

— Tá bom, vó, vou desligar e bloquear você.

— Não ouse fazer isso! Sua mãe vai chorar lá no céu.

Ela sempre faz essa merda. Se sabe que algo me atinge bem lá no fundo, se sabe que machuca, ela enfia a faca mais fundo a gira. Como uma avó *quer* causar dor à sua neta? Sei que ela teve uma vida dura, sei que está triste e desesperada por atenção, e sei que ela está magoada com a minha frieza para com ela, mas mesmo assim. Não acho que haja desculpa para esse comportamento.

— Tchau! — desligo o telefone. Ela liga repetidas vezes. Eu paro, abro o telefone e aperto "bloquear". A sensação é boa. Parece o certo a ser feito. Uma onda de estresse acumulado deixa meu corpo. Posso respirar normalmente de novo.

Chego em casa e subo os degraus da frente, devagar por causa da chuva. Entro de mãos abanando, já que saí do Whole Foods com pressa. Estava planejando começar meu plano alimentar de baixas calorias para a anorexia hoje à noite, mas estou esgotada demais agora. O plano vai ter que esperar. Peço comida pelo Postmates, um serviço de entrega – bacon, couve-de-bruxelas, batatas fritas e espetinhos de carne de um lugar que gosto e que fica na minha rua. Sirvo-me de um copo bem cheio de tequila para acompanhar.

Viro a tequila antes mesmo de a comida chegar. Quando chega, estou faminta. Eu a devoro o mais rápido possível. Assim que termino, vomito tudo.

Foda-se. Funciona para mim. A bulimia me ajuda. Minha avó está bloqueada e meu corpo está vazio, e essas são as coisas de que preciso.

63.

Há semanas eu venho empurrando o trabalho com a barriga. Passo os olhos de relance pelas minhas falas de manhã, sem me esforçar em memorizá-las para os ensaios. Fico completamente indisponível entre as tomadas e para a imprensa – a última metade do intervalo para o almoço costuma ser cheia de entrevista atrás de entrevista para todas as revistas direcionadas a garotas adolescentes. Desde o problema com a direção, estou contando os dias para a série acabar.

Faltam apenas vinte dias depois de hoje. Apenas mais quatro episódios. E mesmo assim, não tenho certeza se conseguirei suportar até lá.

Estou começando a esperar ter um ataque cardíaco induzido pela bulimia. É difícil de admitir, mas parte de mim, na verdade, quer ter. Daí eu não estaria mais aqui. Meus pensamentos se tornaram mais sombrios e dramáticos nas últimas semanas. E, embora a princípio, eu estivesse ciente da mudança, e preocupada, ela não parece mais uma mudança. Apenas parece eu mesma.

As decepções se acumulam na minha vida, e a cada uma delas, meu sofrimento aumenta. Só a morte da minha mãe já teria tirado tudo de mim, mas desde então, o mundo parece desabar na minha cabeça.

Não consigo controlar minha bulimia. Ela tomou conta de mim e eu parei de lutar. Lutar pra quê? Está mais forte do que antes. É mais fácil não combatê-la. É mais fácil aceitá-la, quem sabe até aprender a lidar com ela.

Aceitei o fato de que não gosto de atuar. Embora eu tenha suportado a temporada com a promessa de dirigir um episódio, agora que essa oportunidade foi arrancada de mim, sinto que tudo o que fui e o que sempre serei é atriz. Uma atriz decadente porque, afinal, quem vai me contratar quando passei quase dez anos na Nickelodeon? Como conseguirei um trabalho de atuação "de verdade", fora dessa esfera bizarra de araque? Nunca fui para a faculdade nem tenho habilidades úteis pra vida real, então mesmo se quisesse ter uma profissão fora da indústria do entretenimento, essa realidade está há anos de distância.

Os homens também não ajudam em nada. Todos são apenas distrações. E, mesmo assim, prefiro me distrair com uma garrafa de vinho por noite, ou um copo cheio de uísque puro, o que estiver à mão. Beberei até vodca, embora meu corpo tenha começado a rejeitá-la, provocando alergias sempre que tomo um pouco. Não me importa, o barato compensa as alergias.

Estou desanimada. E por mais que eu me esforce, não consigo deixar esses desespero para trás. Caminho devagar, com os ombros caídos. Minhas pálpebras estão sempre caídas. Não consigo me lembrar da última vez em que sorri sem ser para uma cena.

Se não soubesse o motivo, eu diria que a minha energia negativa é o que está afastando todos ao meu redor e levando a vibração no *set* de gravações até o fundo do poço em que tem estado ultimamente. Mas eu sei qual é o verdadeiro motivo. Sei por que isso acontece.

O Criador se meteu em apuros com a emissora pelas acusações de abuso emocional. Sinto que era uma simples questão de tempo, e que deveria ter acontecido muito antes.

Avalio a quantidade de encrencas em que ele se meteu. Não foi algo a ser resolvido com apenas uma breve punição. Chegou ao ponto de a presença dele no *set* com os atores não ser mais autorizada, o que dificultava a comunicação entre as tomadas.

Ele fica sentado em uma sala parecida com uma pequena caverna, na lateral do estúdio, cercado por pilhas de frios, seu lanche favorito, e pequenos dirigíveis do Kids' Choice Awards, sua conquista de vida mais estimada. Ele observa nossas tomadas em quatro monitores separados, um para cada câmera, que são colocados em seu covil. Sempre que quer nos enviar uma observação, ele a recita para um diretor assistente, que então precisa atravessar todo o estúdio para repassá-la a nós. Então em vez de gravar treze horas por dia, passamos a gravar dezessete horas. A vibração geral no *set* nesses dias é algo descrita como a junção de mal-estar com "por favor, Deus, vamos acabar logo com isso".

Estamos na última cena do dia, uma que acontece em um dos nossos *sets* principais – um restaurante temático de robôs onde todos os garçons são, adivinha só, robôs. Meu personagem deveria subir em uma mesa e atacar alguém... ou algo do tipo. Não sei, nem me importo. As cenas, as ações, as falas – todas agora não passam de borrão à minha frente.

Fiz a cena de ação algumas vezes. Juntando a ação, as longas horas e a bulimia, estou esgotada. Tudo o que eu quero fazer é chegar em casa e beber um pouco de uísque.

Finalmente, um pouco depois da uma da manhã, terminamos. Chego em casa, me sirvo de um copo cheio e viro metade dele antes de entrar no banho para tirar meus cílios falsos, a camada de base e o produto do meu cabelo duro de laquê. Quando saio do banho, o uísque sobe. Estou com a visão embaçada quando checo meu *e-mail*. As mensagens se acumulam – metade das quais eu nem olho porque aplico à minha caixa de entrada a mesma abordagem aleatória que aplico ao resto da minha vida hoje em dia. Estou prestes a fechar a janela do aplicativo quando avisto uma frase ameaçadora pairando quase no fim da sequência. É da empresa que me agencia, dizendo que precisamos conversar logo cedo, pela manhã.

Saio do meu *e-mail*, termino de beber e tento dormir.

64.

Na manhã seguinte estou no telefone com agentes de 1 a 3, os empresários 1 e 2, e os advogados 1 e 2. Não me lembro exatamente quando a equipe ficou tão grande, e ainda não sei ao certo o motivo – não consigo me lembrar da última ideia empolgante que alguém dessa equipe teve e pela metade do tempo eles apenas ecoam o que outra pessoa disse na reunião e depois caem na gargalhada durante muito tempo – mas aparentemente isso é o que você faz quando tem sucesso no *showbiz*.

— Espera, eles estão cancelando o programa? — digo, incapaz de esconder minha alegria.

— Sim, nós sabíamos que você ia ficar animada. — diz o Agente nº 1.

— A melhor parte é que... — começa o Agente nº 2, fazendo uma pausa para efeito dramático (juro que os agentes são os melhores atores). — ...eles estão lhe oferecendo trezentos mil dólares.

Pauso. Isso não me parece certo.

— Por quê?

O Empresário nº 2 entra na conversa. Dá para perceber que ele se sente intimidado pelo resto dos homens, então, quando finalmente entra, despeja tudo o que diz rapidamente como se tivesse se preparado para dizê-lo, criando coragem, enquanto os outros estavam falando.

— Bem-pense-nisso-como-um-presente-de-agradecimento. — desembucha ele em uma frase só. Solta um suspiro de alívio depois disso, como se tivesse feito sua parte e não precisasse falar de novo pelo resto da ligação.

Um presente de agradecimento? Estou desconfiada.

— Sim, um presente de agradecimento. — repete o Empresário nº 1. — Eles estão lhe dando trezentos mil dólares e a única coisa que querem em troca é que você nunca fale publicamente sobre sua experiência na Nickelodeon. — Especialmente tudo o que for relacionado ao Criador.

— Não. — digo, na mesma hora, por instinto.

Uma longa pausa.

— N-não? — fala finalmente o Agente nº 3.

— De jeito nenhum.

— É dinheiro gratuito. — oferece o Empresário nº 1.

— Não é não. Não é dinheiro gratuito. Me parece suborno.

Um silêncio hostil. Um deles limpa a garganta.

Ao longo dos anos, aprendi aos poucos que na indústria do entretenimento o que é dito raramente é o que foi conversado. Essa maneira de operar não só me desagrada, como parece genuinamente impossível de me adaptar. Todos os demais parecem tão capazes de opinar com discrição e coreografam suas frases para que o ritmo do que é dito siga dançando com delicadeza no ar, mas, o que acaba acontecendo é que, em geral, eu simplesmente não entendo o que está sendo dito e preciso perguntar diretamente.

Em algumas ocasiões, no entanto, eu entendo exatamente o que está acontecendo, como neste momento. E nesses exemplos, em vez de perguntar diretamente o que está acontecendo, eu apenas digo. Os resultados variam. Às vezes ouço gargalhadas. Às vezes há um desconforto. Dessa vez é um desconforto.

— Bem, e-eu não acharia isso se fosse você. — diz o Empresário nº 1 com uma risada nervosa.

— Mas, é isso mesmo. Eu não vou aceitar suborno.

— Bem, hum, tá. Se você diz... — diz o Agente nº 1 ou nº 2 (não consigo distinguir suas vozes).

E, com isso, todos desligam. *Clique. Clique. Clique.* Até eu ser a única a restar na chamada em grupo. Desligo também e me sento na beira da cama.

Que porra é essa? A Nickelodeon está me oferecendo trezentos mil dólares de suborno para não falar publicamente sobre minha experiência no programa? Da minha experiência pessoal de abusos com O Criador? Essa é uma emissora de programas feitos para crianças. Eles não deveriam ter algum tipo de bússola moral? Eles não precisariam pelo menos tentar responder a algum tipo de padrão ético?

Recosto-me na cabeceira da cama e cruzo as pernas. Estendo os braços atrás da cabeça e deixo-os lá em um gesto de orgulho. Quem mais teria a força moral? Eu acabei de recusar trezentos mil dólares.

Espera...

Eu acabei de recusar trezentos mil dólares. É muito dinheiro. Eu juntei uma quantia decente com *Sam & Cat*, mas definitivamente não o bastante para que trezentos mil dólares não façam diferença. Merda. Talvez eu devesse ter aceitado.

65.

O programa acabou há três semanas e meia e corre na imprensa a história de que ele teria acabado porque eu estava chateada que a minha coprotagonista recebia mais do que eu, o que me incomoda porque não é verdade. Meu empresário me disse que ele foi cancelado por causa de uma alegação de abuso sexual contra um dos nossos produtores.

Tanto faz. Eles precisam culpar alguém, então me escolheram, e não tem nada que eu possa fazer a respeito.

A não ser falar a verdade. O que eu considero fazer em várias ocasiões, mas nunca me convenço a fazer isso, porque falar sobre o programa e a passagem pela Nickelodeon apenas manterão a minha conexão com o programa e a Nickelodeon fresca na mente das pessoas. Quando muito, isso consolidará minha posição como "a menina da Nickelodeon". Como a "Sam".

Odeio ser conhecida como Sam. Odeio muito. Tentei sentir alguma paz com isso, mas não consegui. Quando as pessoas dizem: "Você parece aquela garota do *iCarly*", eu só digo: "Não, não sou eu". Todos os dias, muitas vezes por dia, as pessoas gritam coisas para mim, tais como: "Sam!", "frango frito!" ou "a menina do *iCarly*" e então pedem uma foto. Eu nego e me afasto. Às vezes elas gritam, dizendo que sou grossa. Continuo a caminhar.

No entanto, eu tirarei fotos com qualquer um que conheça meu nome verdadeiro, porque eu genuinamente aprecio a cortesia. Mas qualquer outra pessoa – não.

Sei que fiquei mais amarga. Sei que fiquei ressentida. Mas não ligo. Sinto que a série roubou minha juventude, uma adolescência normal que eu poderia viver sem ter cada experiência de vida minha sendo criticada, discutida ou ridicularizada.

Comecei a detestar completamente a fama aos 16 anos, mas agora, aos 21, eu a desprezo.

Não ajuda em nada eu ser famosa por algo que comecei a fazer ainda criança. Penso em como seria se todos ficassem famosos por algo que fizeram aos 13 anos: a banda do Ensino Fundamental, o projeto de ciências do sétimo ano, a peça do oitavo. Os anos do Ensino Fundamental servem para você tropeçar, cair e varrer tudo para debaixo do tapete assim que passar, pois você já amadureceu aos 15 anos.

Mas não no meu caso. A imagem que eu tinha quando criança está consolidada na mente das pessoas. Uma imagem que sinto ter superado há muito tempo. Mas o mundo não me deixa amadurecer. O mundo não me deixa ser outra pessoa. O mundo quer que eu seja apenas Sam Puckett.

Tenho plena consciência do quanto pareço irritante e birrenta. Milhões de pessoas sonham em ser famosas, e cá estou, famosa e odiando. De certa forma, sinto ter direito ao meu ódio, visto que não fui eu quem sonhava em ser famosa. Era a minha mãe. Ela me impôs isso. Estou autorizada a odiar o sonho de outra pessoa, mesmo que seja a minha realidade.

66.

Estou no banco traseiro de um Uber, com Colton. Uso um vestidinho preto e saltos altos demais. Imagino que quanto mais alto o salto, maior a chance de ele tirar um pouco da minha insegurança. Até agora, não tive muita sorte.

A bulimia manteve meu peso baixo nos primeiros meses. Mas desde esses primeiros meses, a bulimia me traiu. Meu corpo parece reter todo alimento que puder. Recusando-se a ficar menor e, na verdade, ficando maior.

Ganhei 4,5 quilos desde aqueles primeiros meses de bulimia, quando eu estava na meta de peso que minha mãe tinha para mim. Esses quilos a mais são a primeira coisa que percebo quando acordo pela manhã, a última coisa que noto quando coloco minha cabeça no travesseiro à noite e a coisa que mais vejo durante o período de qualquer dia. Estou obcecada com esses quilos. Torturada por eles.

Não entendo. Por que meu corpo não faz o que eu quero? Por que a bulimia não me ajuda mais? Achei que fôssemos amigas. Achei que a bulimia me apoiasse. Claramente não. Eu me enganei com esse relacionamento. Mesmo assim não consigo me livrar dele. Sinto-me presa, escravizada, dependente da bulimia.

O motorista para perto do bar e nós descemos. Colton e eu atravessamos a rua e corremos para o bar, onde alguns amigos já estão bebendo.

— Feliz aniversário! — gritam todos para mim ao mesmo tempo. Um deles me passa um *shot* de tequila. Viro esse, depois outro. E outro.

Uma hora depois, estou embriagada. Uns cinquenta amigos apareceram e todos nós estamos nos divertindo bastante, quando congelo com a imagem da minha amiga Bethany vindo na minha direção. Ela está carregando um bolo com velas.

Merda. Bolo com velas, não. Tudo menos o bolo com velas.

Bethany estende seu braço livre e me aperta em um meio abraço apertado. Mesmo com um braço só, o abraço dói. Bethany é uma mulher forte.

— Tipo, você não é muito de abraçar, né? — diz ela, com a entonação ascendente no final da frase, característica do sotaque de uma garota de Valley.

— Bem, não...

— Comprei um bolo. É de baunilha, seu favorito. E tem, tipo, essa cobertura de creme de manteiga com baunilha bem legal que deve ser, tipo, incrível.

— Ótimo — minto.

— Não é? Quer bolo agora? Vamos cantar o "parabéns" agora. Ei! — grita ela para a multidão, estalando os dedos. Todos começam a cantar.

Estou bêbada demais para conseguir distinguir o borrão de figuras de pé em minha frente cantando em uma variedade de tons. Por que "Parabéns pra você" é a música mais difícil de cantar NA TERRA se é também a mais popular? Que tipo de piada doentia é essa?

Pelo menos os "chá-chá-chás" não estão mais na moda. Aceito o que posso ter. A cantoria termina e todos olham para mim, esperando que eu sopre as pequenas chamas nas velinhas de cera.

É isso. Por isso eu não quero um bolo com velas. Não quero ter de lidar com meu pedido de aniversário. Aos 22 anos, este é o primeiro pedido de aniversário que farei em que não sei o que pedir porque aquilo que eu vinha pedindo a minha vida inteira terminou. Acabou. Caso encerrado. A coisa sobre a qual eu secretamente desejei ter algum controle, durante todos esses anos, agora sei que não tenho, nunca tive.

O propósito da minha vida, de manter minha mãe viva e feliz, foi em vão. Todos esses anos eu passei focada nela, além de todo o tempo gasto orientando cada pensamento e ação para o que achava que fosse agradá-la ao máximo foram em vão. Porque agora ela se foi.

Tentei desesperadamente entender e conhecer a minha mãe – o que a deixava triste, o que a deixava feliz e assim por diante – para me conhecer de verdade. Sem ela por perto, não sei o que quero. Não sei do que preciso. Não sei quem sou. E certamente não sei o que pedir.

Eu me inclino e sopro as velas, sem fazer pedido.

— Você tem de provar o bolo! A cobertura de creme de manteiga! — grita Bethany, já cortando a primeita fatia e começando a distribuir. Ela me entrega o primeiro pedaço.

Dou uma mordida e arregalo meus olhos como se dissesse "*hmmm*, que gostoso", esperando que isso satisfaça Bethany. Parece dar certo. Ela bate palmas, pulando. Vou para o banheiro vomitar.

67.

TENHO ESPERANÇA. PELA PRIMEIRA VEZ EM ANOS, EU TENHO ESPERANÇA. Recebi a oferta de um papel principal em uma nova série da Netflix – NETFLIX (podem jogar o confete) – e não é para dois protagonistas, gente. Eu, somente eu, sou a personagem principal. Bem, na verdade se trata de um grupo, mas eu sou a líder e, considerando o crescimento da rede, vou topar.

Para ser honesta, "topar" não foi a escolha mais fácil. Expressei preocupações iniciais sobre o roteiro do episódio piloto. O termo educado para isso em atuação seria dizer: "Eu não me identifico com o material", mesmo se a expressão exata poderia ser algo mais como: "Estou morrendo de medo de isso ser um lixo". Mas meus agentes me recomendaram fazer o projeto porque o pagamento era muito bom e os únicos outros projetos que me ofereciam eram papéis cafonas em séries de comédia e participações em *reality shows*, e eles disseram que valeria a pena fazer a conexão com uma empresa promissora e respeitável como a Netflix. Parecia uma boa lógica para mim, então assinei o contrato.

É primeiro de outubro quando chego em Toronto, uma versão mais limpa e amigável da cidade de Nova York e que chamarei de lar nos próximos três meses da minha vida. Chego ao quarto do hotel animada, inspirada até. Estou convencida de que está acontecendo uma reviravolta na minha vida, que esse trabalho novo é exatamente a motivação de que preciso para recolocar as coisas nos trilhos.

Estou estrelando uma série de verdade. Chega de programas para crianças. Abusos de álcool e bulimia são coisas de elenco infanti e juvenil. Mas astros sérios – astros da Netflix – não têm de se preocupar com isso. Astros sérios têm a cabeça no lugar.

Então, no dia em que chego em Yorkville, o bairro de Toronto onde vou ficar, começo minha empreitada séria com uma ida à livraria para comprar uma pilha de livros de autoajuda. Leio cada um deles com toda a paciência em uma semana e penso em um plano, daquele tipo com afirmações sólidas, um plano que, creio eu, resume bem a essência de todo o conhecimento de autoajuda que acumulei na última semana.

Focarei em mim. Escrevo a frase no meu diário e a toco cinco vezes. (Este é um dos meus tiques do TOC que permanecem. Também rodopio todas as vezes que entro no meu banheiro, mas pelo menos este último até que é divertido).

Sei que focar em mim não será fácil. Precisarei de esforço contínuo, tempo e atenção. Significará trabalhar nos meus problemas, encará-los de cabeça erguida em vez de deixar que sirvam como distrações ou tentar fingir que são menores do que são. Significará fazer A TAREFA. A tarefa que implica introspecção necessária para lavar a alma, necessária para entender de onde vêm os maus hábitos, as inseguranças e os padrões de autossabotagem e por quê, além da motivação para desafiar e mudar esses maus hábitos, inseguranças e padrões de autossabotagem, mesmo que eles continuem a ser provocados repetidas vezes por vários eventos da vida.

Estou pronta para excluir tudo e todos da minha vida, se necessário. Estou pronta para focar apenas em mim.

Até conhecer Steven.

***

É o primeiro dia de filmagem. Estou sentada no meu *trailer*, lendo o roteiro dos episódios 2 ao 6 quando me dou conta de algo terrível.

Eu posso fazer parte do primeiro fracasso da Netflix. Eu não me identifico com esse roteiro ainda mais do que já não me identificava com o piloto. O orçamento é mais baixo do que o esperado – não que haja algo errado com um projeto de baixo orçamento, é só que esse não é exatamente o tipo de orçamento que você quer para um extenso drama pós-apocalíptico sobre uma cidade pequena onde um vírus aparece e começa a matar todos aqueles com mais de 21 anos de idade. Não houve um único representante da Netflix presente em nenhuma das festas de recepção do elenco e da equipe, o que não faz sentido para mim. Sempre tem um representante da emissora presente nessas coisas.

Pego o telefone e ligo para os meus agentes. Um deles atende e depois que eu falo sobre minhas preocupações, ele me explica que não havia representante da Netflix no *set* porque essa série é uma parceria entre a Netflix e uma emissora canadense chamada Citytv. Essa emissora canadense é a produtora, a Netflix é apenas a distribuidora.

Aahhhh. Ah, ah, aaahh.

Então essa não é uma série da Netflix (podem jogar o confete). É da Citytv (podem jogar... outra coisa qualquer).

Parte de mim deseja não ter perguntado nada, que eu ainda estivesse sentada aqui, achando com toda a ingenuidade que estou em uma série da Netflix. E a outra parte de mim deseja ter perguntado antes para que eu pudesse ter saído dessa série que não é da Netflix.

Desligo o telefone e me sento aqui no meu *trailer*, olhando meu reflexo no espelho. Sinto muita vergonha de mim. Da minha carreira. Estou ciente de que há coisas piores do que estrelar programas dos quais você não se orgulha, mas saber disso não muda nada. Essa é a verdade para mim. Estou com vergonha.

Quero fazer um bom trabalho. Quero fazer um trabalho de que me orgulhe. Isso importa para mim em um nível inerente e profundo. Quero fazer a diferença, ou pelo menos sentir que faço a diferença com o meu trabalho. Sem essa sensação, essa conexão, o trabalho parece sem sentido e monótono. *Eu* me sinto sem sentido e monótona.

Sei que se eu me obrigar a vomitar agora, minhas bochechas incharão e meus olhos ficarão marejados e vai dar para perceber isso pela câmera. Mas não consigo evitar. Preciso disso. A vergonha que sinto é intolerável. Preciso do meu mecanismo de enfrentamento. Preciso da sensação de exaustão que tenho depois de uma boa purgação. Levanto-me rápido do sofá, mas, nesse exato momento, ouço uma batida na porta. É nosso assistente de produção pronto para me levar ao *set*. Merda, não dá tempo de vomitar. Desço a escada do *trailer* e acompanho o assistente indo para a nossa primeira gravação do dia, que acontece ao ar livre, no meio de uma tempestade de neve.

Lá, em meio a uma rajada de flocos de neve e ventos fortes, eu o vejo: cabelos castanhos, olhos verdes expressivos e uma charmosa má postura, usando calça chino, uma jaqueta *puffer* e um gorro com um pompom em cima. Está recostado em um *trailer* Star Wagon, com o pé encostado no pneu enquanto fuma um cigarro – *tão* provocante. Está falando num iPhone, a combinação perfeita entre um italiano fraco e inglês.

— Tá bom, tá bom. Tudo bem. *Ti amo. Ciao*, mãe.

Ele liga para a mãe nos intervalos? Esse menino é bom demais para ser verdade. Ele desliga o telefone e o coloca no bolso do casaco. Pega um cigarro novo e o acende.

— Steven! Estamos prontos. — grita o assistente de produção para o meu novo amor. Então o Steven é diretor assistente na nossa filmagem. Meu coração palpita. Isso significa que eu o verei todos os dias da semana nos próximos três meses.

— Tá — responde Steven e vai para o *set*.

Já estou fantasiando sobre como vou ficar com Steven. Os livros de autoajuda da importância flexibilidade ao estabelecer metas, do quanto é importante estar disposto a ajustá-las e adaptá-las, e, meu Deus, estou disposta a ajustar e adaptar. Estou pronta para a abandonar minha meta de focar em mim mesma. Não quero tratar da minha vergonha, da minha humilhação, do meu luto, da bulimia e dos problemas com álcool.

Talvez não seja tão ruim estar nessa série da Citytv. Talvez ela mereça algum confete, afinal.

68.

Após duas semanas e meia dolorosamente longas, cruzando com ele "por acaso" depois de usar toda a minha esperteza, Steven me convida para um encontro.

Bebemos em um bar chamado Sassafraz, que fica na mesma rua do hotel onde estou hospedada. Steven pede um uísque com gengibre. Eu peço um *gin* tônica.

Há uma doçura no Steven que está bem longe da típica doçura do cara bonzinho, que é – sejamos francos – chata. Digamos que seja algo agridoce. Talvez seja a voz dele que deixa sua doçura assim. Ah, meu *Deus*, a voz dele. É o que mais gosto no Steven, essa voz – baixa e rouca, provavelmente por causa dos dois maços por dia, mas, tudo bem, podemos lidar com o câncer de pulmão depois.

Steven tem uma audácia que se equilibra sabe-se lá como, com sua simplicidade. Nunca vi alguém tão atrevido parecer tão humilde, e vice-versa. Ele é uma anomalia ambulante. Eu me sinto atraída por ele.

No nosso segundo encontro vamos ao Jack Astor's – uma rede canadense de restaurantes, parecida com o TGI Fridays – e dividimos *nachos* e uma sopa. Vomito tudo no banheiro, tiro o mau hálito com um tablete de Listerine e volto para a área de refeições, com Steven acenando para mim. Não consigo acreditar que algumas semanas atrás eu estava pronta para tentar me livrar da bulimia. Ela parece ser uma parte de mim, um hábito básico. Estou aliviada por ainda poder recorrer a ela.

Tomamos alguns drinques, depois voltamos para a minha casa para mais alguns enquanto assistimos a especiais de *stand-up comedy* no meu *laptop*. Nossa dinâmica tem calma e conforto. Nós conversamos sobre o que queremos ou não da vida. O que é estranho quando se tem vinte e poucos anos.

Relacionamentos do passado. Mágoas do passado. Esperanças. Sonhos. Só coisa boa! Conversamos até uma da manhã, trocamos carícias no meu sofá por uma hora, então continuamos a conversar até às quatro.

No nosso terceiro encontro, saímos para dançar (ideia do Steven). Fico embriagada o bastante para perder completamente a inibição. Steven e eu dançamos juntos. Algo que poderia parecer impossivelmente cafona parece impossivelmente mágico e é tudo por causa dele. Nunca tinha me sentido assim por um cara antes. Até meus sentimentos por Joe – que, até este momento, eu considerava meu primeiro amor – parecem imaturos e infantis demais, comparados a seja lá o que isso for. É algo real. Puro. É profundo. Eu me sinto completamente compreendida e notada por Steven, e ele parece sentir o mesmo.

No nosso quarto encontro, assistimos ao *The Voice* na casa do Steven. Seu gosto por programas de televisão é... questionável, mas fico feliz em assistir à Christina Aguilera tecer falsos elogios aos concorrentes do programa, se isso significar passar tempo com Steven. Nós terminamos uma garrafa de tequila e, quando chegamos às últimas gotas, começamos o maior amasso no seu sofá. Ele tira minha camiseta, depois minha calça. Coloca uma camisinha. Além de tudo, o cara ainda é responsável!

Transamos pela primeira vez e é incrível. O comentário típico que percorre meu cérebro durante uma relação sexual não dá as caras.

As vezes em que transei sempre pareceram algo que acontece no segundo plano do que rola na minha cabeça. Adiciono alguns gemidos por precaução para eles não perceberem. Mas não dessa vez. Dessa vez me perco no momento. Com Steven eu esqueço de mim. Adoro isso.

Começo a chorar. Steven pergunta se estou bem. Conto a verdade para ele. Estou chorando porque percebi que é assim que sexo deve ser. Ele me beija mais forte. Transamos mais algumas vezes. Ele me pede para dormir lá. Diz que nunca quer deixar de pegar no sono ao meu lado. Christina elogia uma jovem cantando alto uma canção da Whitney Houston. Tudo está bem.

69.

Estou na minha sala de estar, sentada no meu sofá estofado demais. Billy usa uma britadeira no andar de cima. Estou de volta à minha casa na Califórnia por três longas semanas e a poeira mágica de Toronto assentou.

Minha fixação por Steven controlou minhas ansiedades com relação à qualidade da série que não é da Netflix e meu estado geral, mas agora, com ele longe, as ansiedades voltaram.

Essa série encerrará minha carreira? Ou, pior, ela explodirá, tornando-se outro fenômeno constrangedor que ofusca minha identidade?

Qual é minha identidade, afinal? Que merda é essa? Como posso saber? Eu fingi ser outras pessoas por toda a minha vida, durante a minha infância, a adolescência e até o início da fase adulta. Os anos que eu deveria passar me encontrando, eu gastava fingindo ser outras pessoas. Os anos que eu deveria dedicar à construção da minha personalidade, serviam para construir a personalidade das personagens.

Estou mais convencida do que nunca de que preciso parar de interpretar. Que isso não é bom para a minha saúde mental ou emocional. Tem sido destrutivo para ambas. Penso no que mais tem sido destrutivo para as minhas saúdes mental e emocional... os transtornos alimentares, é claro, e os problemas com o álcool.

E então percebo que, por mais que eu esteja convencida de que preciso largar essas coisas – a interpretação, a bulimia e o álcool – não acho que consiga. Por mais que eu guarde rancor de tudo isso, essas coisas me definem, por mais estranho que pareça. São minha identidade. Talvez por isso eu guarde rancor delas.

O estresse dessa percepção me leva à privada, assim como qualquer estresse. Eu vomito. Quando volto para o meu lugar no sofá, vejo uma ligação perdida de Steven.

Steven e eu oficializamos o namoro no dia em que saí de Toronto e, Deus do céu, como eu fiquei aliviada. Estava morrendo de medo de que o nosso relacionamento terminasse logo e não passasse de um caso temporário. Um lance. Algo para passar o tempo que, caso contrário, teríamos passado entediados no local de trabalho. Isso queria dizer que eu analisei mal, interpretei errado. Fui tola. Estava convencida de haver algo real entre nós, mas eu precisava do rótulo para me apoiar, confirmar minha realidade.

Na manhã do meu voo, Steven me acordou com uma carta de amor me pedindo para ser sua "mulher". Deixá-lo foi uma verdadeira agonia. No momento de entrar no táxi, dizer adeus foi uma das sensações mais intensas que senti na minha vida – trêmula, aterrorizada, apaixonada e impotente. Eu não fazia ideia de onde o futuro nos levaria, especialmente por estarmos tão longe um do outro. É possível que os últimos meses tenham sido apenas uma fantasia, uma ilusão. Talvez Steven volte para a vida dele, e eu volte para a minha e nós simplesmente voltemos cada um a seu velho e costumeiro padrão e um esqueça o outro lentamente, mesmo que tenha sido especial.

Por isso que agora, com Steven me ligando, estou aliviada. Sei o que essa ligação significa. Noite passada enquanto estávamos na nossa ligação noturna de três horas no FaceTime, ele mencionou que ia pesquisar voos para Los Angeles e me ligar de manhã, se conseguisse entrar em um no último minuto porque nós não conseguiríamos mais aguentar ficar separados um do outro. Essa ligação significa que ele conseguiu um voo. Essa ligação significa que Steven está vindo me visitar... hoje. Essa ligação significa que nosso relacionamento não foi um lance.

***

O voo de Steven aterrissa. Ele trouxe apenas uma mala de mão porque só vai ficar dois dias, então ele entra rápido em um Uber e nós nos comunicamos por mensagem durante todo o trajeto. Mal posso esperar. Expulso Billy. Ele deixa as ferramentas espalhadas por todos os lugares. (QUANDO esse cara vai terminar essa reforma? Já faz mais de um ano).

Ouço uma batida na porta. Deixo Steven entrar. É louco encontrá-lo em pessoa depois de a gente se ver só por meio de uma tela durante três semanas. Ficamos tímidos no início. A conversa é lenta. Estou morrendo de medo. Somos assim em Los Angeles? Rolava uma mágica entre nós em Toronto e em Los Angeles nossa relação se torna isso?

Finalmente, depois dos três minutos mais longos da minha vida, Steven me dá um abraço forte e começamos o maior amasso. Ele tira minhas roupas e eu tiro as dele e ele tira uma camisinha do bolso (claro), veste e empunha o pênis com a camisinha na minha direção e eu fico encantada. Trepamos três vezes no sofá e depois começamos a conversar, e tudo parece voltar ao normal. Fácil. Confortável. O constrangimento era apenas tensão sexual. Eba.

Depois de uma hora em que ficamos de conchinha e batendo papo, Steven vai para o banheiro fazer xixi. Ele volta para o quarto devagar e com um olhar preocupado. Para na entrada da sala de estar, mantendo distância de mim. Ele parece cismado. Não diz nada.

— Que foi? — pergunto, afinal.

— Jenny... — diz Steven, preocupado.

— O quê? — pergunto de novo, mais preocupada do que antes. — Você está me assustando. O que tá acontecendo?

— É que... — Steven olha para baixo e arrasta as meias contra o piso de madeira de cerejeira. Não faço ideia do que está prestes a me dizer, e sua hesitação me irrita. Eu só quero que ele desembuche.

— O que tá pegando? — finalmente ele pergunta.

— O que tá pegando? Como assim? — pergunto.

— É você quem deve saber.

— Não tenho ideia do que você quer dizer com isso...

— Tem resto de vômito no assento da privada.

— Aaahhh, é só isso? — pergunto, tentando disfarçar casualmente. — Bem, não é bem um problema, é mais uma... coisa que eu faço.

Ele não se convence.

— Sabe, como quando você fuma. — Tento me comparar a ele. — Você fuma cigarro, eu forço meu vômito. São apenas coisas que fazemos.

— Não, são coisas diferentes — assegura Steven. — A bulimia pode te matar.

— Os cigarros também.

— Sim, mas eu vou parar.

— Certo. Eu também.

Steven suspira.

— Eu só quero mesmo que você fique bem e saudável, Jenny.

— Bem, eu fico na maior parte das vezes.

— Mas você não está.

— Na maior parte das vezes eu fico.

Ele me olha fixamente por um longo tempo. Ele nunca olhou para mim assim antes. É um olhar piedoso e parental. Não gosto disso, mas há algo na intensidade desse olhar que me faz perceber que ele não vai ceder. Eu não vou conseguir convencê-lo.

— Olha, Jenny, você precisa procurar ajuda para isso ou eu... eu não vou poder mais ficar com você. Não posso ver você fazer isso consigo mesma.

Estou chocada. *É sério?*

Seus olhos respondem. *É sério.*

Que merda.

70.

Estou sentada no consultório de Laura, em Century City. É minha primeira vez na sala de espera de uma terapeuta e não é nada do que eu imaginava. Esses lugares não deveriam ter mais cara de clínica? Essa sala está longe disso. É confortável e convidativa. Para ser honesta, Laura é uma terapeuta/*coach* de vida, então talvez os terapeutas multitarefas decorem mais suas salas. Estou cética.

Tem um pufe de crochê turquesa em um canto perto de uma estante cheia de fileiras de livros de autoajuda. Estou sentada em uma cadeira laranja. com uma manta de tricô creme dobrada em cima do encosto. "*Boho chic*". Talvez eu soubesse disso se tivesse lido as avaliações no Yelp, mas assim que vi aquelas cinco estrelas, agendei uma consulta e nem questionei. Além disso, quem quer ler uma avaliação de alguém que perde seu tempo para escrever uma avaliação? Não dá para confiar nessas pessoas, elas têm tempo sobrando.

Estou entre acariciar a manta suave disposta sobre o sofá e planejar minha fala de abertura. Quero começar essa coisa com leveza. Não quero ser outro saco de pancadas que se estatela na cadeira de uma terapeuta e reclama sobre seus problemas enquanto a pobre terapeuta se arrepende de sua graduação. Laura sai para me receber.

— Jennette? — pergunta, embora eu seja a única sentada nessa sala de espera e a única com uma sessão agendada para essa hora.

Brinco com ela.

— Laura?

Ela dá um largo sorriso, revelando um dos mais belos sorrisos que já vi. Laura deve usar Whitestrips também.

— Oi! — Ela se aproxima de mim de uma forma que pode muito bem ser descrita como um flutuar. Não tenho certeza se ela flutua por causa da saia rodada florida que desliza pelo chão a cada passo que dá na minha direção, ou se flutua por ser como é. Estou intrigada com ela.

Ela me puxa para um abraço. Eu não costumo ser muito de abraçar, mas há algo na cordialidade de Laura e em sua integridade que faz eu me render. Ela cheira à roupa recém-lavada. Dou uma cheirada em sua roupa, esperando ser discreta. Me dá esse aroma de amaciante, Laura.

Ela se afasta e segura meus dois antebraços enquanto me olha nos olhos, intimamente. Tudo nessa interação com Laura até agora normalmente me colocaria na defensiva, se ela fosse outra pessoa. Mas Laura é Laura. As regras comuns não se aplicam aqui.

— Vamos começar? — pergunta ela com, juro por Deus, um brilho no olhar. Sim, vamos, Laura. Nós. Vamos.

Sento-me diante dela em seu pequeno consultório, cuja estética lembra a da sua sala de espera. Minha primeira declaração já era, depois de ser desarmada daquela forma.

Ela me pergunta o que me traz ali, e eu conto sobre o ultimato de Steven e o quanto o amo e quero que as coisas deem certo entre nós, então eu concordei em vir.

— Tudo bem, isso é ótimo. Mas terapia é algo que *nós* temos de decidir fazer. *Nós* temos que querer mudar, não por outra pessoa, mas por nós mesmos. — Laura dá um longo gole em seu chá. — Então, Jennette, você quer mudar?

— Sim. — digo, sabendo que, embora minha situação tenha mais nuances do que isso, é o que eu devo dizer. É quase como se ela fosse uma diretora de elenco e eu fosse a atriz mirim, tentando dizer exatamente a coisa que garantirá que eu seja chamada de volta. Sim, eu sei nadar. Sei usar o bastão *pogo*. Sim, quero mudar.

— Tudo bem. Ótimo — diz Laura.

Ela me pergunta o motivo de eu estar ali, por que Steven sugeriu que eu viesse aqui, e eu entro de cabeça – a morte da minha mãe, a bulimia, os problemas com o álcool, os trabalhos. Tento dar uma versão breve e resumida da minha história. Imagino que teremos mais sessões para revelar os detalhes.

Com sua voz amanteigada, Laura me explica como vamos trabalhar.

— Eu adoto uma abordagem holística para a recuperação, por isso nossas sessões incorporarão uma grande variedade. Hoje focaremos em uma roda da vida para avaliar onde você está e usá-la como um parâmetro para acompanhar seu progresso com o tempo.

Concordo, balançando a cabeça. Não faço ideia do que uma roda da vida seja, Laura, mas vamos botar pra rodar.

— Nos quatro meses seguintes, vamos fazer compras, cozinhar juntas, descobrir seus *hobbies* e paixões pela experimentação, ler uma pilha de livros específicos sobre transtornos alimentares e verificar as coisas com as quais você se identifica ou não, e explorar juntas opções de atividades físicas equilibradas e não obsessivas. — (Meu transtorno alimentar se traduz em exercício também. Eu corro uma meia-maratona duas vezes por semana e de 8 a 16 quilômetros dia sim, dia não).

Tudo me parece bom, especialmente porque Laura estará ao meu lado em todo o momento, e eu perderei Steven se não fizer isso. Onde eu assino, querida? Eu topo. Estou pronta para mudar.

71.

Sinto um cheiro de torrada queimada e xixi de cachorro – o aroma inconfundível do meu *spray* autobronzeador. Será que Dwayne "The Rock" Johnson sentiu também? Mesmo que tenha sentido, não deixa transparecer. Abençoado seja.

Estou nos bastidores de algum programa de premiação Teen Choice People's Choice Fan Favorite – eles acabam se embaralhando – esperando o comercial terminar e meu bloco começar. Estou usando saltos caríssimos, com tiras que apertam meus tornozelos e um conjunto turquesa floral, embora eu não goste de estampas florais. Estou com esse traje porque foi aprovado pela emissora.

A série da Netflix ainda não foi lançada, então permaneço conhecida apenas pelo meu trabalho na Nickelodeon. Como eles ainda estão transmitindo novos episódios de *Sam & Cat*, eu ainda estou na capa de todas as revistas para pré-adolescentes, com uma mão no quadril e um sorriso brilhante, retratando a imagem de uma estrela despreocupada com o mundo em suas mãos. Hihi.

Embora me consulte com Laura há um mês, eu me sinto pior do que quando me sentei pela primeira vez em sua poltrona *botonê*. Primeiro, porque Steven, que é o motivo pela qual eu me sentei na poltrona *botonê* de Laura pra começo de conversa, está fora da cidade, trabalhando em uma série gravada em Atlanta, então não consigo recorrer a ele como fonte de apoio. E, segundo, porque agora estou ciente de como as coisas estão ruins. Não consigo mais permanecer em negação sobre o tamanho do meu problema com o consumo de álcool (grande) e da minha bulimia (maior ainda). Não nego mais o meu luto pelo falecimento da minha mãe (insuperável).

Nas primeiras três semanas do meu tratamento com Laura eu deveria estimar exatamente onde estou reunindo informações. E, até o momento, não gostei nem um pouco do que consegui enxergar.

Estou comendo compulsivamente e vomitando de cinco a dez vezes por dia e bebendo pelo menos umas oito ou nove doses de bebida destilada por noite. As primeiras três semanas com Laura me mostraram como minha situação é tenebrosa, como eu me tornei um grande fracasso.

Mas agora estamos na quarta semana da nossa agenda de cinco sessões por semana. E a quarta semana é a primeira em que, em vez de apenas avaliar como minha vida cotidiana é patética, Laura começa a me ajudar a mudar. Já identificamos meus principais gatilhos para compulsão, purgação e para o álcool, e os EVENTOS COM TAPETES VERMELHOS estão no topo da lista, com todas as letras maiúsculas – não só por causa do estresse e da natureza dos eventos em si, mas porque esses eventos inevitavelmente vêm acompanhados de muita... mas muita... comida. E muita, mas muita comida significa muitas e muitas oportunidades de comer compulsivamente e/ou purgar o que comi. Por causa disso, Laura e eu decidimos que, nos próximos meses, ela seria minha acompanhante em todos esses eventos para que pudesse monitorar meu comportamento e servir de suporte emocional/mental.

As luzes estão baixas. Consigo ver a plateia. Laura está sentada na fileira da frente. Faço contato visual com ela. Ela sorri e começa a verbalizar para mim *"você consegue"*, mas assim que ela chega à última letra, uma mãe tentando controlar sua frota de filhos pequenos passa rápido por ela. Laura faz uma cara de "não pede licença não?", até perceber que a tal mãe é Angelina Jolie. Sua cara então logo se transforma em "ah, pode passar, anjo glorioso".

Tento encontrar os olhos de Laura de novo, mesmo ainda que por um segundo, antes de as luzes voltarem. Estou desesperada por seu apoio. Tenho certeza de que penetro a alma dela com meu desespero, mas não importa. Eu a perdi para Angelina. Não a culpo. Dá para entender.

O operador de câmera, Chip – na verdade, eu não sei o nome dele, mas há 90% de chance de que qualquer operador de câmera tenha o nome "Chip" – começa a me mostrar a contagem de cinco dedos. Engulo meu nervosismo.

As luzes me atordoam quando voltam. Não importa de quantas premiações aleatórias pré-adolescentes/adolescentes/infantis eu participei, nunca me acostumo a essas luzes. Elas me cegam, e fico maravilhada com quantas pessoas no palco concedendo ou aceitando prêmios por coisas que não importam nem piscam enquanto estão aqui.

Começo a falar, dizendo, o que está escrito no *teleprompter*, com um largo sorriso e minha voz "divertida". Noto que minhas mãos estão fazendo muitos gestos exagerados, mas não consigo controlá-las. A coisa toda é uma experiência extracorpórea.

Nick Jonas sai do seu lugar, aceita o prêmio e as luzes se apagam novamente. Estou ofegante como alguém que acabou de prender a respiração debaixo da água por tempo demais. Olho para as minhas mãos. Não consigo vê-las, porque meus olhos ainda não se ajustaram ao escuro, mas eu nem preciso vê-las para perceber que estão tremendo.

Sou abordada por um segurança que caminha como um homem que come asinha de frango com uma dose extra de molho picante só para provar que é o "diferentão". Enquanto sou escoltada para a área dos bastidores, sinto pequenas ondas de calor escorrendo por minhas bochechas. Merda. Lágrimas.

Enfim, quando chegamos ao sombrio túnel dos bastidores com luz fluorescente, consigo dar uma boa olhada nas minhas mãos. Elas estão tremendo e meus punhos estão cerrados em pequenas bolas duras. Não preciso de mais evidência do que isso. Trata-se de um ataque de pânico. E eu sei exatamente a causa.

Não vomitei o dia inteiro. Laura só aceitou ser minha acompanhante se eu concordasse em encontrá-la antes do evento para almoçarmos juntas. Ela sabia que meu instinto seria fazer jejum antes da premiação, o que poderia então me levar a comer compulsivamente e purgar depois.

Ela pediu um almoço saudável para nós e se sentou lá com toda a paciência enquanto eu cutucava minha comida como uma criança de três anos mal-humorada.

— Sei que você não quer, mas precisa comer. Não pode fazer algo assim sem ter alimento no seu estômago.

Ficamos lá sentadas por quase uma hora, com a comida intocada no prato, quando o carro para nos levar ao evento chegou. Afastei minha cadeira e me levantei, até Laura me dar aquele olhar como se dissesse "de jeito nenhum". Eu sabia que ela não entraria naquele Cadillac Escalade enquanto eu não completasse a minha parte do acordo. Eu me forcei a colocar algumas garfadas na minha boca, Laura me encorajou a comer mais algumas e nós saímos.

O trajeto para o pavilhão foi um inferno. Eu não conseguia focar em nada, exceto na vergonha que eu sentia por quanta comida eu tinha consumido, as calorias desse alimento e o fato de que eu não conseguiria me livrar daquilo.

Tudo o que eu queria era uma privada, e tudo o que consegui foram 45 minutos no tráfego de Los Angeles com algumas músicas contemporâneas lentas e adultas no rádio. (O gosto musical de Laura é questionável).

— *Hum*, tá tudo bem, senhora?

Agora não, Asinhas Picantes de Frango. Estou no meio de um discreto colapso. Murmuro alguma resposta monossilábica, seco meus olhos, e abro a porta para a área dos bastidores. A primeira coisa que vejo é, claro, a mesa do *buffet*. A inevitável mesa do *buffet* dos bastidores, com *crudités*, azeitonas, linguicinhas, coquetéis de camarão, minissanduíches de queijo, pipoca de frango, e mini-hambúrgueres.

POOOORRA. Mini-hambúrgueres. Tô morrendo de vontade de enfiar alguns desses mini-hambúrgueres de carne com bastante queijo na minha boca e depois vomitar tudo no banheiro. O ato de vomitar me dá uma onda de adrenalina e é tão exaustivo fisicamente que eu mal tenho espaço para ansiedade depois de terminar. Preciso do meu vício.

Mas sei que não devo. Por isso Laura está aqui. Laura! É dela que eu preciso. Preciso da Laura. Onde ela está?

Procuro freneticamente pela sala. Manny de *Modern Family* conversa com Sheldon de *The Big Bang Theory*. Fergie conversa com Kristen Stewart, que está no canto, roendo as unhas. Na outra extremidade da sala avisto Laura, radiante, elogiando Adam Sandler. Está claro que ela tem uma paixonite por ele. Quem não tem? Adam Sandler sem camisa na cena "xampu é melhor" em *Billy Madison* foi um verdadeiro filme pornô para mim quando criança.

Estou dividida. Interrompo a insinuante conversa de Laura com o Pateta Favorito / Queridinho *Indie* Ocasional da América para contar que estou no meio de um ataque de pânico? Ou corro para a mesa de *buffet* e encho minha cara com um monte de lanches e depois vomito no banheiro? Consigo meu barato?

Vou para a mesa do *buffet* e não pego nem um prato. Pego alguns mini-hambúrgueres com as duas mãos e começo a enfiá-los na boca. Viro de costas para ninguém ver o que estou fazendo. Dou mordida atrás de mordida. Termino o primeiro e estou na metade do segundo quando ouço...

— Acho ótimo ver você comendo. Mas eu gostaria muito que você desacelerasse um pouquinho. E nós precisamos ir para uma área privada depois para que você possa processar suas emoções sem a purgação. O que acha da ideia?

Meu coração fica apertado. O meu mini-hambúrguer com queijo cai que nem uma pedra no meu estômago. Sei que Laura quer meu bem, mas neste momento eu a odeio. Eu a odeio por ela atrapalhar minha habilidade de purgar.

— Quer saber? Por que nós não vamos embora agora? — sugere Laura. Ela deve ter visto os vestígios de lágrimas secas nas minhas bochechas, ou as minhas mãos cerradas, ou pode apenas ter me interpretado tão bem que percebe como ficarei devastada por não vomitar os mini-hambúrgueres.

Entramos no carro e eu começo a chorar na hora. O ataque de pânico veio com força total. Parece que vou morrer.

— NÃÃÃÃOOOO! OS MINI-HAMBÚRGUERES NÃO! POR QUE EU FUI COMER AS PORRAS DOS MINI-HAMBÚRGUERES?! — lamento.

— Eu sei, querida. — diz Laura afetuosamente, afagando meus cabelos. — Você está indo bem. Você está indo bem.

Mesmo? Não parece que estou indo "bem". Parece que estou no meio de um colapso total após morrer de nervoso de ler três frases no *teleprompter* e não conseguir lidar com o fato de ter comido dois mini-hambúrgueres White Castles dos ricaços. Laura me garante que é normal ter esse tipo de reação depois de não vomitar, visto que meu corpo estava por tanto tempo acostumado com esse hábito, que tem sido uma fonte de supressão emocional para mim. Mas não parece normal. Minha reação parece humilhante, mas impossível de controlar.

Continuo a chorar. O motorista olha impassível para a frente. Se esse cara não reage a uma bulímica histérica que está espalhando autobronzeador laranja nos assentos de couro recentemente polidos, odeio pensar no que mais ele testemunhou no banco de trás de seu Cadillac.

— Você pode mudar para a estação KOST 103.5? — pede Laura educadamente.

O motorista troca de estação no rádio. Gloria Estefan começa a cantar *Rhythm is Gonna Get You*.

— Minha mãe adooorava Gloria Estefannnnn! — choro, colapsando no colo de Laura. Noto que ela bate os pés. O ritmo da música a pegou.

— Jennette... — começa Laura a falar, parando para apertar os lábios, o que ela faz sempre que sente que está para dizer algo importante. — A recuperação é assim.

Uma das desconexões emocionais mais excruciantes para mim é quando alguém diz algo que acha ser comovente e eu recebo como uma besteira completa. Essa é uma delas. Para piorar as coisas, Laura FECHA OS OLHOS e repete.

— A...

NÃO, Laura, por favor, não faça essa pausa dramática para ênfase. NÃO faça essa pausa dramática.

— ...recuperação é assim.

72.

Eu me sento na cadeira estofada na frente de Laura e solto um suspiro. Mas não um suspiro de pesar, é mais um daqueles suspiros que saem quando você cumpriu uma tarefa que está feliz por ter realizado, além de querer desesperadamente se gabar por ter feito.

Finalmente eu consegui. Passei 24 horas sem forçar o vômito. Talvez não pareça tão impressionante, mas para mim é. Eu já tenho três anos de compulsão alimentar seguida de purgações diárias, muitas vezes por dia. Eu me sentia controlada por esse transtorno alimentar. Desde que iniciei meu trabalho com Laura, nunca passei um dia inteiro sem forçar o vômito. Eu lutava em nossas sessões e assim que chegava em casa eu purgava até me aliviar totalmente do transtorno emocional reprimido que se acumulou enquanto eu falava com ela. Eu encontrava Laura no dia seguinte e contava sobre o meu fracasso com pesar. Então nós recomeçávamos e tentávamos de novo. O padrão era exaustivo, e a decepção comigo mesma era desgastante. Mas agora eu finalmente consegui.

Desde nossa sessão de ontem pela manhã, eu não vomitei nenhuma vez. Meu suspiro é de uma vencedora, porra, e Laura consegue perceber isso. Com um sorriso discreto, ela pergunta se tem alguma coisa que eu queira falar. Anuncio as boas notícias. Ela bate palmas, depois pergunta como eu consegui fazer isso, como me controlei.

É aí que meu orgulho começa a desvanecer. Foi muito difícil, e não estou convencida de que conseguirei de novo. Para não vomitar por 24 horas, escrevo quase sempre em meu diário para colocar os sentimentos no papel, uma tarefa desafiadora, porque eu me esforço para identificar minhas emoções. "Todas as desconfortáveis" é uma opção? Tive algumas crises de choro e liguei para Laura três vezes na última noite, depois que ela abriu essa linha de comunicação, em um esforço para me ajudar a fazer algum progresso tangível.

A tarefa de SENTIR essa bolha confusa e devastadora de emoções em vez de me distrair com a bulimia é assustadora. A bulimia me ajuda a me livrar dessas emoções, mesmo que seja um reparo temporário e insustentável. Enfrentar essas emoções parece impossível. Se não consigo nem identificá-las claramente, como posso conseguir tolerá-las?

Expresso meus temores para Laura e ela me assegura que é questão de um passo por vez. O processo vai demorar. Mas nós chegaremos lá, juntas. Sinto-me confortada. Então ela me explica que agora que eu experimentei o que é não me forçar a vomitar por um dia, agora que eu sei que posso fazer isso, precisamos ir mais fundo. Embora essa experiência deva servir como motivação para mim, nós não podemos apenas tratar o problema e não a causa. Para chegar ao que está por trás da bulimia, o que a provoca, nós precisamos esmiuçar a minha vida de uma forma mais abrangente.

— Tá bom... — estou indecisa. E o que isso significa? Odeio a incerteza.

— Quero saber mais sobre a menina Jennette — diz Laura, com delicadeza. — Entendo que você sentiu muita pressão, que teve muita responsabilidade desde muito nova. Mas quero esclarecer alguns detalhes.

Tudo sempre tem a ver com a infância, esses terapeutas. — Eu vi filmes e séries de TV o bastante para saber que esse é o bode expiatório terapêutico clássico. Alguma merda aconteceu na sua infância, isso te estragou, por isso você é assim.

Mas comigo foi diferente. Eu não tive um pai alcoólatra, meus irmãos não me torturavam quando meus pais não estavam em casa. Nós éramos pobres, claro, e vivíamos em uma casa atulhada de coisas acumuladas, sim, e minha mãe teve câncer quando eu era bem pequena, o que foi bem assustador. Mas, fora isso, as coisas eram ótimas. Relato isso para Laura, sugerindo gentilmente no meu tom que eu me recuso a jogar o jogo do buááá-minha--infância-foi-dureza.

— Certo. — diz Laura com um lampejo de um sorriso malicioso que me irrita profundamente, por algum motivo. Essa irritação me confunde. Normalmente eu gosto bastante da Laura. — Conte-me sobre sua mãe. Conte-me sobre seu relacionamento com ela quando você era criança.

Fico na defensiva na mesma hora. Por que ela quer que eu fale sobre minha mãe? O que tem de errado com ela? Não tem nada de errado com a minha mãe. Ela era perfeita. Sei que, no fundo, eu não acredito nisso, que é algo muito mais complicado, mas por que raios eu contaria a Laura os detalhes? Eu nunca contei a ninguém os detalhes e nunca vou contar. Eu não os entendo totalmente. E não quero, não preciso.

— Minha mãe era maravilhosa. Ela era, honestamente, tipo, a mãe perfeita.
— Ah, é? O que tinha nela de tão perfeito?

Visto meu melhor sorriso falso. Laura é esperta. Tenho certeza de que ela consegue decifrar a maioria dos seus clientes. Mas eu não. Eu não estrelei umas porcarias de séries durante uma década pra deixar de aprender como convencer com uma fala em que eu não acreditava.

— Simplesmente tudo, para ser honesta. Ela tomava conta de mim e dos meus irmãos e tenho certeza de que era bem difícil para ela.
— Isso era responsabilidade dela.

Eu me sinto em um interrogatório, como se eu não conseguisse dizer a coisa certa. Acelero, tentando me explicar.

— Bem, mas, quer dizer, era diferente da maioria dos pais. — Merda. Odiei como essa frase soou.
— Como assim?

Paro para me recompor. Laura não vai me confundir. Falo em um tom uniforme e constante.

— Ela sacrificou tudo por mim. Constantemente renunciava às coisas para que pudesse tomar conta de mim. Me colocava em primeiro lugar, acima dela.
— Hum. E você acha isso saudável?

Mas que diabos é isso? O que é esse questionário impossível de gabaritar? Não faço ideia de como eu deveria responder para fazer minha mãe parecer bem.

— Bom, quer dizer, eu a colocava em primeiro lugar também, então isso meio que equilibrava as coisas. Nós nos equilibrávamos... colocando uma a outra... em primeiro lugar.

Laura não desvia os olhos de mim. Um olhar impossível de ler. Ela não diz nada. O silêncio é ensurdecedor.

— Nós éramos melhores amigas — esclareço.
— Ah? Sua mãe tinha algum amigo da idade dela também, você era a única amizade que ela tinha?

O que você quer de mim, Laura? Remexo-me na poltrona.

— Você está confortáv...
— Muito.
— Sua mãe tinha algum amigo da idad...
— É, não, eu ouvi a pergunta — digo com um tom de irritação.

Laura parece meio sobressaltada. Eu me arrependo. Seu tom foi o tempo todo gentil, apesar da curiosidade, embora eu estivesse tratando tudo como um ataque pessoal. Talvez ela não quisesse dizer nada com suas perguntas. Talvez tudo seja inofensivo.

— Desculpa.

— Está tudo absolutamente bem.

Não poderia ser apenas bem, Laura? Tinha de ser "absolutamente" bem? *Por que ela está me amolando assim?*, questiono. Sorrio para ela, mais tensa do que gostaria. Ela sorri de volta, com mais tranquilidade do que eu gostaria.

— Então... — começa ela.

— Ela tinha conhecidos, sim. Ela sempre disse que não tinha muito tempo para ter amigos. — antes de Laura acrescentar outra pergunta, eu me adianto. — O que faz sentido para mim porque ela estava realmente ocupada me levando a testes, ao *set* e tal.

— Ah, claro. — Laura faz um aceno pensativo com a cabeça. — Então quando começou sua vontade de atuar?

Eu reconheço uma pergunta capciosa quando ouço uma.

— Na verdade, minha mãe quis que eu começasse a atuar porque queria que eu tivesse uma vida melhor do que ela teve.

— Ah, então você não quis começar a atuar? Sua mãe queria que você começasse?

— *Sim*. — digo, um pouco mais acalorada do que eu gostaria. — Porque ela queria que eu tivesse uma vida melhor do que ela teve. Foi muito gentil e generoso da parte dela.

— Certo.

— Foi sim.

— Entendo.

Venci.

— Você pode me dizer a primeira vez que prestou atenção ao seu peso ou ao seu corpo de uma... — Laura pausa para encontrar as palavras certas. — ...maneira significativa?

Essa eu não quero responder, mas sinto que se ficar enrolando muito, Laura vai direto na jugular na pergunta seguinte. Trilho o caminho com cuidado.

— Bem... quando eu tinha onze anos fiquei preocupada com o crescimento dos meus seios, então minha mãe me ensinou sobre restrição calórica para me ajudar.

— Para te ajudar?

— Sim.

— O que você quer dizer com "te ajudar"?

— Bom, eu estava preocupada com o crescimento dos meus seios.

— Certo. Mas como o fato de a sua mãe ter te ensinado sobre restrição calórica te ajudou?

— Porque acompanhar minhas calorias significava que eu conseguiria adiar a fase adulta.

Laura me dá outro de seus olhares inescrutáveis, que são sua marca registrada. Embora eu não consiga avaliar os detalhes, sei que há muita especulação acontecendo. Eu sinto a necessidade de adicionar mais.

— Além de isso ajudar na atuação. Eu sempre interpretei personagens mais novas do que eu, então se eu quisesse continuar a ser contratada, parecer mais nova era importante. Ao me ensinar restrição calórica, ela estava me ajudando a garantir o meu sucesso.

Dou um pequeno aceno com a cabeça para pontuar minha declaração. Espero que isso tenha mexido no indicador de julgamento de Laura, mas, depois de alguns segundos, percebo que não consegui.

— Jennette, o que você está descrevendo é... realmente doentio. Sua mãe basicamente aceitou sua anorexia, a estimulou até. Ela... a ensinou para você. Isso é abuso.

Minha mente volta para a primeira vez que ouvi a palavra "anorexia" quando estava sentada na maca coberta de papel na sala 5 do consultório da Dra. Tran. De repente, eu me sinto como aquela garotinha de 11 anos, confusa, assustada e indecisa. Aquela garota de 11 anos que não tinha a certeza de saber toda a verdade sobre a situação, que estava incerta de que minha mãe era a heroína que fingia ser, mas que enfiava essa dúvida goela abaixo.

Sinto meus olhos marejarem. Estou com vergonha. Sou bem treinada para chorar e não chorar em cena, então recorro aos meus truques costumeiros – ranger meus dentes para me distrair das lágrimas e piscar rápido algumas vezes para tentar afastá-las.

— Põe pra fora, tá tudo bem. — Laura se inclina para frente.

CALA A PORRA DA SUA BOCA, LAURA. Não aguento mais. Eu finalmente consigo deixar de vomitar por um dia e agora estamos tentando destronar minha mãe e demolir a narrativa dela à qual eu me apeguei por toda a minha vida?

— Preciso ir. — digo rapidamente enquanto me levanto e começo a sair.

— Espera, Jennette, isso é um bom trabalho. Um trabalho importante.

— Tenho que ir. — repito olhando ligeiramente para trás enquanto abro a porta e saio o mais rápido que consigo.

Lágrimas escorrem pelo meu rosto enquanto dirijo para casa, tentando desesperadamente processar tudo. Laura sugeriu que minha mãe era abusiva. Minha vida inteira, toda a minha existência foi orientada para a narrativa de que minha mãe queria o melhor para mim, fazia o que era melhor para mim, sabia o que era melhor para mim. Mesmo no passado, quando os ressentimentos começaram a se infiltrar ou muros entre nós começaram a aparecer, eu reprimi esses ressentimentos e muros, controlei-os para que eu pudesse seguir em frente com essa narrativa intacta, essa narrativa que parece essencial para a minha sobrevivência.

Se minha mãe realmente não quis o melhor para mim, ou não fez o melhor para mim, ou não soube o que era melhor para mim, isso significa que toda a minha vida, todo o meu ponto de vista, e toda a minha identidade foram construídas sobre um alicerce falso. E se toda a minha vida, meu ponto de vista e minha identidade foram construídos sobre um alicerce falso, confrontar esse alicerce falso significaria destruí-lo e reconstruir um novo alicerce do zero. Não faço ideia de como começar a fazer isso. Não tenho ideia de como iniciar minha vida sem fazer isso à sombra da minha mãe, sem que cada movimento meu seja ditado por suas vontades, suas necessidades, sua aprovação.

Estaciono na minha casa solitária e fico sentada no carro com o motor ligado. Pego meu telefone e rascunho um *e-mail* para Laura.

Laura, agradeço por toda a sua ajuda neste último mês, mas não vou mais fazer terapia. Obrigada. Jennette.

Meu dedo paira sobre o botão de enviar por alguns segundos antes de eu tocá-lo abruptamente e desligar meu telefone. Subo correndo os degraus da frente e, assim que entro em casa, corro para o banheiro. Eu me faço vomitar repetidas vezes. Enfio meus dedos pela minha garganta com cada vez mais força até tossir. Um pouco de sangue sai. Continuo. Um vômito sarapintado de sangue sai da minha boca para dentro do vaso. Escorrega pelo meu braço. Nacos dele grudam no meu cabelo. Continuo. Preciso disso.

Tomo um banho depois, tentando relaxar. Quando saio, meu corpo parece dolorido e febril, da mesma forma que fica depois de cada purgação.

Caio na minha cama com meu corpo cansado e dolorido e me enrolo como uma bola. Abro meu telefone. Três ligações perdidas de Laura e uma mensagem de voz. Deleto o número dela. Acho que não terei acompanhante no meu próximo evento.

73.

Estou de pé ao lado da porta, passando as mãos na calça, ansiosa, enquanto o táxi de Steven para na frente da minha casa. Steven tem um projeto aqui em Los Angeles – de seis meses – e ele ficará na minha casa o tempo todo. Vamos morar juntos. Isso é importante. E essa parte é ótima, mesmo.

A parte que não é tão boa, no entanto, é aquela em que tenho de contar a Steven que larguei a terapia. Não faço ideia de qual será sua reação, mas tenho certeza de que não vai ser boa, já que foi ele que me instigou a ir.

Ele abre a porta e sai do carro com seu suéter de gola redonda e calça chino. O táxi sai enquanto Steven pula os degraus com uma bolsa de lona e uma mala de rodinhas. Está com mais energia do que o normal. Steven não costuma pular. Ele costuma passear, perambular, sair de fininho. Imagino que a energia extra deva ser porque ele está animado em me ver, o que aumenta a culpa que já sinto em lhe dar a notícia. Assim que entra pela porta da frente, ele me envolve em um grande abraço apertado.

— "*Jenny, Jenny bo Benny Banana fanna fo Fenny Fee fy mo Menny, Jenny!*" — canta ele enquanto me balança.

Começo a cantar junto o *jingle*, mas me livro no meio do caminho porque... é demais. Steven me coloca no chão e eu me preparo psicologicamente para o que estou prestes a fazer. Vou contar para ele. Vou fazer isso.

— Steven...

Antes de as palavras saírem da minha boca, Steven desata a falar sem parar sobre como está animado – mas não em relação a Los Angeles, não sobre o projeto em que está trabalhando, não sobre morarmos juntos. Esse ânimo todo não tem nenhuma relação com o que eu imaginava. Steven diz que está animado... para me levar à igreja.

Igreja? Eu não fui nenhuma vez à igreja desde o funeral da minha mãe, e não planejo voltar a uma tão cedo (nunca mais). Sei que Steven teve criação católica, mas sua família provavelmente nunca nem foi a uma missa. Não acredito que a religião tenha sido importante para ele na adolescência, que dirá atualmente. Estou confusa. Steven me explica.

— Eu não sei, descobri que a vida é mais do que a gente pensa. Que ela tem mais profundidade, mais sentido.

Não entendo a aplicação. Como Steven espera encontrar mais profundidade por meio do catolicismo? Não quero desanimá-lo e estragar toda essa euforia, lanço mão de toda a minha gentileza e o lembro das nossas conversas no início do namoro, nas quais parecíamos concordar que a religião impede o crescimento, e não o contrário.

— Certo. — Acena com a cabeça. — Mas eu discordo totalmente disso agora. — Tudo beemm. Vamos lá. Peço para ele explicar melhor.

— Bem, eu vi *Deus não está Morto* na Netflix, e fiquei impactado. Eu só acho que há muita verdade nele, Jenny. Muita verdade. E eu quero que a gente tente ir à igreja. Quero que a gente encontre algum tipo de religião.

— Espera aí. Você viu uma porcaria de filme cristão na Netflix e agora quer abandonar toda sua filosofia de vida, por Jesus?

Meu tom magoa Steven. Dá para ver nos seus olhos. Há um momento de silêncio. Começo a cogitar se ele está bem. Ele não me parece bem. Então, novamente, nós estamos nesse relacionamento bem recente há apenas alguns meses. Talvez essa seja a mudança natural que ocorre quando acaba a fase de lua de mel. Talvez esse seja quem ele é de verdade.

— Steven... eu larguei a terapia.

Não consigo acreditar que as palavras escaparam da minha boca assim, as palavras que eu temia tanto pronunciar há dez minutos. Talvez eu só tenha as dito para preencher o silêncio. Ou talvez eu as tenha dito para tirar o foco da igreja. Não importa por quê, agora já está dito. Espero a reação de Steven. Ele para de mexer na bolsa e olha para mim.

— Tá bom.

É mesmo? Tá bom? Não consigo acreditar. Parece bom demais para ser verdade. Ele abre a boca para dizer mais.

— Você não precisa de terapia. Não se tiver Jesus.

74.

STEVEN E EU ESTAMOS SENTADOS EM UM DOS BANCOS DO FUNDO DE UMA igreja batista do sul, em Glendale, enquanto um coro canta um hino. O hino em si é comum, mas algumas dessas mulheres são estrelas completas.

Apesar do talento do coro, estou sentada aqui com meus olhos caídos, semicerrados. Esta é a quarta cerimônia religiosa que Steven e eu frequentamos em uma semana. Eu nem resisti. Simplesmente me sinto aliviada por ele não me forçar a ir à terapia. Fazer a vontade dele no que imagino ser uma fase passageira é um preço baixo a ser pago em troca de nunca ter de ver Laura ou qualquer outro terapeuta decidido a estraçalhar a narrativa da minha mãe.

Primeiro, fomos a uma missa na igreja católica, que Steven disse que não lhe pareceu adequada. Depois fomos a uma cerimônia em uma organização não-denominacional em Hollywood, que Steven achou hollywoodiana demais. Então nós fomos ao centro de Cientologia, do qual Steven ficou desconfiado desde o início, mas quis tentar, só para tirar a dúvida. É a versão das igrejas da história da Cachinhos Dourados e os Três Ursos, só que o Steven dourado ainda não achou a "ideal" nas três primeiras, então agora estamos na igreja número quatro.

Steven parece genuinamente entretido. Ele acena com a cabeça acompanhando o sermão. Abre o aplicativo de notas em seu iPhone para anotar versículos da escritura. Levanta os braços em louvor durante os hinos. Finalmente a cerimônia termina. Aleluia. Isso é o mais perto que cheguei de acreditar em Deus o dia todo.

Quando chegamos em casa, estou pronta para uma taça de vinho misturado com vodca, o mesmo que tenho tomado nos últimos meses. Steven está falando sobre a cerimônia. Não estou prestando muita atenção até que ele diz:

— É Jenny... Pedi orientação a Deus e acho que a gente não deve mais transar. Estou fazendo um voto de celibato.

— O... quê? Como é que é?

— Sim, é que... eu não acho que devemos pecar mais assim.

Meus dedos dão um apertão mortal na taça de vinho. Steven continua.

— Eu orei, pedi orientação divina, por isso, e realmente acho que não deveríamos mais transar. É pecado. Espero que você concorde.

Não concordo. O sexo entre nós dois é o melhor que já tive. Eu não ia querer renunciar a isso nem se minha vida estivesse progredindo em todas as outras áreas. Mas não está. Minha vida está deplorável neste momento. O sexo é um alívio. É onde eu me perco. Não quero renunciar a esse último fiapo de coisa boa na minha vida.

— E se eu não concordar? — finalmente falo.

Engulo o resto do meu drinque e coloco o copo na mesa do jeito mais sedutor que consigo, passando lentamente meus dedos sobre a borda da taça. Sim, inventei de bancar a Marion Cotillard, e daí, gente? Eu me aproximo e começo a beijar Steven. Ele responde ao beijo, hesitante no início, e depois com paixão. Fisguei ele.

Logo a minha mão está no pau dele. Está duro. Bem duro.

— Olha como você tá duro por minha causa. — sussurro no seu ouvido.

— Jenny, para. — diz Steven, com o rosto vermelho.

— Você quer mesmo que eu pare? — digo, sacana, com a minha voz mais sexy, que fica em algum ponto entre uma criança curiosa e uma pré-adolescente chorosa, mas ainda parece funcionar. Fico maravilhada com o que um pouco de tesão revela. Começo a tirar a minha mão.

— Não... não. Não para. — Steven pega minha mão e coloca de volta no seu pau. Abro o zíper e tiro sua calça e me inclino para começar a fazer o melhor boquete da vida dele. Estou dando tudo de mim. Estou vivendo, dando, me esforçando. Existem boquetes, e então existe este boquete. Estou chupando, massageando, sussurrando, lambendo, acariciando. Dando 150.000 por cento de mim. Ele goza na minha boca.

Levanto a cabeça, orgulhosa e esperançosa, na certeza de que Steven vai anunciar que será impossível para ele ficar sem transar comigo. Que ele quer, PRECISA transar comigo a cada segundo de cada dia. Estou prestes a engolir com o máximo de sedução possível, quando Steven começa a coçar seu queixo.

— Olha, isso não parece certo, Jenny. Não podemos fazer isso de novo. A gente não pode.

Estou Feliz que Minha Mãe Morreu

Eu vejo tanta determinação nos olhos dele que sei que não vou chegar nem perto desse pau em um futuro próximo. O gozo escorre da minha boca e pelo meu queixo. Pinga no meu colo. Olho fixamente para ele, com o olhar vazio. O que foi que eu fiz?

75.

— Então, teve alguma fase boa no seu relacionamento com a minha mãe, ou foi sempre... como eu me lembro?

Estou familiarizada com o lado da minha mãe da história, ela sempre falava que meu pai estava provavelmente a "traindo" ou "não fazia o bastante para a família" ou fosse qual fosse a aflição do dia. "Seu pai é preguiçoso e incompetente, não tem outra forma de justificar isso. Ele é um homem distante, com o alcance emocional de uma batata".

Pensando bem, eu me lembro de algumas coisas boas. Lembro de adorar o cheiro das camisas de flanela do meu pai – de pinho com um toque de tinta fresca. Às vezes eu dormia com elas para sentir conforto. Lembro dele me ensinando como amarrar meu tênis rosa-claro do Ursinho Pooh, no estilo orelhas de coelho, enquanto eu estava sentada em um carrinho de supermercado no Sam's Club, e minha mãe reclamava sobre como o papel higiênico ficou caro. Lembro dele me convidando para a festa de Natal do trabalho dele, na Home Depot. Não pude acreditar que ele me escolheu para ir à festa com ele. Eu! Não tive que acreditar por muito tempo porque logo descobri que foi minha mãe que queria que eu fosse com ele, para investigar com quais colegas ele poderia estar tendo um caso. "Não descarte o Don. Sempre me perguntei se seu pai não seria um gay enrustido. Sei lá, o jeito como ele se senta, como cruza as pernas". De qualquer forma, eu me diverti na festa. Tinha cortinas de *chiffon* vermelhas e verdes penduradas nas paredes. Árvores de Natal que não foram vendidas estavam enfileiradas pela sala. Eu aprendi a jogar *blackjack*. Eu realmente me senti amada pelo meu pai nesse dia.

Mas, por outro lado, as memórias não eram nada fantásticas. Na maioria das vezes, eu me lembro da ausência do meu pai. Seu aparente desinteresse.

Lembro dele tentando ler *Stan the Hot Dog Man* para mim e Scottie todas as noites pelo que deve ter sido um intervalo de três a quatro horas até que, no fim das contas, nós desistimos da leitura dele, porque ele não conseguia terminar o livro infantil sem pegar no sono. Lembro de ele esquecer espetáculos de dança e adormecer durante as festinhas familiares que minha mãe dava para assistir às minhas performances na TV. Lembro do Grande Desastre da Pornografia de 2003. Minha mãe pegou meu pai assistindo pornografia – um pecado grave no mormonismo – e o expulsou de casa de novo, dessa vez por um mês. Ela insistiu que eu o chamasse pelo primeiro nome, "Mark", depois disso. Fiz isso até ela morrer.

Agora, enquanto estou sentada aqui na frente do meu pai e de sua nova namorada, não estou vendo a situação pelo lado da minha mãe, e não estou vendo pelo modo como lembro das coisas, estou vendo pelo lado do meu pai.

— Sabe, isso foi há tanto tempo que eu nem me lembro. — responde meu pai finalmente, depois de uma pausa de dez segundos. Ele olha para sua namorada em busca de aprovação.

A namorada dele é Karen, a melhor amiga de colégio da minha mãe, que roubou o nome de seu filho. Enquanto estudo Karen do outro lado da sala, percebo que minha mãe tentava se maquiar como Karen. Ou talvez Karen tente se maquiar como a minha mãe. Não dá para saber, mas seja como for, isso me deixa desconfortável.

Quero que meu pai seja feliz, mas ele está um pouco... feliz *demais*. Já faz um ano que minha mãe morreu e ele comecou a sair com Karen uma semana depois da morte da minha mãe. Meu pai parecia mais preocupado em conseguir o telefone de Karen do que com o luto pela esposa de 30 anos, na festa pós-funeral. (É assim que eles chamam a parte depois do funeral em que todos comem canapés e contam como podem entender sua perda porque perderam um gato há alguns anos?)

Meu pai se mudou mais rápido do que eu e meus irmãos esperávamos, e não tem sido fácil para ninguém. Nós penamos, mas ainda fazemos um esforço para manter contato com ele. Já perdemos nossa mãe, não queremos perder nosso pai também.

Para ser honesta, meu pai tem se esforçado também, muito mais do que quando minha mãe estava viva. Ele liga para nós de vez em quando para checar como estamos e nos pediu para fazermos listas de presentes na Amazon para o Natal.

Por isso, quando meu pai me ligou na semana passada para dizer que queria se encontrar comigo pessoalmente para "conversar sobre umas coisas", embora eu tenha ficado um pouco surpresa com a construção da frase, supus que essa sessão de bate-papo de hoje fosse mais um desses esforços.

Mas enquanto estou sentada aqui na frente do meu pai e de Karen, absorta com a falta de química, logo percebo que isso nada tem a ver com um dos esforços do meu pai. Tem algo mais tenso do que o normal em sua linguagem corporal. Imagino que este deva ser algum tipo de anúncio.

Agora meu corpo tenciona. Merda. Meu pai e Karen vão se casar. Ai, meu Deus, e eu preciso fingir apoiar, ficar animada até? Roo minhas unhas para não precisar fazer contato visual enquanto me preparo para o que estou prestes a perguntar.

— Então... por que você quis se encontrar comigo?

— Ah, bem, hum... — Ele olha para Karen. Ela olha para ele como que dizendo "continua". Ai, Deus, não, aí vem.

Aí vem...

— Dustin, Scottie e você... não... são meus filhos biológicos.

...

...

HÃÃÃ?

Estou chocada. Sinto a cor se esvair do meu rosto. Tenho certeza de que estou prestes a desmaiar.

— O qu...? — Minha boca seca finalmente consegue pronunciar.

Meu pai apenas acena com a cabeça. Os olhos de Karen marejam.

— Mas ele é o seu pai — diz ela, com a voz embargada pela emoção. — Este homem é o seu pai.

A tontura começa a passar, mas eu ainda não consigo pensar direito. Lágrimas escorrem pelo meu rosto mesmo que eu esteja completamente paralisada.

— Só achei que vocês deveriam saber — explica ele, olhando para baixo para suas mãos enquanto ele as esfrega. Minha mãe sempre odiou quando ele esfregava as mãos. "Passa um creme, Mark".

Eu me aproximo dele e o abraço. Ele me abraça. Karen observa.

— Obrigada por me contar — digo.

Minha cabeça está enterrada em sua camisa de flanela. Sinto o cheiro familiar de pinho e tinta. Só consigo ver o bolso xadrez no peito dele na frente dos meus olhos. Sinto o tecido ficar molhado com as minhas lágrimas.

Karen se aproxima de meu corpo curvado e me envolve com seu braço direito em um tipo de meio abraço. Por que, sempre que duas pessoas estão abraçadas em uma sala com mais uma pessoa, essa terceira pessoa sente a necessidade de se intrometer no abraço? Abraços deveriam ser uma atividade entre duas pessoas, não três. Não precisamos de você, número três. Obrigada.

— Ele me contou, e eu disse para ele que tinha de contar para vocês. — sussurra Karen contra o meu cabelo. — Eu disse que tinha que te contar. Você merecia saber.

Eu finalmente me soltei do abraço triplo e olhei pela janela para que não tivesse de olhar para meu pai ou Karen. Tem algo nesses momentos inerentemente dramáticos que torna o contato visual ainda mais pesado e dramático. É desnecessário. Já tem drama demais aqui assim. Não precisa de mais.

Estou olhando pela janela quando começo a pensar em perguntar para ele quem é meu pai biológico. Estou louca para perguntar. Estou morrendo de vontade de saber. Quem é ele? Eu tenho algo em comum com ele? Ele e eu nos daríamos bem mais fácil do que Mark e eu? A nossa dinâmica teria mais naturalidade? Estou quase perguntando, mas me controlo. Não quero ofender meu pai. Ou melhor, meu "pai". Por ora, vamos deixar como está. Tenho tempo para fazer todas as minhas perguntas depois.

— Então, vamos ver um filme ou... ? — pergunta meu "pai".

Tanto faz.

76.

Estou tão nervosa para contar a Steven a notícia que adiei ao máximo – até este exato momento. Eu deveria partir para o evento de divulgação da série da Netflix na Austrália em uma hora. A emissora está enviando alguns membros do elenco para vários programas do outro lado do mundo para lançar a série. Iremos eu, Daryl Hannah, Ellie Kemper, Aziz Ansari e, segundo rumores, a deusa em pessoa, Robin Wright. Vamos torcer.

— Tenho algo importante para te contar. — digo para Steven enquanto estamos sentados frente a frente na minha mesa de jantar.

Já faz uma semana que Mark me contou que não é meu pai e eu ainda estou longe de ter processado a informação. Todos os dias desde então pareceram um borrão. Tenho recorrido muito ao vômito e ao álcool para me ajudar a passar a semana.

Tive tempo para fazer algumas das minhas muitas perguntas para Mark. Ele sabia do caso da minha mãe enquanto acontecia? (Ele diz que sim). Meus irmãos sabem de todo esse fiasco? (Ele diz que não). Ele tem mil por cento de certeza de que é verdade? (Sim). Ele sabe quem é meu pai? (Sim). Mas, além dessas respostas concretas e básicas que consegui, ele foge de cada uma das outras com um "não sei", ou alguma variação disso.

Como ele ficou com a minha mãe por todos esses anos quando sabia que ela estava tendo um caso que gerou três crianças? ("Não sei..."). Meu pai biológico sabe da minha existência? ("Não tenho certeza..."). Como o caso terminou? ("Hmmm... sei lá.")

A dúvida que estou mais desesperada para tirar é, de longe, por que minha mãe não nos contou nada? Por que ela não nos disse nada quando teve a oportunidade? Como ela pôde?

Tentei justificar sua decisão, compreendê-la. Mas quanto mais eu penso nisso, quanto mais tento perdoar sua decisão ou até entendê-la, mais furiosa eu fico.

Não importa o motivo pelo qual ela não contou nada, ela não contou. Só isso já me magoa.

Pra mim ela é a pessoa mais importante comparado a qualquer outra pessoa ou coisa no mundo. Essa é a pessoa que foi o centro da minha existência. Seus sonhos eram os meus, sua felicidade era a minha. Como a pessoa por quem eu vivia e respirava manteve um pedaço tão fundamental da minha identidade oculto de mim?

Eu poderia fingir que ela nunca teve a oportunidade de nos contar, que ela queria desesperadamente nos contar, mas que nunca era o momento certo... mas isso não é verdade. Ela teve suas chances, oportunidades nas quais achou que estivesse morrendo, nas quais estava ciente da sua própria finitude. Eu considero os últimos dias de vida de alguém a chance perfeita de amarrar pontas soltas, resolver seus assuntos, contar aos seus filhos quem são seus verdadeiros pais. Então por que a minha mãe não fez isso com os filhos dela? Por que continuou a evitar a verdade?

A falta de respostas e de qualquer sensação de encerramento me enfurece. Quanto mais minhas perguntas ficam sem respostas, mais perguntas eu tenho. Quanto mais perguntas eu tenho, mais as perguntas ficam sem respostas, e estou enlouquecendo em meio ao processo de tentar encontrá-las. Preciso de alguém com quem possa desabafar, uma caixa de ressonância, uma voz da razão.

Resolvi não contar ao Steven sobre toda a situação com o meu pai biológico na última semana porque estava esperando essa coisa com a religião acabar. Imaginei que ou você tem uma situação com um pai biológico ou uma situação com a religião, não as duas ao mesmo tempo. Mas agora que preciso sair para o meu voo, não tenho escolha. Seria estranho esperar até a volta para contar para a pessoa mais importante da minha vida.

— Tá bom... — diz Steven, enquanto dilui a introdução para o meu anúncio. — Na verdade, eu tenho algo importante para te contar também...

— Tá... — digo, meio intrigada. — Bem, você primeiro, porque o meu é uma coisa muito importante.

— Não, vai você primeiro, o meu é bem importante. — diz Steven, confiante.

— Olha, fala logo. Por favor.

— Tá bom. — diz Steven com a respiração pesada. — Eu... sou Jesus Cristo reencarnado.

...

...

...

HEIN?!

Meu primeiro instinto é cair na gargalhada, o tipo de gargalhada desconfortável, uma reação automática, uma combinação entre choque, tristeza, raiva e descrença. Steven acha que ele é Jesus-Nosso-Senhor-e-Salvador-Cristo? Ah, vá. Ele só pode estar de brincadeira. No segundo em que percebo que não está, meu segundo instinto me atinge. Quero chorar. Quero apenas deitar em posição fetal e pôr tudo para fora.

— Você tem de acreditar em mim, Jenny. — diz Steven com seriedade. — Sei que parece loucura, mas você tem de acreditar.

Balanço a cabeça e vou vomitar no banheiro enquanto bolo uma estratégia. Quando volto, estou tentando imaginar se há algo que eu possa fazer sobre meu namorado achar que é Jesus Cristo nos minutos que ainda tenho antes de precisar sair.

Está claro que Steven não está bem, mas não tenho ninguém para quem contar isso, alguém que pudesse ajudar de alguma forma. Não tenho nenhum dos números de telefone dos seus familiares ou amigos – nosso relacionamento é recente demais para isso. Tento pedir discretamente o número de um de seus amigos que mora perto daqui, mas Steven começa a chorar, implorando para que eu não conte para ninguém o segredo que lhe contei.

— Fica só entre mim e você, Jenny — pede chorando.

— Acho que você deveria contar para a sua família — sugiro, sabendo que, se ele fizer isso, eles verão que tem algo de errado e provavelmente virão para cá cuidar dele.

— Não posso — diz ele, balançando sua cabeça. — Não dá. Eles não vão acreditar em mim. Só você acredita em mim, Jenny.

Não respondo. Não há mais nada em mim com o que responder. Estou impotente. E desamparada. Steven é o meu primeiro amor verdadeiro.

Até dez minutos atrás, a alegria que tive com esse relacionamento foi a única coisa positiva na minha vida nos últimos tempos. Não estou preparada para desapegar disso. Seco uma lágrima com a minha manga, e olho o relógio na parede. Vou me atrasar. Preciso ir.

    Abraço Steven. Ele me abraça. Recebo uma mensagem do meu empresário, a caminho do aeroporto. Robin Wright confirmou.

77.

O voo para Sydney é um inferno de 14 horas de vômitos-em-um-banheiro-de-avião. Como duas refeições completas no voo e vomito as duas, além do fluxo quase constante de lanches que a aeromoça oferece – balas de goma, biscoitos água e sal, Doritos. Cada um dos lanches vai para dentro, para baixo e para fora, no meu caso. É um caos. Não há um momento no voo em que não esteja comendo ou vomitando ou – no intervalo entre comer e vomitar – planejando como levantar pela décima quarta vez sem receber um olhar estranho do homem de negócios de peruca sentado perto de mim.

Na última vez que vomito, sinto que estou prestes a desmaiar. Minha boca fica amarga por causa do vômito e dolorida pelo ato de vomitar. Enfio meus dedos pela minha garganta, esbugalhando os olhos como resultado e, junto com o espesso líquido marrom que sai da minha boca para o vaso cinza da privada como uma feia cachoeira, avisto uma pequena partícula branca e dura. Passo a língua pelos meus dentes e percebo que perdi um deles. A acidez dos meus fluidos estomacais desgastou o esmalte do dente a ponto de eu acabar de perder meu molar esquerdo inferior.

Sinto um gosto metálico na boca e cuspo na pia. Vejo o sangue escorrer. Relutante, posiciono minha mão como uma concha debaixo da torneira do banheiro do avião e lavo minha boca com aquela água questionável. Faço isso quatro ou cinco vezes antes de observar meu reflexo no espelho. Tento evitar, mas não consigo. Não em um espaço tão pequeno como esse e com um espelho tão grande. Olho para mim mesma por um longo período. Não gosto do que vejo.

Aterrissamos em Sydney. Enquanto caminho na direção do Nissan Sentra que me aguarda, vejo no meu telefone uma mensagem de voz de um número desconhecido. Abro o telefone para verificar. São os pais de Steven. Eles me dizem que Steven ligou alucinado para eles, que ficaram tão preocupados que viajaram para visitá-lo. Eles estão com ele agora em um hospital psiquiátrico para fazer alguns exames porque um psiquiatra acha que Steven possa ter esquizofrenia. Termino de ouvir a mensagem enquanto me sento no banco traseiro do carro.

— Olá, como estão as coisas? — pergunta o animado motorista do Uber.

Olho direto para a frente, sem responder. Como estão as coisas? Tá tudo uma merda completa. Minha mãe mentiu a minha vida inteira sobre o meu pai biológico, estou presa sob o jugo da bulimia, vou ter que fazer uma coletiva de imprensa inteira sem o molar esquerdo inferior e meu namorado é esquizofrênico. Eu não poderia estar pior.

— Ah, eu adoro essa música. Você se importa se eu aumentar o volume?

O motorista do Uber o fez antes mesmo de esperar pela minha resposta. É o *single* de sucesso da Ariana Grande, *Focus on Me*.

— É ainda melhor que o último *single*, não é? — pergunta o motorista. Ele balança a cabeça e cantarola junto. Bate no painel do carro com entusiasmo.

Olho pela janela e vejo o Opera House de Sydney, de longe. Passo a língua no espaço onde ficava meu molar, imersa nos meus pensamentos. Talvez a Ariana tenha razão. Talvez esteja na hora de focar em mim.

78.

— Olá, Jennette.
— Oi, Jeff.
— Por que você não vai em frente e sobe na balança?
O quê? Como assim? Em nenhum lugar da papelada da consulta havia uma cláusula dizendo que eu teria de me pesar na primeira sessão com o especialista em transtorno alimentar que encontrei na internet. Se tivesse lido isso, não sei se teria marcado a consulta. E mesmo se tivesse, de alguma forma, ainda marcado a consulta, eu teria usado minha roupa para "me pesar em público", aquela que uso em cada consulta médica, não importa o clima – uma saia de popelina e minha regata mais fina. (Quero que minhas roupas acrescentem o menos de peso possível). Eu nunca teria usado *jeans*. Esses malditos *jeans* pesados e grossos. E um suéter. Um pesado suéter largo com detalhes trançados.
— Preciso mesmo?
— Sim. Mas você não precisa olhar para o número e eu não vou te contar. É só uma avaliação clínica. Preciso documentar seu peso no início de cada sessão.
Aperto minhas mãos, agitada.
— Você parece chateada.
— Não quero me pesar.
— É só uma parte do processo e eu entendo completamente como pode ser incômodo. Para ser honesto, sua reação é leve se comparada com muito do que vejo.
— O que você vê?
— As pessoas começam a chorar, às vezes a gritar. Uma vez a pessoa jogou a bolsa longe. Foi divertido.
Eu rio.

— Enfrentar sua experiência emocional vai ser a parte mais transformadora da sua recuperação. Começa com você encarando sua experiência emocional com a comida, a alimentação, seu corpo, e sim, se pesando. Estarei aqui para ajudá-la a passar por tudo isso, mas se quiser melhorar, precisará enfrentar tudo isso.

— Não parece ter muito espaço de manobra, Jeff.

Ele ri, e então sua gargalhada para abruptamente e ele não fala nada. Só continua a olhar para mim.

Jeff é alto – tem 1,90 de altura, talvez – com gentis olhos azuis e uma barba loira perfeitamente aparada para combinar com o cabelo loiro perfeitamente penteado para um dos lados. Ele usa calças largas, uma camisa xadrez com uma gravata e um cinto preto com uma fivela prateada. Seus gestos são tão exatos quanto sua formulação de frases – sem *hãs* ou *hums*, na fala ou nos maneirismos. Esse é um homem sem *hããs*, sem rodeios. Eu o respeito. É bem difícil ser assim.

Levanto e caminho até a balança. Fecho os olhos e respiro fundo, então subo nela. Eu o ouço fazer uma anotação na sua prancheta.

— Pode descer agora.

Obedeço. Volto ao sofá e me sento nele. Jeff sorri para mim – um sorriso não muito caloroso, mas é mais o sorriso de alguém que não está de brincadeira.

— Vamos ao trabalho.

79.

— Não acredito que eu achava que era Jesus — diz Steven, rindo, enquanto come uma batata frita.

Estamos sentados frente a frente em uma mesa do Laurel Tavern, um bar em Studio City. Beberico um *moscow mule* e acolho Steven da forma que eu costumava acolher minha mãe depois de ela sobreviver a cada um de suas experiências de quase-morte. É um jeito puro de acolher alguém. Uma mistura de susto com gratidão. A pessoa está aqui. Ainda está aqui.

Eu achei que a ida de Steven à ala psiquiátrica fosse a última vez que eu ouviria falar dele. Mas assim que teve acesso ao seu telefone de novo, ele ligou. Nós dois choramos. Ele parecia normal, bem, mais ou menos. A voz parecia mais letárgica, tinha uma apatia que não costumava ter. Ele me disse que isso era por causa do lítio que estava tomando e que, com o tempo, ele voltaria a ser como era antes do diagnóstico. Queria muito que isso acontecesse.

E agora, sentada na frente dele dois meses depois, começo a pensar que pode acontecer. Estamos morando juntos de novo, e ele parece evoluir bem. Tem se consultado com um terapeuta e um psiquiatra. Está medicado. Seu voto de celibato acabou e o sexo tem sido ótimo. Disse que está lidando "bem" com os episódio de esquizofrenia da forma que só se é possível quando você de fato deixa algo no passado.

— Eu também não acredito — concordo.

Steven pega minhas mãos. Seus dedos estão engordurados por causa da batata. Não me importo.

— Deve ter sido muito assustador — diz ele.

— É, foi.

— Desculpa por não poder apoiá-la.

— Tudo bem. Eu realmente não pude apoiá-lo também, para ser honesta. Com tudo que estava acontecendo.

— Eu sei. Mas nós dois estamos cuidando das nossas coisas agora. Vamos conseguir apoiar um ao outro. Vai ser muito bom.

Balanço a cabeça, concordando. Acredito nele.

80.

Estou encarando o prato de espaguete na minha frente. Tenho olhado para ele por pelo menos dez minutos enquanto processo todos os pensamentos e emoções que sinto antes de comê-lo.

Pego meu lápis e começo a preencher a planilha.

Pensamentos: quero este espaguete, mas não o quero ao mesmo tempo. Estou morrendo de medo de gordar. Não quero me sentir empachada. Não quero sentir peso. Estou cansada de sentir tanto peso. Morro de medo de comer. Não quero vomitar esse macarrão.

Sentimentos: Receio – 8/10. Ansiedade – 8/10. Medo – 7/10. Voracidade – 6/10.

Respiro fundo e então dou uma garfada. Mais pensamentos. Mais sentimentos. Pensamentos e sentimentos constantes e exaustivos. Volto à minha planilha para começar a anotar tudo.

Pensamentos enquanto como: minha mãe sempre disse que sódio deixa meu rosto inchado. Estou com medo de o meu rosto ficar inchado amanhã. Minha mãe ficaria louca se me visse comendo isso. Minha mãe ficaria chateada. Sou um fracasso.

Sentimentos: Tristeza – 8/10. Decepção – 8/10.

Começo a chorar. Largo o lápis e deixo as lágrimas caírem, como Jeff me instruiu.

Tenho me consultado com ele há três meses, e o progresso é lento, mas constante. Estamos nos empenhando tanto que é difícil acompanhar.

O trabalho começou comigo jogando fora todos os alimentos dietéticos (marmitas congeladas Lean Cuisine, sucos de *cranberry diet*, chás *diet* etc.), bem como doando todas as minhas roupas de ginástica. Nada de malhar durante essa fase de recuperação. Posso fazer alongamento e caminhadas moderadas, mas nada de meias-maratonas para mim. Todos os indicativos de dieta precisam sumir.

Então ele me pediu para anotar minhas compulsões alimentares e purgações por duas semanas, bem como cada coisinha que eu comesse e o horário da alimentação. Rastrear minhas purgações fazia sentido para mim e era uma coisa que a Laura me pedia para fazer, então eu esperava por isso, mas rastrear minha alimentação me confundia. Rastrear a alimentação não faz parte de um transtorno alimentar? Não é algo compulsivo e doentio de fazer?

— Sim, rastrear o que você consome será um comportamento que nós queremos eliminar com o tempo. Na verdade, em algum momento eu pedirei para você registrar quantas vezes você rastreia, para que possamos trabalhar nisso até zerar esse número.

— Então, rastrear... o rastreamento.

Uma breve risada. Término abrupto.

— Isso mesmo.

— Tá bom. Então por que estou rastreando meus alimentos agora se eu deveria me esforçar para não fazer isso?

— Eu preciso ter uma ideia de como se comporta em relação aos alimentos. Ver o que e quando entra o seu corpo me ajudará a entender isso.

Depois de duas semanas de rastreamento, Jeff lê minhas planilhas enquanto coça a barba.

— *Hmmm*. Sim. Interessante. *Hum*. Sim.

O quê? O que foi, Jeff? O quê?

— Interessante...

— O que é interessante? — pergunto finalmente, quando não consigo mais esperar.

— Então, você pula o café da manhã quase todos os dias, e daí almoça tarde, por volta das duas e meia, três horas. Mas não é bem um almoço. Não é uma refeição completa. Estou vendo oito garfadas de salmão na terça – bem específico –, uma barra de proteína na quarta, dois ovos na quinta. Por que você vomitou os ovos?

Dei de ombros em vez de responder.

— Nós vamos chegar lá. Tá bom, então, você tem esses almoços tardios e incompletos e depois, por volta das vinte horas, parece que tem um jantar, que também é incompleto todas as noites. Então, e aqui é onde as coisas realmente começam a bater, por volta das onde da noite você tem o que descreve como compulsão alimentar. Um prato inteiro de *pad Thai* com arroz frito, além de um *burrito* da Del Taco. E então parece que você vomita tudo o que consumiu por volta desse horário, todas as noites.

Sim, eu sei, Jeff. Eu que anotei.

— Certo. — digo, fingindo que estou prestando atenção.

— Aí é que está, Jennette. Você está passando fome na primeira parte do dia. Você não toma café da manhã, tem almoços e jantares tardios e incompletos, e então fica tão esfomeada à noite, tanto que *come* porque seu corpo está implorando por alimento. E sua escolha alimentar nesse horário faz todo o sentido. Porque você está tão esfomeada que quer algo substancioso, algo que a sustente. Mas, então, é claro, por causa de suas críticas em relação a esses alimentos e por causa dos seus padrões de pensamento destrutivo profundamente entranhados, você os purga. E então repete o ciclo no dia seguinte.

— Para ser honesta, essa foi uma boa semana. — explico. — Acho que porque eu quero "ir bem" na terapia e tal.

— Faz sentido. — assegura Jeff. — Não precisa analisar demais. Apenas aceite como é. Um avanço. — Ele acena com a cabeça educadamente, então abaixa o queixo e me olha com determinação. — Mas acho que somos capazes de mais.

Acredito nele. Ele tem tanta certeza. E um homem sem rodeios não tem certeza de algo por nada. Um homem sem rodeios tem certeza das coisas que tem certeza.

— Olha o que vamos fazer. Nós vamos normalizar sua alimentação. Três refeições completas por dia com dois lanches entre elas, cada um com horários pré-determinados. Sem negociações. Antes de começar esse processo de normalização alimentar, precisamos identificar seus alimentos de risco. Alimentos de risco são aqueles sobre os quais você tem críticas – os alimentos que se sente mais compelida a purgar.

Não precisa me falar duas vezes. Começo a fazer uma lista na minha cabeça.

— Bolos, tortas, sorvete, sanduíches, massa, pão, queijo, manteiga, salgadinhos, biscoitos, batata frita...

— Ótimo, ótimo. — diz Jeff enquanto faz anotações rigorosas, mas se recusa a pedir para eu desacelerar. É o conquistador que há nele, dá para perceber. A caneta voa. Ele vai atrás do ouro. Cruza o último "t" em "batata frita" e olha para mim.

— Então, um dos nossos principais objetivos aqui na terapia é reduzir seu juízo de valor em relação ao alimento. Todo e qualquer juízo de valor. Queremos neutralizar o alimento. É só algo que você ingere, não é bom nem mau. Não importa se é abacaxi ou panqueca.

— Eu vejo esses dois alimentos como maus, porque ambos têm muito açúcar. Jeff pisca uma vez.

— Certo, então é nisso que vamos trabalhar.

— Tá.

— E eu vou te avisar, Jennette, normalizar seus padrões alimentares e neutralizar os alimentos mentalmente não vai ser fácil. De jeito nenhum. Vai ser um trabalho emocional árduo. Por muito tempo sua alimentação foi... uma bosta.

Não esperava esse palavreado, Jeff, mas aprecio a veemência.

— Vai ser intenso. Mas eu vou ajudá-la no processo.

***

Estou sentada aqui com minhas lágrimas salgadas caindo no prato de macarrão, diluindo o molho *marinara*. Jeff tinha razão. Normalizar minha alimentação e neutralizar o alimento é um trabalho emocional árduo.

O choro fica mais forte a ponto de meu peito começar a subir e descer. Fico louca comigo mesma por chorar. Me faz parecer dramática. Descontrolada.

As lágrimas caem na minha planilha e borram a tinta. Merda. Tento soprar o ponto úmido para secá-lo, mas o catarro que sai do meu nariz cai na página e piora a situação. Eu amasso a planilha e jogo a bolinha de papel do outro lado da sala na direção da lata de lixo. Ela não chega nem perto. Jesus Cristo.

Foda-se. Eu me levanto, corro para o banheiro, e vomito.

81.

— Deslizes são absolutamente normais. Quando você desliza, é só isso. Um deslize. Ele não a define. Não faz de você um fracasso. A coisa mais importante é não deixar que esse deslize se torne uma queda — explica Jeff para mim, e então me entrega uma pasta intitulada *Não Deixe que seus Deslizes se Tornem Quedas*. (Tenho a sensação de que ele ensaiou este momento. "Diga, então entregue a pasta. Sim, assim vai surtir efeito").

Essas pastas são uma ocorrência semanal com Jeff. Ao final de cada sessão, ele me entrega uma nova. Em geral, elas incluem um artigo, talvez um ou dois questionários e algumas planilhas. Os tópicos variam muito, pode ser tudo desde *Como Estabelecer Relacionamentos Saudáveis (E Avaliar Os Atuais)* até *Construção de uma Identidade sem seu Transtorno Alimentar* e *O que é Autocuidado na Realidade?*

Gosto de preencher as planilhas. Gosto quando consigo me expressar no papel. Simplifica as coisas para mim. Quando tudo está na minha cabeça, parece caótico e desordenado. Mas quando posso olhar para uma folha de papel e me ver refletida em palavras, cálculos e gráficos, é esclarecedor.

As pastas sempre reiteram o assunto da nossa sessão, então eu sei que a sessão de hoje vai ser sobre deslizes.

— Jennette, esta vai ser uma das partes mais importantes da recuperação. Aceitar os deslizes e seguir em frente depois deles.

Mexo a cabeça, concordando.

— Pessoas propensas a transtornos alimentares costumam ser aquele tipo de pessoa que fica muito presa em seus erros e se esforça para seguir em frente depois deles. Perfeccionistas. Você se identifica com isso?

— Sim... (O rótulo é um pouco irritante, mas me identifico).

— O problema disso é que, se a gente se repreende depois de um erro, adicionamos vergonha à culpa e à frustração que já sentimos com o erro. A culpa e a frustração podem nos ajudar a avançar, mas a vergonha... ela nos aprisiona. É uma emoção paralisante. Quando ficamos atrelados a uma espiral de vergonha, costumamos cometer mais desses mesmos erros que nos provocaram a vergonha no início.

Concordo com a cabeça, entendendo.

— Então isso faz com que deslizes se tornem quedas.

Jeff aponta para mim com orgulho.

— Bingo.

Eu poderia ter ficado sem esse "bingo", mas me identifico com o argumento de uma forma profunda e poderosa. Estou percebendo como as espirais de culpa contribuíram com os meus problemas. Estou tão cansada de jurar sem cessar que "dessa vez vou parar de vez". Talvez essa aceitação dos deslizes seja a peça que faltava. Talvez, quando eu cometer um deslize, eu possa reconhecer como isso é decepcionante e frustrante, sem ficar presa na espiral de vergonha. Sem deixar que essa espiral leve a mais deslizes, e mais deslizes, e mais deslizes, até se tornarem uma queda. Talvez agora o deslize possa ser, como diz o próprio Jeff, só isso. Um deslize.

82.

Merda. Estou atrasada para uma reunião. Pego minha bolsa e desço as escadas correndo quando o vejo sentado lá, olhando pela janela e enrolando o cabelo com o dedo indicador. Sua expressão é catatônica, como tem sido ultimamente. Vê-lo assim me assusta. A primeira vez que aconteceu eu achei que talvez fosse porque ele estava com uma dose alta demais de lítio. Mas a dose foi ajustada uma dúzia de vezes e a catatonia não parou. Foi aí então que eu percebi que era outra coisa.

— Ei, moço — digo, tentando soar tão casual quanto possível. — Como você tá?

Ele não parece me ouvir.

— Steven?

Nada. Mordo meu lábio.

— Hum. Preciso ir a uma reunião. Quer vir junto pra passear? Talvez você possa fazer uma caminhada enquanto eu estiver lá? Não deve levar mais do que uma hora.

Eu comecei a convidar Steven para vir junto comigo sempre que eu tinha consultas, trabalho ou reuniões. Tenho medo de que ele não saia de casa se não fizer isso.

Steven parou completamente de trabalhar e parece avesso a voltar algum dia. Declara que o "trabalho é um atraso de vida". Ele não tem *hobbies* e não está interessado em passar o tempo com seus amigos. A única coisa que Steven faz hoje em dia é fumar maconha. Ele acorda de manhã e fuma na mesma hora e depois fuma o tempo todo durante o dia. Passa o dia inteiro chapado. Muito chapado. Mais do que nunca vi alguém ficar. Chapado no nível catatônico.

A princípio eu achei que estivesse tudo bem. Parecia um alívio para ele depois de seu diagnóstico de esquizofrenia e todo o desgaste que vinha com ele. Eu tentei dar apoio. Até o ajudei a encontrar um traficante que pudesse conseguir a quantidade que ele queria, que parecia ser muito.

Mas então ele se tornou isso. E não é que eu não entenda. Eu entendo. Compreendo muito bem a necessidade de entorpecer tudo na sua vida. Mas eu não estou entorpecendo mais. E talvez este seja o problema aqui, pelo menos para nós. Estou dando passos largos em direção à recuperação da bulimia. Não estou mais abusando do meu corpo tanto quanto costumava abusar. Estou tentando me encarar todos os dias. Os resultados variam, mas as tentativas são consistentes.

Quanto mais eu avanço na minha recuperação, mais Steven avança em sua droga de escolha. E mais nós nos afastamos um do outro.

E então, há algumas semanas, eu tive a brilhante ideia de nos colocar de volta na mesma página, custasse o que custar. Steven tentou me ajudar com a minha bulimia, então eu tentarei ajudá-lo com seu vício em maconha.

Eu imprimi um monte de artigos sobre como parar de fumar erva. Procurei grupos de apoio. Sugeri que tentássemos um novo terapeuta especializado em vício. Planejei atividades juntos, assim ele ficaria menos propenso a usar. Eu o convidava para todos os lugares aonde eu ia, para monitorá-lo. Tentei convencê-lo a ter algum *hobby*. Joguei fora toda a maconha que ele tinha.

Nada funcionou. Ele não lia os artigos. Não ia aos grupos de apoio. Não tentou o novo terapeuta e até deixou de ir ao seu atual. Não quer um *hobby*. Comprou mais erva.

Estou de mãos atadas. Não tenho poder sobre ele. Mas eu o amo. E quero que fiquemos juntos. Então continuarei tentando.

— Então, quer ir comigo? — pergunto de novo.

— Ah, *hum*... não, Jenny. Vou ficar aqui. Mas obrigado por me chamar — diz ele enquanto continua a mexer no cabelo.

83.

— Bob, você ouviu?! O dinheiro dela acabou! — choraminga minha avó enquanto coloca a cabeça no ombro do meu avô e chora lágrimas de crocodilo. Minha avó nem lacrimeja.

— Ela não disse nada desse tipo, querida. — Meu avô a tranquiliza com mais paciência do que compreendo.

Estou sentada com meus avós na sala de estar da minha casa, em Studio City. Minha avó segue bloqueada, mas ela não deixaria meu avô me ver sem levá-la junto. Acabei de anunciar que vou vender minha casa. A notícia não caiu bem.

— O que vou dizer para Linda? E para a Joanie? E para a Louise?! — grita minha avó, agitando os braços, confusa.

— Acho que você pode dizer a verdade — sugiro.

— Que a minha neta que eu amo mais do que tudo neste planeta inteiro resolveu do nada se mudar de sua linda casa para um apartamento miserável de um quarto?!

— Claro.

— Não!

— Vai ficar tudo bem, querida — diz meu vô para ela, dando um tapinha em sua mão.

As áreas na minha vida que me causam mais estresse são um tópico que discuto sempre na terapia com Jeff. Minha casa foi tão mencionada que ele me perguntou por que não a vendo.

— Bem, eu quis vendê-la por um período, mas não posso fazer isso.

— Por que não? — pergunta ele.

— Porque... não é sensato.

— Por que não é sensato?
— Porque uma casa é um bom investimento.
— *Hmm*. Me diga o que a estressa na sua casa.
— Bem, ela está sempre caindo aos pedaços. Sempre tem algo para arrumar – um pedreiro aparece quase todos os dias. Eu não imaginei que ser dona de uma casa fosse outro trabalho, que não me interessa e para o qual eu não tenho tempo.
— Algo mais?
— Eu me sinto sozinha. E ela é meio assustadora. É grande demais para mim. E eu não gosto da vizinhança. Além disso, alguém deixou vazar meu endereço na internet e então algumas pessoas me perseguem e aparecem às vezes, deixando bilhetes assustadores, e uma vez um deles me deixou um buquê de rosas com sangue gotejando...
— Muitas coisas estressantes.
— Sim.
— E mesmo assim você não vai vendê-la porque é um bom investimento?
— Sim.
— O que tem nela que a torna um bom investimento?
— Não sei bem. É tipo uma coisa que eu ouvi falar, sabe? Todos dizem que uma casa é um bom investimento.
— Um bom investimento para uma pessoa pode ser um péssimo investimento para outra.
— É.
— E o investimento na sua saúde mental? Sentir-se segura é importante para a saúde mental, e você mencionou que não se sente segura.
— Não me sinto, mas... ah, sei lá. Eu acho que não posso vendê-la.
Jeff olha para mim fixamente, sem piscar.
— Eu poderia comprar algumas plantas — digo, dando de ombros. É inacreditável quantas vezes eu já pensei que comprar plantas poderia fazer alguma diferença na minha vida.
— Alguma outra ideia? — pergunta Jeff.
— Eu poderia tirar mais férias.
— Mas isso não tem um impacto direto no seu ambiente principal – sua casa. E o ambiente principal é aquele que influencia sua saúde mental. Então por que não focamos na sua casa?
— Mas as plantas não ajudariam?
— Algo maior do que plantas — indica Jeff.

— Eu poderia... contratar um decorador de interiores?

— Tá, e como isso reduziria seu estresse?

— Bem, a casa é meio vazia. E impessoal. Parece desabitada.

— E alguns tapetes vão ajudar nisso?

— Bom, talvez sim. — digo com um pouco de petulância. Não gostei desse questionamento crítico, Jeff.

— Tá certo. Então por que não começamos por aí?

Chego em casa e ligo para o corretor de imóveis perguntando se ele conhece algum decorador de interiores que seja bom. Ele diz que conhece a pessoa certa.

***

Liz aparece na minha casa com uma blusinha preta delicada e calça *legging* de oncinha. Eu deveria ter percebido na hora. Shania Twain é a única pessoa na Terra que deveria ser autorizada a se aproximar de estampas de oncinha.

— Então, como você descreveria o estilo da sua casa? — pergunta Liz enquanto se senta à mesa de jantar. Ela coloca sua grande bolsa-saco na mesa e começa a tirar pastas com amostras de tecido e materiais, além de grossas revistas de decoração.

— Ahhh... — Olho a sala vazia. — Não faço ideia. Eu estava pensando que topo o que você estiver pensando.

— Êêê, excelente — diz Liz, animada. — Tenho muitas ideias. Acho que a minha favorita é... *glamour* chique com toques de estampas de animais.

Faço tudo em meu poder para não olhar para sua *legging*.

— Não sou muito fã de estampa animal.

— Oh. — diz ela, um pouco ofendida. — Bem, seriam apenas toques sutis. Nós poderíamos usar estampa de oncinha, de vaca ou de zebra, tá tudo bem na moda agora.

Por que você está me empurrando zebras, Liz?! Não quero ter estampa de zebra nos meus travesseiros, nos meus cobertores ou nas minhas cortinas. Se tem uma coisa que eu nunca entendi é por que nós precisamos tentar deixar travesseiros, cobertores e cortinas "divertidos" com estampas? Essas coisas não são divertidas, são funcionais. Me dê móveis simples, de cores sólidas, coordenados e vamos acabar logo com isso.

— Tudo bem — falo, com a maior delicadeza possível. — Eu só quero coisas simples. Não tenho olho para isso, mas sei que quero algo simples.

— Mas você é tão nova! E divertida! Não quer que o seu espaço reflita isso?

Não.

— *Hum...*

— Por que não tentamos? Por que não começamos com esse plano e então tudo o que você não gostar eu devolvo, exceto as coisas que não puderem ser reembolsadas.

É horrível ser uma pessoa influenciável, mas uma pessoa influenciável teimosa é ainda pior. Uma pessoa influenciável é boazinha e aceita o que for. Uma pessoa influenciável teimosa tem aparência de boazinha e parece aceitar o que lhe é empurrado, mas remói o assunto em silêncio e se ressente. Sou uma pessoa influenciável teimosa.

— Tá bom. — digo, educadamente, remoendo o assunto.

Três dias depois, cortinas com estampa de oncinha verde-menta com creme aparecem na minha porta com um recibo: $14.742. Liz está claramente acostumada a trabalhar com clientes que não se importam em desembolsar quinze mil para bloquear o sol, mas esse não é o meu caso.

Estampas e preços à parte, estou começando a aceitar que não importa os tipos de cobertores, cortinas ou travesseiros, eles não vão compensar a construção constante, a solidão e os perseguidores com as rosas ensanguentadas. Não posso ficar nesta casa.

Ligo para Liz para avisar que não precisarei mais dos seus serviços.

— Bem, que pena. — responde ela. — Mas eu entendo totalmente e desejo uma boa sorte na decoração da sua casa.

— Obrigada, mas na verdade acho que vou vendê-la.

— É?

— Sim.

— Bom, tudo bem...

— Sim. Então, aliás... me avisa onde você quer que eu deixe as cortinas de oncinha para você devolver.

— Ah, elas não estão elegíveis para reembolso.

***

Agora, dias depois, estou tentando argumentar com a minha avó.

— Não entendo por que eu vender essa casa é tão importante para você.

— Porque é! — grita ela.

Eu sempre esqueço que tentar argumentar com alguém irracional é... algo irracional.

— Isso é o melhor para mim. E eu realmente gostaria que você apoiasse a decisão.

— Bem, eu não apoio. Não consigo aceitar! — minha avó afunda a cabeça na axila do meu avô.

— Tá tudo bem, querida. Vai ficar tudo bem. — Meu avô a tranquiliza.

— Para onde você vai se mudar, boneca? — pergunta minha avó, fungando.

— Estou me mudando para um apartamento em cima do Americana.

— O Americana? — Minha avó vira para me encarar, sem fungar. — Aquele *shopping* chique com a fonte e a música do Frank Sinatra?

— Esse mesmo.

Ela hesita.

— Acho que não vai ser tão ruim. Eles têm um Ann Taylor Loft lá...

84.

— Isso é forçado demais? — pergunto para Colton e Miranda. Eles estão me ajudando a escolher a roupa que vou usar no grande evento.

— Eu tiraria a saia. Tá um pouco... exagerado. — aconselha Colton.

Aprecio sua honestidade e pego uma calça *jeans*.

— Melhor. — concorda ele.

— E se ele não gostar de mim? — grito para eles enquanto vou para o banheiro me trocar.

— Ele vai gostar de você. — Miranda me tranquiliza em voz alta.

Estou tremendo. Estou muito mais nervosa do que ficaria em um primeiro encontro. Talvez porque as apostas são mais altas. Isso não é um mero primeiro encontro. Este é o meu primeiro encontro com meu pai biológico.

Estamos no Porsche de Miranda na 405, indo para Newport Beach até o hotel onde a apresentação está acontecendo.

— Então seu pai biológico toca trompete? — pergunta Colton quando nos aproximamos do destino.

— Trombone. — Eu o corrijo.

— Dá no mesmo — diz Colton, dando de ombros.

Sei que ele está tentando manter a conversa rolando porque o clima fica cada vez mais pesado à medida que nos aproximamos do hotel. Por um bom motivo. Estou aparecendo sem avisar no *show* de *jazz* do meu pai biológico, que eu nem sei se sabe que eu existo.

Embora eu não tivesse conseguido descobrir sobre a situação com meu pai-Mark, eu consegui arrancar dele o nome completo e a profissão do meu pai biológico, o que foi o bastante para uma rápida busca pela internet me levar ao seu *site* oficial. Ele tinha uma lista de créditos das trilhas sonoras nas quais tocou – vários filmes do *Star Wars*, *Jurassic World*, *Lost* e inúmeros outros – e uma lista com futuras datas de turnê do que mais amava, um projeto paralelo divertido: uma banda de *jazz*. Escolho a última data possível na área de Los Angeles para ir, porque eu queria o máximo de tempo possível para me preparar emocionalmente.

E agora cá estou, a minutos de distância desse *show*, e meses depois de eu decidir vir, e ainda não me sinto preparada emocionalmente.

Andrew sabe que é meu pai? Ele sabe que é pai do Dustin e do Scottie? Estava por perto quando eu era pequena? Onde ele e minha mãe pararam? Ele manteve contato com ela? Sabe que ela morreu? Ele tem uma família agora? Eles sabem dessa situação?

Tenho tantas perguntas, e o leque de respostas possíveis me perturba. Considerei a possibilidade de ele ter uma família, de os filhos dele estarem no *show*, e que eles poderiam não saber da situação. E eu não quero ser aquela a anunciar essa notícia em suas vidas. Então decidi abordá-lo no fim da apresentação, assim que saísse do palco, e apenas se estivesse sozinho.

Também considerei que talvez ele negasse. Talvez ele dissesse: "Cai fora". Talvez ele não soubesse. Não faço ideia do que me aguarda.

Miranda se aproxima do estacionamento e todos saltamos do carro. Colton segura no meu braço para me confortar – Miranda não. Muitas amizades entre mulheres parecem muito arraigadas no contato físico – ficar de mãos dadas, abraços constantes, tocar no cabelo, seja lá o que for. Miranda e eu temos uma amizade que não é totalmente desprovida de contato físico, mas é quase isso. Os abraços entre nós são raros, e tá tudo bem.

Nós atravessamos os corredores do hotel, e eu paro no banheiro para fazer xixi. Miranda entra comigo, acho que para ver se eu não vou vomitar. Ela nunca me disse isso diretamente, mas dá para perceber. Ela não entra comigo sempre. Ela não é do tipo óbvio.

Normalmente eu me sentiria agitada, como sempre acontecia quando Steven tentava interceptar uma purgação. Mas não dessa vez, porque dessa vez não estou planejando isso. Não há nada no meu corpo para purgar. Eu me senti enjoada o dia inteiro e não consegui comer nada. Criei uma nota mental para abordar essa questão na terapia amanhã, mas hoje eu só quero acabar logo com isso.

Lavo as minhas mãos por um bom tempo, esperando que isso tire a viscosidade delas. Coloco mais rímel e um pouco mais de *blush*. Por que estou tão preocupada com a minha aparência para conhecer meu pai biológico? Notei isso o dia todo. Enfio o rímel de volta na minha bolsa e atravessamos o hotel até sair no pátio, onde está rolando o tal do *gig*. Odeio essa palavra, "*gig*", mas tenho certeza de que esse é o termo que os músicos usam para esse tipo de *show*.

Colton, Miranda e eu nos sentamos em uma mesa perto do fundo, alguns minutos antes do início. Na maior parte, o público é formado por quarentões e cinquentões, com visual de ricos. Muito Gucci.

— O que traz vocês aqui, meus jovens? — pergunta a mulher sentada perto de mim, bêbada de vinho e usando pérolas.

Penso em responder: "É que meu pai biológico que eu nunca conheci toca trombone nessa banda, então só vou abordá-lo depois do *show* para tentar encontrar respostas sobre a bagunça disfuncional que foi a minha infância", mas não falo nada.

— Nós gostamos de *jazz*. — diz Colton finalmente, depois de perceber que não há nada além de um olhar vazio vindo de mim.

— Ah, que bom. Precisamos de mais jovens como vocês. Cultos. De que bandas vocês gostam?

— Todas. Nós gostamos de... todas elas. — Colton concorda com a cabeça.

— Ótimo, ótimo. — responde Pérolas com um sorriso, parecendo satisfeita com a não-resposta. — Ah, aí estão eles!

Pérolas bate palmas em êxtase e nós três vemos a banda caminhando na direção do palco. Foco no meu pai, carregando seu trombone. Não dá para perceber se há uma semelhança. Talvez eu esteja sentada muito atrás. Ou talvez os genes da minha mãe sejam mais fortes.

A banda começa a tocar. Colton pega minha mão algumas vezes. Miranda me observa pelo canto do olho. Eu me sinto em transe o tempo todo em que a banda toca.

Uma hora depois, o saxofonista anuncia que eles estão na última música. Minha boca seca. Minhas mãos estão encharcadas de suor. Meu coração bate forte.

— Tá bom, vamos. — diz Colton, pegando minha mão. Nós três nos levantamos da mesa e vamos até a saída do palco.

— Aonde vocês vão?!

Agora não, Pérolas.

A última música está chegando aos compassos finais e ainda não chegamos à saída do palco. Aceleramos o passo.

— Vocês não podem entrar aqui. — avisa um dos seguranças.

— Desculpa, ela precisa fazer uma coisinha rápida — explica Colton com a confiança de alguém que dá uma informação legítima.

O segurança fica confuso o bastante para nos deixar passar. Olho para cima e o vejo cruzar o palco para sair – meu pai biológico.

— Corre! — exclama Miranda.

Corro os últimos vinte e poucos metros até chegar nele no momento exato em que ele está descendo aos degraus do palco. Ele sente minha presença. Fazemos contato visual. Ele parece intrigado, talvez um pouco alarmado.

— Acho que temos algo em comum. — É o que sai da minha boca.

Seus olhos ficam marejados. Os meus também.

Os dez minutos seguintes são uma troca de informações obscuras. Pergunto se ele sabia de mim, da minha existência. Ele diz que sim. E dos meus irmãos. Ele responde que estava esperando nosso contato. Não quis nos procurar porque não tinha certeza se nós sabíamos. Pergunta como eu descobri e eu conto. Ele diz que ele e minha mãe não terminaram bem e que houve uma grande batalha pela nossa custódia quando éramos pequenos – que minha mãe dizia que ele era fisicamente abusivo (ele me garante que não era). Ela venceu. Pergunto se ele sabia da morte da minha mãe. Ele responde que sim, que viu no *E! News*. Penso em como essa frase é estranha.

Os técnicos de som nos dizem que precisamos sair. Ele me dá seu número de telefone pede que eu mande uma mensagem. Nós nos abraçamos e nos despedimos. Miranda e Colton se aproximam de mim. Estou sentindo muitas emoções e consigo identificar quais. Parece um progresso.

Fico feliz por ele saber da nossa existência. Aliviada por acabar com isso. Decepcionada que tenha sido tão breve. Estou confusa e triste por ele não ter me procurado primeiro. Nunca saberei ao certo se ele queria me encontrar, ou se só disse isso porque era o que deveria dizer.

Com relação a primeiros encontros, este certamente foi o mais interessante que eu tive. Não sei bem se haverá um segundo.

85.

Ela está fria e pesada nas minhas mãos. Caminho devagar porque estou enrolando. Já me livrei dela antes, sete ou oito vezes. Mas todas as vezes, eu volto atrás no dia seguinte e compro uma nova. Até agora não consegui ficar 24 horas sem adquirir uma nova, mas tenho esperança de que dessa vez será diferente. Talvez dessa vez, já que estou fazendo disso mais do que uma ocasião qualquer, visto que me livrar dela é meu presente para mim mesma pelo meu aniversário de 24 anos. Conseguirei me livrar dela para sempre.

Minha balança me definiu por muito tempo. O número que ela mostra me diz se estou evoluindo ou fracassando, se estou tentando com afinco ou não, se estou bem ou mal. Sei que não é saudável qualquer coisa ter tanta autoridade sobre minha autoestima, mas não importa o quanto tentasse combatê-la, eu sempre me senti reduzida ao número na balança – talvez porque, de certa forma, é mais fácil. Definir-se é difícil. Complicado. Confuso. Deixar o número na balança fazer isso por você é simples. Direto. Honesto.

Eu sou 43 quilos. Ou 47 quilos. Ou 52 quilos. Ou 56 quilos. Seja o que for que a balança lê, sou isso e só. É o que eu sou.

Ou melhor, quem eu era. Não quero mais que esse número seja a totalidade de quem eu sou. Não quero que ele me defina. Estou pronta para viver a vida além da balança.

Isso soa ridículo, "a vida além da balança". É tão dramático, mas infelizmente tão verdadeiro para mim. Tenho vergonha de que essa seja a minha realidade. Talvez seja uma coisa boa. Talvez essa vergonha seja um sinal de crescimento.

Aproximo-me do depósito de lixo e abaixo o trinco para abrir a porta do duto coletor de lixo. Jogo a balança no duto. Ouço-a deslizar por ele, batendo nas laterais enquanto cai. Ela aterrissa. Eu saio.

O dia seguinte começa e acaba. Eu não compro uma balança nova.

86.

Estamos sentados em um pedalinho em formato de cisne no Echo Park Lake. Um maldito pedalinho horrendo. Nenhum de nós disse uma palavra sequer nos últimos cinco minutos, o que parece muito mais do que cinco minutos quando se está sentado em um maldito pedalinho.

Estou com os olhos fixos em Steven. Ele nem percebe que observo. Ele olha à distância, meio pensativo, meio depressivo. Steven anda muito contemplativo nesses últimos dias, mas de um modo que não o leva a lugar algum. É aquele modo que faz as engrenagens girarem e os pensamentos continuarem a andar em círculos, mas não ocorre um movimento para a frente.

Tentei por muito tempo ajudar Steven. Ou controlá-lo. Não sei ao certo o que fiz, já que ambas ações estão tão intimamente ligadas. Mas há alguns meses, eu desisti.

Começou com Jeff me dando materiais para ler sobre codependência. Eu me identifiquei um pouco demais com tudo o que li e me forcei a aceitar que Steven e eu estávamos em um relacionamento profundamente codependente. Jeff sugeriu que eu me mantivesse focada em tentar resolver os meus próprios problemas.

— Mas eu estou aqui. *Estou* tentando resolver meus problemas.

— E está fazendo um ótimo trabalho. — Jeff acena com a cabeça, confirmando. — Porém, tenho a sensação de que você conseguirá progredir mais se pegar toda essa energia que gasta tentando controlar a vida de Steven e, em vez disso, aplicá-la para administrar a sua.

A mudança aconteceu rápido. Por sugestão do Jeff, eu acrescentei terapia em grupo ao meu regime semanal de desenvolvimento pessoal. Leio mais livros sobre recuperação de transtornos alimentares. Quanto mais tempo eu passo focada nas minhas questões, menos tempo tenho para focar nas de Steven. E quanto menos eu focava nas questões de Steven, mais nós nos afastamos.

É triste reconhecer o quanto a recuperação tem sido a espinha dorsal do nosso relacionamento. Fosse Steven tentando dar um jeito na minha bulimia ou eu tentando resolver seu vício em maconha ou o forçando a encontrar o coquetel de medicamentos adequado, era essa a cola do nosso relacionamento. Sem essa necessidade de recuperar o outro, não temos muito sobre o que conversar. Como agora.

— Steven — digo, finalmente. Isso o tira do transe. Ele olha para mim.

Não preciso nem dizer nada. Ele sabe o que vem por aí. Começa a chorar. Eu começo também. Nós choramos abraçados um ao outro enquanto pedalamos a merda do pedalinho de cisne.

87.

— Jennette, a equipe inteira está reunida esperando por você. — diz um dos assistentes do meu agente, ao telefone.

Sempre que "a equipe inteira" está em uma chamada, é por causa de uma dessas duas coisas: notícias muito boas ou muito ruins. "A equipe inteira" só aparece em uma chamada para celebrar ou apoiar um ao outro, sem meio-termo. Um por um, cada membro da "equipe inteira" aparece na teleconferência. Espero para descobrir que tipo de notícia é.

— Tá todo mundo conectado? — pergunta uma voz.

— Sim, estamos todos aqui. — responde outra voz.

— Então, Jennette...

Má notícia. Uma pausa é sempre má notícia.

— ...cancelaram sua série na Netflix.

Silêncio. Poderia ser uma má notícia na cabeça dos meus agentes, mas não parece má para mim. Parece... ótimo.

— Tá bom.

— Tá bom? — pergunta uma das vozes, confusa.

— Tá bom. — repito. — Obrigada por me avisarem.

— Tá bom. — diz outra voz, soando aliviada. — Bem, tudo certo então. Ah, sim, então... a boa notícia é que podemos começar a sugerir seu nome para outros trabalhos agora, já que você não está mais reservada para a Netflix.

— Para falar a verdade...

Há uma tensão no ar enquanto todos esperam para ouvir o que vem a seguir. Quase dá para sentir o medo pelo telefone. *Será que ela vai chorar? Por favor, não deixe a atriz chorar. Que Deus me ajude.*

— Para falar a verdade, eu venho pensando nisso há algum tempo, desde que estou esperando para ouvir se o programa seria renovado para uma terceira temporada. E eu decidi que, se fosse renovado, eu faria. Mas se não fosse, eu daria uma pausa na interpretação.

Silêncio.

— Ah. — Uma voz finalmente entra na conversa. — Tudo bem, então, *hum*... hã. Você tem certeza?

— Sim. Tenho.

— Tipo, certeza mesmo? — pergunta um deles.

— Sim, certeza absoluta.

— Tá certo. Bem... nos avise se mudar de ideia. Nós adoraríamos continuar a contar com você em outros projetos.

— Eu aviso.

Todos trocamos despedidas desajeitadas e então a chamada é encerrada. É simples assim. Uma carreira de 18 anos terminou em uma ligação de dois minutos.

Estou em paz com a decisão. Finalmente. Não estava a princípio. Precisei de mais de um ano de reflexão e discussão com Jeff para chegar lá. Eu sei há muito tempo que meu relacionamento com a interpretação é complicado. Não muito diferente do meu relacionamento com a comida e com o meu corpo.

Em todas essas situações, há constantes esforços, desejos, solicitações, brigas. Estou tentando desesperadamente ganhar sua aprovação, seu afeto e nunca pareço conseguir. Nunca sou boa o bastante.

Fico ressentida com a briga, e exausta por causa dela.

Eu finalmente comecei a ter algum controle sobre meu relacionamento com a comida e, quanto mais esse relacionamento se torna saudável, mais doentia uma carreira na atuação parece para mim. Entendo que muitos aspectos de qualquer profissão estejam fora do controle da pessoa que a exerce, mas esse é o caso especialmente da atuação.

Como ator, você não pode controlar o que os agentes querem para representá-lo, para quais papéis será indicado, quais testes vai conseguir, quais chamados para retornar virão, quais papéis você consegue, quais serão as falas desse papel, como você se veste, como o diretor orienta sua performance, como o editor edita sua performance, se a série é escolhida ou o filme vai bem, se os críticos vão gostar da sua performance, se você fica famoso, como a mídia o retrata, e assim por diante. Deus abençoe as almas que toleram toda essa exposição nas suas vidas, mas eu não aguento mais.

Muitos aspectos da minha vida pareceram bastante fora do controle por muito tempo. E eu cansei dessa realidade.

Quero a minha vida nas minhas mãos. Não nas mãos de um transtorno alimentar, nem de um diretor de elenco, ou de um agente, ou da minha mãe. Nas minhas.

88.

— Adorei — digo, e não estou mentindo, como fiz no meu aniversário de seis anos quando abri e vi meu pijama do *Rugrats*. Eu realmente adorei.

Eu usava a mesma minha mochila há três anos e ela já estava bem surrada. Reclamei disso por meses, mas não consegui encontrar uma substituta decente. Mas a Miranda conseguiu. Ela encontrou uma linda mochila Tumi preta com detalhes dourados. É perfeita.

A única coisa que supera os presentes de Miranda são seus cartões. Abro o dela para ler. Sua caligrafia é meticulosa. Suas frases são gentis e simples. Ela sempre encaixa algumas piadas bem propícias. E sempre assina os cartões como Alec Baldwin. Eu nem me lembro mais de onde saiu essa piada, mas ela ainda me faz rir toda vez.

— Vamos para a Disneyland primeiro ou vamos jantar? — pergunta ela.

É meu aniversário de 26 anos. Embora meu avô não trabalhe mais na Disney, ele recebe um fornecimento vitalício honorário de ingressos e descontos para funcionários pelo fato de ter trabalhado lá por quinze anos. Ele usou seu desconto para conseguir para mim um desconto de 40% nesse quarto com vista para o pátio do Grand Californian Hotel. Obrigada, vovô.

— Vamos para a Disneyland.

É claro que eu escolho a Disneyland. E não só porque é a Disneyland. Se eu tiver de escolher entre jantar e outra coisa, eu sempre escolherei a outra coisa.

Já faz alguns anos que iniciei minha recuperação do transtorno alimentar, mas o caminho ainda é tortuoso. Em algumas semanas, eu não vomito. Em outras, sim. O critério de diagnóstico da bulimia estipula que deve haver uma sequência de compulsão e purgação de pelo menos uma vez por semana, por três meses. Então, embora às vezes eu exceda o critério semanal, a purgação é inconsistente o bastante para que, de acordo com Jeff, eu não seja mais considerada bulímica. Sou apenas uma "pessoa que às vezes exibe comportamento bulímico". O que ainda não me soa muito bem.

O que me alegra, pelo menos, é que quando eu tenho um deslize, esse deslize não se transforma mais em uma queda. Isso é um progresso enorme, eu sei. Mas continuo a dizer a Jeff que eu não quero ser uma "pessoa que às vezes exibe um comportamento bulímico". Quero melhorar. Ser mais forte. Ter mais confiança na minha recuperação. Quero sentir que superei os transtornos alimentares e que eles ficaram no passado. Mas até agora esse momento não chegou.

O alimento – a falta dele, a necessidade dele, o desejo por ele, o medo dele – ainda absorve muito da minha energia. Qualquer menção da uma refeição, qualquer lembrete de uma, ainda me provocava uma onda intensa de ansiedade pelo corpo.

Por isso, se houver uma escolha entre jantar e outra coisa, eu sempre escolho a outra coisa. Quero adiar o caos da refeição o quanto puder.

Pego minha peruca castanha desfiada e meus óculos de sol na mesa de cabeceira. Comecei a usar esse disfarce quando vou a lugares para evitar ser reconhecida. Miranda e eu caminhamos até a Disneyland e entramos na Space Mountain e depois na Matterhorn, que fica perto, embora nenhuma das duas goste muito dela. Entramos no parque temático parceiro, o California Adventure. Vamos na Guardians of the Galaxy e caminhamos pelo edifício da Animation Academy, onde aprendemos a desenhar o Simba. Estamos dobrando nossos desenhos quando o inevitável acontece. Meu estômago ronca. Nós duas rimos e concordamos em jantar.

Miranda sabe tudo sobre meus transtornos alimentares. Ela sabe há algum tempo – desde o início da minha recuperação, quando me sugeriram que eu contasse para alguns amigos de confiança. Desde então, Miranda tem me apoiado muito.

Aprecio seu apoio, mas às vezes é difícil também. Antes de Miranda saber de tudo, quando a bulimia era meu segredo, eu poderia passar pelos altos e baixos sozinha. Eu era a única pessoa a ser responsabilizada, a única pessoa que eu decepcionaria. No entanto, agora que está por dentro do segredo, dá para perceber que ela está muitíssimo atenta às minhas tendências alimentares. Está sempre observando. Eu não estou decepcionando apenas a mim mesma com meus deslizes, mas a ela também.

— Onde você quer ir? — pergunta Miranda.

— Qualquer lugar que não tenha fila.

Eu só quero acabar logo com isso para que eu possa me proteger da enxurrada de emoções e aguentar sua intensidade até que passem e eu não ter purgado. Espero.

Nós caminhamos até Downtown Disney, o distrito de compras vinculado aos parques temáticos, e vamos ao Tortilla Jo's, já que eles costumam ter a fila menor. Estamos sentadas em uma mesa no canto e pedimos logo – batatas fritas e guacamole de entrada, tacos para Miranda e salmão com salada para mim. Eu sempre penso que, se eu pedir o prato saudável, a chance de não vomitar depois é maior. Tenho menos vergonha do salmão do que do hambúrguer, suponho eu. Ou suporia isso se funcionasse todas as vezes. Mas não funciona.

Estou tão faminta nesse momento que não consigo me conter com as batatas e o guacamole. Digo para mim mesma apenas uma, apenas duas, apenas quatro, apenas seis, mas não consigo parar apenas em uma, ou duas, ou quatro, ou seis. Continuo a comer. Acho que estou demonstrando casualidade, apesar do que rola na minha mente.

O cérebro do paciente com transtorno alimentar é irritante demais. Sempre que eu converso com alguém durante uma refeição, tem outra conversa rolando internamente – julgamentos e críticas e autodepreciação que me pressionam com muito rigor. Eles são uma distração brutal. Eu nunca consigo estar presente com quem quer que seja. Meu foco está sempre mais no alimento do que na pessoa.

Ouvi falar que essa narrativa, esse modo de pensar, esse "cérebro do transtorno alimentar", diminuirão com o tempo. Acho que veremos.

Chegam os pratos principais. Consigo notar, pelo jeito que Miranda me observa, que ela sabe que estou ansiosa. Lembro a mim mesma de comer devagar, parecer calma, agir normalmente. Então eu peço licença e digo que preciso ir ao banheiro.

Chego ao banheiro e olho embaixo das portas para ver se todas estão vazias. Comecei a fazer isso depois de um passeio à Disneyland há três anos, quando eu saí do Jungle Cruise e fui direto para o banheiro do Adventureland para vomitar minha sopa de mariscos. Eu estava no meio da purgação quando uma mãozinha saiu de baixo da porta ao meu lado, me pedindo para assinar seu livro de autógrafos do Mickey & Amigos. Eu não poderia, porque sou destra e, como tinha acabado de vomitar, pedaços regurgitados da sopa de mariscos escorriam pelo meu braço. Se esses pedaços caíssem em seu livro de autógrafos, a pequena Bailey mudaria para sempre.

Por sorte, dessa vez todas as portas estão vazias. Preciso ser rápida para ninguém me flagrar. Corro até a maior delas. Enfio meus dedos na garganta e vomito repetidas vezes até mais nada sair. Tiro o vômito do meu braço com papel higiênico. Odeio o papel na Disney porque ele é tão fino que pedacinhos dele se misturam ao vômito todas as vezes, e eu tenho que esfregar as caquinhas de vômito misturado com papel higiênico do meu braço com mais papel higiênico, e então se acumulam mais caquinhas de vômito com papel higiênico e então eu tenho que esfregar mais, e assim por diante.

Estou inclinada sobre o vaso da privada quando me lembro de algo que Jeff me disse.

— Você não quer estar com 45 anos na festa de Natal da firma, com três filhos e uma hipoteca para pagar, entrando escondida no banheiro para vomitar o patê de alcachofra. — disse ele.

Eu não tenho 45 anos, é claro. E nem gosto de patê de alcachofra. Mas é o meu aniversário de 26 anos. Estou ficando mais velha.

Penso na minha mãe. Não quero ficar igual a ela. Não quero viver de barras de granola e legumes cozidos. Não quero passar minha vida restringindo a alimentação e marcando as páginas da dieta da moda na *Woman's World*. Minha mãe não melhorou. Mas eu vou melhorar.

89.

Estou de pé em um gramado em declive da riquíssima Associação de Proprietários de Brentwood. Meus saltos afundavam na grama. Eu jamais deveria usar sapatos com saltos altos e finos em uma festa no jardim, mas não sei como me vestir e não tenho mais os *stylists* da Nickelodeon que me preparavam para os eventos.

Está escuro lá fora e vejo luzes cintilantes e celebridades ao meu redor. Estou em algum tipo de confraternização de final de ano da indústria do turismo, à qual o meu novo empresário me convidou, aquele que me representa como autora. (Meus agentes me largaram depois que perceberam que minha pausa na atuação não seria breve).

Arranco meus saltos da grama e me aproximo da mesa do *buffet* quando, para meu espanto, vejo que lá tem alguns mini-hambúrgueres com queijo... mas eu não estou com vontade de comer algo com carne e queijo agora. Estou com vontade de comer algo doce. E hoje em dia eu presto atenção ao que sinto. Avisto um *cookie* quente e grande com gotas de chocolate. Perfeito.

Enquanto mastigo, percebo que este é um *cookie* que eu jamais teria me permitido comer nos meus dias anoréxicos, e jamais teria permitido manter no estômago nos meus dias bulímicos. Um *cookie* de gotas de chocolate cujas calorias eu não contei ou que não me causou ansiedade ao comer. Penso que faz mais de um ano desde que vomitei e há vários meses eu realmente consigo sentir prazer com o alimento que como.

A recuperação até agora é, de certa forma, tão difícil quando os anos de bulimia/alcoolismo, mas é difícil de um modo diferente, porque estou enfrentando meus problemas pela primeira vez em vez de enterrá-los sob transtornos alimentares e substâncias. Estou processando não apenas o luto pela morte da minha mãe, mas o luto por uma infância, adolescência e pelo início de vida adulta que eu sinto que nunca realmente consegui viver por mim mesma. É difícil, mas é o tipo de dificuldade que me enche de orgulho.

Ouço atrás de mim uma voz estrondosa que soa familiar. Viro e vejo Dwayne "The Rock" Johnson. Ele parece tão legal, e tem um estilo próprio, um sorrisão. O homem transpira carisma.

Penso em me aproximar dele e me apresentar, lembrando-o daquela premiação há alguns anos. Será que Dwayne Johnson conseguiu notar como eu estava infeliz na última vez que nos encontramos? Ele percebe a diferença agora? Ele entende todos os obstáculos e conquistas que este *cookie* representa? Dwayne Johnson seria Deus?

Estou tentando pensar em algo engraçado, perspicaz ou charmoso para dizer, mas não consigo. Minha mente congela em encontros sociais, especialmente se esses encontros incluem The Rock/Deus. Perco minha chance. Ele se perde no meio da multidão. Volto a comer meu *cookie*. Sentir prazer com o meu *cookie*.

90.

Estou jantando no meu apartamento quando meu telefone toca. É Miranda. Eu não esperaria uma ligação dela hoje em dia. Nós nos afastamos. É uma triste realidade para mim no fim dos meus 20 anos. No início da década, as pessoas com quem eu era íntima pareciam ser amigos eternos, pessoas que eu não poderia sequer imaginar não ver todos os dias. Mas a vida acontece. O amor acontece. A perda acontece. Mudança e crescimento acontecem em ritmos diferentes para pessoas diferentes, e às vezes os ritmos não se alinham. É devastador se você pensar muito nisso, então eu nem penso.

Mas eu sei por que ela está ligando hoje. Eu estava esperando essa ligação e só não sabia quando ela viria exatamente.

— Alô? — digo, enquanto eu me levanto da mesa e coloco meus tênis.

— Oi.

Nós duas começamos a rir. Não consigo me lembrar da última vez que conversamos, mas assim que nos falamos ao telefone começamos a rir.

Saio pela porta da frente para caminhar pela vizinhança enquanto conversamos. Nós botamos em dia as notícias mais recentes de nossas famílias desestruturadas e dos eventos importantes de nossas vidas. Depois, uma pausa, e então há uma pausa, a pequena calmaria antes do motivo da conversa vir à tona.

— Miranda, eu não vou fazer o *reboot*. Não tem nada que você possa dizer para me convencer.

— Ok, mas eu ainda vou tentar! — ri ela. Eu rio também.

Ela conta que acha que o *reboot* seria uma oportunidade para todo mundo do elenco "voltar lá", talvez até tirar algumas oportunidades disso. É o mesmo discurso que já ouvi de um executivo da emissora há alguns meses quando soube do *reboot* do *iCarly*.

Essa indústria é capsciosa. E não vê um papel em um *reboot* como uma renovação da carreira – mas sim como um fim de carreira.

— Mas a grana é boa. — conta Miranda. — Eu perguntei se dariam a quantia que estou pedindo, e eles disseram que sim.

Miranda está certa, a emissora fez uma oferta generosa, e foi muita gentileza dela encorajar essa oferta.

— Eu sei. — digo para Miranda. — Mas tem coisas mais importantes do que dinheiro. E minha saúde mental e felicidade entram nessa categoria.

Há um momento de silêncio. É um desses raros momentos em que eu sinto que não falei muito nem pouco. Sinto que me representei com precisão e não há nada que eu possa mudar na forma com que disse. Sinto orgulho de mim mesma. Nós encerramos nossa conversa, prometendo manter contato, e eu desligo. Volto para casa para terminar meu jantar.

91.

— Oi, mãe. — eu quase disse em voz alta, mas me contenho porque não quero parecer louca para os outros enlutados ao meu redor. Enlutado, no singular, na verdade. Só tem um, e é o mesmo cara que eu vejo aqui o tempo todo. Ele se senta em uma cadeira de praia com um guarda-sol, ouve um *rock* suave em um rádio e fica olhando para a lápide de quem eu suponho ser sua ex-mulher.

Olho para a lápide da minha mãe. Há cerca de vinte adjetivos nela porque todos na família tinham sugestões e ninguém estava disposto a abrir mão da sua.

— Precisamos incluir "brincalhona" — insistiu meu avô.

— Por que ninguém gosta de "corajosa"? "Corajosa" é uma boa palavra! — choramingava minha avó.

Então nós simplesmente incluímos todas as palavras lá. Até o leito de morte da minha mãe está abarrotado.

Esta é a primeira vez que visito o túmulo dela desde o seu aniversário, julho passado. Minhas visitas se tornaram menos frequentes ao longo dos anos, embora eu tenha prometido para a minha mãe, a pedido dela, que eu visitaria seu túmulo todos os dias. No início, eu visitava uma vez por semana e me sentia culpada por isso, como se não fosse o suficiente. Mas, com o tempo e com a realidade, as visitas se tornaram menos frequentes, assim como a culpa.

Sento-me com as pernas cruzadas na frente do túmulo. Dou mais uma olhada nas palavras em sua lápide.

Corajosa, gentil, leal, doce, carinhosa, elegante, forte, cuidadosa, engraçada, genuína, esperançosa, brincalhona, compreensiva, e assim por diante...

Ela era mesmo? Ela era cada uma dessas coisas? As palavras me enfurecem. Não consigo mais olhar para elas.

Por que romantizamos os mortos? Por que não podemos ser honestos em relação a eles? Especialmente as mães. Elas são as mais romantizadas de todos.

Mães são santas. Anjos pela pura existência. NINGUÉM poderia entender o que é ser uma mãe. Os homens nunca entenderão. Mulheres sem filhos nunca entenderão. Ninguém, além das mães, conhece a dureza da maternidade e nós, que não somos mães, devemos enchê-las de elogios porque nós, pessoas humildes e dignas de pena por não sermos mães, somos meros mortais se comparadas às deusas que chamamos de mães.

Talvez eu me sinta assim agora porque vi minha mãe dessa forma por muito tempo. Eu a coloquei em um pedestal e sei como esse pedestal foi prejudicial à minha vida e ao meu bem-estar. Esse pedestal me manteve empacada, atrofiada emocionalmente, vivendo com medo, dependente, em um estado quase constante de dor emocional e sem as ferramentas para identificar essa dor, que dirá lidar com ela.

Minha mãe não merecia seu pedestal. Ela era uma narcisista. Recusava-se a admitir que tinha um problema, apesar do quanto esses problemas foram destrutivos para toda a nossa família. Minha mãe abusou de mim emocional, mental e fisicamente e o impacto disse sobre mim será eterno.

Ela fez exames ginecológicos em mim até meus 17 anos de idade. Esses "exames" deixavam meu corpo contraído de desconforto. Eu me sentia violada, mas não tinha voz e nem habilidade para expressar isso. Eu estava condicionada a acreditar que qualquer limite que eu quisesse seria uma traição, então eu fiquei em silêncio. Cooperava.

Quando eu tinha seis anos de idade, ela me empurrou para uma carreira que eu não queria. Sou grata pela estabilidade financeira que a carreira me proporcionou, mas nada além disso. Eu não estava equipada para lidar com a indústria do entretenimento e tudo o que vinha com ela: competitividade, rejeição, apostas, duras realidades, fama. Eu precisava desse tempo, desses anos, para me desenvolver na minha infância. Para formar minha identidade. Para crescer. Nunca mais terei esses anos de volta.

Ela me ensinou um transtorno alimentar quando eu tinha 11 anos – um transtorno alimentar que roubou minha alegria e qualquer resquício de espírito livre que eu tivesse.

Ela nunca me contou que meu pai não era meu pai.

Sua morte me deixou com mais perguntas do que respostas, mais dor do que cura, e muitas camadas de sofrimento – o luto inicial por seu falecimento, depois o sofrimento para aceitar seu abuso e exploração e, finalmente, o sofrimento que vem à tona agora quando eu sinto sua falta e começo a chorar – porque eu ainda sinto saudade dela e começo a chorar.

Sinto falta de seus discursos motivacionais. Minha mãe tinha o dom de encontrar a coisa certa em uma pessoa para fazê-la se iluminar e acreditar em si.

Sinto falta de seu espírito pueril. Minha mãe tinha uma energia que às vezes poderia ser terna. Até cativante.

E sinto falta de quando ela ficava feliz. Não era tão frequente quanto eu gostaria, não acontecia tanto quanto eu tentava forçar a acontecer, mas quando ela ficava feliz era contagioso.

Às vezes, quando sinto falta dela, começo a fantasiar sobre como a vida seria se ela ainda estivesse viva e eu imagino que talvez ela tivesse se desculpado, e nós teríamos chorado nos braços uma da outra e prometido uma para a outra que recomeçaríamos do zero. Talvez ela me apoiasse na conquista da minha própria identidade, das minhas próprias esperanças, dos meus sonhos e atividades.

Mas aí eu percebo que estou simplesmente romantizando a morte da mesma forma que eu não quero que as pessoas façam.

Minha mãe deixou bem claro que não tinha interesse em mudar. Se estivesse viva, ainda estaria fazendo seu melhor para me manipular a ser quem ela quisesse que eu fosse. Eu ainda estaria vomitando, restringindo minha alimentação ou comendo compulsivamente, ou ainda alguma combinação dessas três coisas, e ela ainda apoiaria isso. Eu ainda estaria me forçando a atuar, com um desempenho miseravelmente automático em radiantes séries de comédia. Quantas vezes alguém consegue levar um tombo em um carpete ou defender uma fala em que não acredita antes de sucumbir? As chances de eu ter sofrido um colapso mental em público eram grandes. Eu ainda estaria profundamente infeliz e com uma grave doença mental.

Olho para as palavras novamente. *Corajosa, gentil, leal, doce, carinhosa, elegante...*

Balanço minha cabeça. Não choro. A música *What a Fool Believes* do The Doobie Brothers começa a tocar no rádio do homem triste. Eu me levanto, sacudo a poeira da minha calça *jeans* e me afasto. Sei que não vou voltar.

Agradecimentos

Agradeço ao meu editor, Sean Manning, pelo papel importante que desempenhou nessa obra. Por entender minha voz e torná-la muito mais forte.

Ao meu empresário, Norm Aladjem, seu suporte inicial e encorajamento significam muito para mim. Obrigada por sua sabedoria, estratégia, atenção e calma inabalável.

A Peter McGuigan e Mahdi Salehi – obrigada pelo talento e humor, e por ajudarem a tornar esse livro uma realidade.

A Jill Fritzo e todos na Jill Fritzo PR, obrigada por seu brilhantismo e competência.

A Erin Mason e Jamie C. Farquhar – pela orientação transformadora e ferramentas que vocês me forneceram.

E, por fim, obrigada, Ari, por seu amor infinito, apoio e encorajamento. Eu te amo muito. Você é meu melhor amigo. Estou feliz por sermos um time. <harmonizando> Estamos aqui por nóosss.

Impressão e Acabamento | Gráfica Viena
Todo papel desta obra possui certificação FSC® do fabricante.
Produzido conforme melhores práticas de gestão ambiental (ISO 14001)
www.graficaviena.com.br